飛鴻踏雪泥

從香港淪陷到新亞書院的歲月

蘇慶彬 著

中華書局

□責任編輯：吳黎純
□裝幀設計：黃安琪
□排　版：陳美連
□印　務：劉漢舉
□封面及封底插圖：蘇美璐

飛鴻踏雪泥
從香港淪陷到新亞書院的歲月

□
著者
蘇慶彬

□
出版
中華書局（香港）有限公司
香港鰂魚涌英皇道1065號東達中心1306室
電話：（852）2525 0102　傳真：（852）2713 8202
電子郵件：info@chunghwabook.com.hk
網址：http://www.chunghwabook.com.hk

□
發行
香港聯合書刊物流有限公司
香港新界大埔汀麗路36號
中華商務印刷大廈3字樓
電話：（852）2150 2100　傳真：（852）2407 3062
電子郵件：info@suplogistics.com.hk

□
印刷
美雅印刷製本有限公司
香港觀塘榮業街6號 海濱工業大廈4樓A室

□
版次
2018年5月初版

□
規格
16開（210mm × 153 mm）

□
ISBN：978-988-8512-64-5

高涌村前往淡水必經的虎頭山

祠堂壁畫和對聯。對聯：欲立根基無如為善，能光門第只有讀書

1953 年夏新亞書院師生到梅窩旅行合照（後三排右九是錢院長）

錢穆老師上課情形

右一張丕介老師、右二張師母、右三朱光國

長風社周年紀念會部分社員合照
（前排左起：雷一松、胡栻昶、古梅、朱冬祺、余允文、唐端正；
後排左起：胡詠超、楊遠、作者、黄祖植、蘇文達）

師生歡送梁寒操（均默）老師話別會
（後三排右四是梁老師、右七是陳伯莊老師）

新亞書院畢業照（作者與錢穆院長；
後排：唐君毅老師、打領帶者是董作賓教授）

新亞書院文史系畢業照（右三作者、右五錢穆老師、右六牟潤孫老師）

在新亞研究所圓亭聽演講（農圃道新亞中學現址）
前排由左起：沈亦珍院長、唐君毅導師、潘重規導師、謝幼偉教務長

作者在新亞研究所工作

作者與唐君毅老師合照

作者與研究所師生合照
（前排右二是翁凌宇老師、右五是張葆恆教務長）

作者婚禮與杜學魁、葉錫恩伉儷合照

富爾敦爵士訪問新亞研究所情況（右一是伍鎮雄先生）

新亞書院同仁與余英時教授郊遊
（後排右四是余英時，時任新亞書院院長）

中大歷史系師生座談會（1988—1989）
（右一余英時教授、右二倫霓霞系主任、右三陶晉生教授）

錢穆老師訪港與作者合照一（左三是錢穆老師姪兒錢偉長先生）

錢穆老師訪港與作者合照二

錢穆先生訪港與新亞研究所舊學生合照
（後排右起：作者、李杜、孫國棟、唐端正、孫述宇）

錢穆老師與留在大陸子女來港合照

牟潤孫老師伉儷

作者與耶魯大學李田意教授合照（後排左一是王德昭先生）

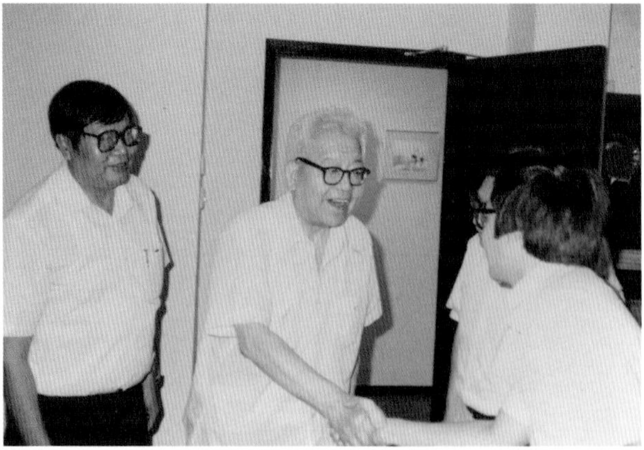

作者與哈佛大學楊聯陞教授
（楊聯陞時任錢賓四先生學術文化講座講者）

新亞研究所宴請楊聯陞教授（前排右二是全漢昇所長）

作者與英國牛津大學杜德橋教授、逯耀東教授
在香港中文大學圖書館前合照

作者與北京大學鄧廣銘教授合照（鄧廣銘來港參加香港中文大學舉辦國際宋史學術會議）

作者與中國政法大學林劍鳴教授合照

香港中文大學歷史系同仁與嚴耕望教授合照
（右六是嚴耕望，時任錢賓四先生學術文化講座講者）

作者、作者太太、李廣健到台灣中央研究院學術活動中心
探望嚴耕望教授伉儷（嚴教授時在病中）

錢穆老師訪港與作者合照（後排站立者是作者大兒子蘇崇尹）

錢穆老師訪港照

作者與北京大學歷史系祝總斌教授

香港中文大學歷史系同仁與許倬雲教授合照

（前排右四是許倬雲教授）

作者榮休典禮，新亞書院院長梁秉中教授頒贈紀念品

作者獲頒香港中文大學長期服務獎，與校長高錕教授合照

作者榮休典禮，與新亞同學合照

作者退休後享天倫之樂，與太太一同教導孫女寫毛筆字

何格恩老師伉儷

新亞誠明館會議室啟用禮（右一金耀基院長、右二前董事
許讓成先生長公子許國浩先生）

代序

誠實做人，樸實為學——我所認識的蘇慶彬師

陳萬雄

承蘇師母淑珍女士賜告，慶彬老師生前已增訂了《七十雜憶（修定版）》，並叮囑要我寫一篇序。蘇老師此書的初版，已遵吩咐，寫了一篇跋，以誌我通讀此書的感言，作為讀書報告。今老師已歸道山，且遺命再為此書撰序，師命既不可違，但不無惶恐，怕稱述不當。

從一九六九年入讀新亞書院歷史系，到二〇一六年蘇老師自美回港的最後見面，認識和親炙慶彬老師已逾四十五年。其間，師生關係的往來，算不上特別密切，卻能持續不斷；師生情誼，亦老而彌堅。

「誠實做人，樸實為學」，是我就學期間對慶彬師的最初印象，也是對他一生的最終評價。當然，最初的印象與最終的評價，雖然一樣，卻有一個深度認識的過程。作為一

個學者，「誠實做人，樸實為學」這樣的評價，看似平凡無奇，隨着學殖增長，閱世觀人既久，更事既多，我才認識到「誠實做人，樸實為學」是學者不容易達到的境界。

在學期間，由於興趣在中國近代史，我只修讀過他的「秦漢史」。上這門課，慶彬師給我印象是：備課充足，講解起勁，沒有甚麼的賣弄與夸夸其談。一言以蔽之：充實。我認真返讀慶彬老師的著作，倒是近十多年的事。因從事編輯出版，幾十年來，有機會接觸了大量的考古文物和博物館藏品，再加上遍遊塞外江南，對中國文明史有了新的體會和領悟。中國文明史也成了我近二十年新的研讀興趣。慶彬師的研究和著述範圍主要在兩漢魏晉南北朝，重心在民族和文化問題，所以重新捧讀學習。中國中古時期的民族與文化的攘融，是二十世紀前半段史學界熱門的研究課題。他早在一九六七年出版的《兩漢迄五代入居中國之蕃人氏族研究——兩漢至五代蕃姓錄》一書，乃師承勵耘（陳垣）與注史齋（牟潤孫）的學統，發數千年中華民族遞嬗凝融的宏旨之作。慶彬老師之為學，正如潤孫師在該書序言所說「勤奮孜孜，十餘年如一日」，鈎沉疏理，尋擿條析，遂撰成如此扎實的著作，足以傳世。近三十年來，由於考古的重大發現，得以重估再塑，中國的文明史，可上溯至六千年前，脫軼神話和傳說之所囿，發展真像，草蛇灰線，面貌為之一新。其中，中華民族與文化的形成和發展，上世紀八十年代而後，再次成為史學界的熱門課題。蘇師此書雖云已出版了五十年，在這個課題上，文獻整理之功與所得之結論，其價值歷久猶新。這樣的著作，正稱得上是「樸實為學」的最佳說明。

慶彬師的「樸實為學」的學風，貫穿他的一生研究和著作。試再舉一例以見之。

慶彬老師承其師賓四先生（錢穆）之囑頋，積五十餘年的時日，鍥而不捨，完成編撰《清史稿全史人名索引》，並且終得以出版。慶彬師為之所付出的決心和毅力，固不容易；而編撰該書涉及要研判的問題之多之複雜，也斷非一般人所能意想。非厚積學養，難以為功。這書的出版，無疑也是嘉惠學林、足以傳世的「樸實為學」之作。著述生命，彷若大浪淘沙，學者一生，能留下可傳於後世的著作，並不容易。「樸實為學」，而能出成績的，自有光輝，何況成為傳世之作。新亞歷史研究的學風，考實與持論相攜，而持論卻以考實為基礎。承傳學風中人，難免因天生禀賦與後天興趣，或偏擅議論，或偏長考實。慶彬老師自屬偏長考實的學者。

新亞學風，重視做人與為學並舉。我個人的感覺，無論在學生時代或是後來，與慶彬老師相接，最不拘束，最自然自在。而觀察和瞭解所得，他做事做人、待人接物，一派誠實，而且一生以貫之。慶彬師做人的真誠實意，相信他的師友、同事、學生，都會有同樣的感受。最能反映他一生「誠實做人」的，讀他這本自傳，不難體會得到。在該書初版的跋中，我曾說：「回憶錄整體印象，文如蘇師其人，樸實無華，事雖小而彰時代，情雖纖細而現精神，廣視野地回顧歷史，論事懷人，心胸開闊，平心靜氣，真史家筆墨。」如今再讀增訂本，不覺誇張。慶彬老師的「誠實做人」，出於天性外，相信他之深受儒家思想之影響有以致之。他的「誠實做人」，是儒家思想「仁於人」、「忠於事」的待人行事的實踐。新亞學風，強調做人與為學並舉。慶彬老師可謂得之矣！

自序

唐人杜甫詩有云：「人生七十古來稀」，而今我的生命歷程中，已經走到「古稀」這一個階段。不管怎樣，在這一個混亂時代，能活到這年紀，算是值得慶幸之年了。

在這七十年的時光中，回想起來，有甚麼收穫？說到這一點，實在十分慚愧。記得年輕時，總是雄心萬丈，想用「志雲」兩字作為別名，希望藉此鞭策自己，有「壯志凌雲」之志。其後又曾經在一些文章上用過「仰峯」作為筆名，抱有凡事要向高處看之意，今天看來，均未能兌現。昔日那些豪情，往日那種壯志，已經消失殆盡。幸好沒有用這個別名，否則卻成為一種諷刺！

七十年的光陰已逝，只留下的點滴回憶，這些都是自己走過的道路。以往經歷過的，有苦難，也有歡樂，一切都是親自嚐過的滋味。如今閒坐時，那些往事都歷歷在目，如圖畫般，一幅幅在眼前浮現掠過。因而觸發了我，何不趁自己還有些記憶，把以前點點滴滴的生活片段，記錄下來，最少好讓日後自己的後人，對父祖的一些認識。

我有了此念頭，卻又後悔失了許多機會。在昔日抗戰時，日軍侵佔故鄉，祖傳下來的族譜被摧毀後，但又未能珍惜及時追問父親、伯叔父等及老一輩的長者，把他們所知先祖的事略，以口述方式記錄下來，至少可以填補族譜被毀後的缺失。我是讀歷史的，連自己先祖最近的事跡，都如此迷惘，真有點「數典忘祖」之譏了。

無論怎樣，我應該把握在短暫僅存的歲月裏，盡量將過去所做的、目睹的、耳聞的、甚至所思的記錄下來。縱使是瑣碎小事，無關國家大業，但這一切都是自己生命歷程中的點滴留痕。在我個人來說，是成長的過程，同時又可體會數十年社會的變化發展，是值得珍惜的。

前言（補注）

一本未寫完的書‧飛鴻踏雪泥《歲月留痕》

何淑珍

二〇一六年九月九日，下午三時正，外子在美國的家中安詳地走了，由香港回美國僅兩天時間，他便毫無遺憾也無痛苦地向這個停留了八十五年的世界告別了！他臨終時用力睜開眼睛，深深地看了我一會，就走了！或許他現在正默默的在「春暉園」墓地中，守着他的信諾，等待着我來相會。

丈夫一貫以來處事態度嚴謹，執着，作風低調，重信諾，待人坦誠熱愛，是一個孝順的兒子，是一個對老師尊敬的學生，是一個愛護學生的好老師。他愛母校，愛他身邊每一個親人，他熱愛他的工作，至死方休！

處理好他的喪事後，我開始靜靜地翻閱他書桌上的文稿，清理他未寫完的文章，竟然發現他同時在寫着四五個不同題目的文章，有他自身生活片段的《雪泥鴻爪》，有對時下政治的見解，有書不盡的個別好友的懷念（盡在回憶中），有寫給大女兒（美璐）期待她繪畫的「香港戰前街檔，各類行業式微與發展」的各類短文；另收輯了不少家族中人的資料，欲重新編修蘇家族譜；更有他花了很長時間收集而來的曾國藩所有書信、事跡、生平……及對曾公的評論等等，分段編列寫於稿紙上……我不知他可有想及書寫諸事能否完成？有感於他真不知「老之將至」，更遑論自身正罹惡疾，在這暮境殘年，尚有如此興趣，不忍阻之。

外子遺留下來雜亂無章的文稿，我唯有個別分類，一一處理：首先，有關曾國藩書信及其政績，極其繁雜，由於事屬專門，我和兒女力有不逮，唯望「有緣」人，能假以時日接續完成。其次，冀望與女兒二人書畫合作之事，可交與女兒，將來若可完成，亦為一美事。至於編修族譜之事則交與崇尹兄弟，看看有否必要處理了。最後留下的《雪泥鴻爪》部分，書寫的內容有關日常生活，很多片段和事情與我共同經歷，我可以勉力代為整輯，待這部分整理妥當後，可補入他懷念朋友的短文，並附上各類雜感，合而成篇。至於成書與否，則看機緣了，我旨在代他完成他未完之事而已。

人生到處知何似，應似飛鴻踏雪泥，
泥上偶然留指爪，鴻飛那復計東西。

——節錄自蘇軾《和子由澠池懷舊》

目錄

下篇　在新亞書院四十年

上編

從故鄉到香港光復後

第一章

幼童的追憶

——會思考的開端

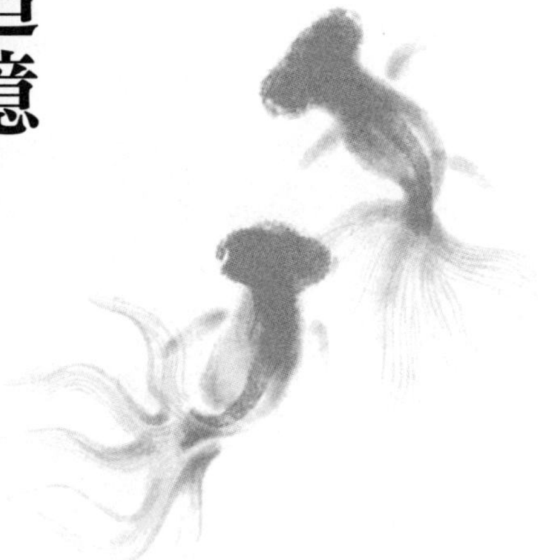

年紀大了的老年人，通常目前的事情，眨眼間便忘記。但童年瑣碎小事，卻能清晰留在腦海中，我亦不例外。年紀長大後，也許因工作忙碌，接踵而來的繁重工作，沒有時間緬懷過去。現在閒居的時候，追憶起來，那些孩童點滴瑣碎事，不時浮現在眼前。

我生於故鄉廣東惠陽縣，幼童時母親經常帶我往來故鄉與香港之間。在香港那一段生活，由於時間極短，又來去匆匆，所知不多，但鄉居的生活有較長時間，深深的留在腦海中。

長大以後，有了職業，交通又方便得多，總有機會到國內、外旅遊觀光，各地都有許多名勝古蹟，風光如畫的美麗風景，但總沒有對自己故鄉那份親切感情。也許是孩童時種下，對故鄉那一份根深蒂固的深情所致。

出生地：廣東省惠陽縣高涌鄉

一九三二年，我誕生在惠陽，高涌村的祖屋，是一座頗大的平房，整座屋宇中央為宗祠，門前懸掛一牌匾寫着「芳遠堂」三字，是清人夏同龢所書（在日軍侵華時被摧毀）。祠堂上、下廳均有彩色繽紛木雕與壁畫。外邊所有屋簷，有彩色雕塑及各種花鳥。宗祠兩旁，均為房廳，屋旁左右，尚有東西兩座三層高的大樓和圓門。屋宇背山向南，山上有密茂蒼勁大松林，東西高樓兩旁，圍繞着密密麻麻翠綠的大竹。

屋庭前一個娥眉月形的池塘，塘壆一排籬笆。門庭寬敞，足供孩童耍樂，及作曬衣物之用。池塘前更是大片稻田，夏天禾苗長得一遍青綠，秋天又換上一遍金黃色禾穗，加上一座雪白的房屋，屋背的松林，閃耀眼前，宛如一幅美麗圖畫。

距離稻田前面不遠，有一條小河環繞，平日河水長流，清澈透底。屋前右側一座小山，狀如睡臥伏虎，村人稱之為「虎頭山」，遠眺是重重疊疊青翠的山巒環繞。渡過小河石橋，便可通往澳頭、淡水各繁盛市鎮。

祖屋是祖父純芬公在清末光緒年間所興建，先祖原居老圍村，在父親誕生前興建，歷四五年始入伙。新屋距離老圍村，僅數百步之遙，有獨立寧靜的好處；亦有與同村睦鄰之樂。因此村中的人，均稱我們為「新屋人」。這是我幼童生活環境，祖屋給我留下不可磨滅的印象。

祖父興建的大屋

祖父蘇純芬，又名芳圃。根據舊族譜（被日軍所毀）所載，先祖原籍今陝西省。經漢末、魏晉南北朝時代的大動亂，避難南徙。途經江西，再沿東江南移，遷至廣東惠陽縣，遂定居大亞灣高涌鄉（由二伯父口述）。

祖父原住高涌鄉老圍村（即舊村之意），其後從事鹽業，家境漸裕，人丁又逐漸增多，舊屋不敷居住，便購得本村附近一山麓，闢山填地，興建一列大屋（名蘇村）。屋的中央為祖祠。東西兩端大門旁邊，又建了兩座大樓，樓高三層。大屋兩旁，均有兩座青翠小山丘，堪輿學家稱此兩山為左「青龍」，右「白虎」。

宗祠的西邊屋宇，由長房和二房居住；東邊則由三房、四房、五房和六房共居。每座屋宇的簷邊，都有各種顏色的小鳥、松柏和花朵雕塑，色澤鮮明，歷年不變。特別在宗祠下廳兩幅壁畫，繪有晉人王羲之在書寫〈蘭亭集序〉，旁邊又有人送來一對活鵝的畫像。壁畫兩邊對聯寫着：「欲立根基無如為善，能光門第只有讀書」；另一幅壁畫，則繪上唐人劉禹錫寫〈陋室銘〉。兩旁的對聯寫着：「言易招尤少說幾句，書能益智多讀幾行」。畫像與文字，雖經百餘年，仍清晰可見。作畫的人，據先父所說，出於是當年頗有名氣的羅雨三先生。

祖父由於經年在外經商，建屋規劃全由二伯父處理，整座大屋的完成，歷時四年多。二伯父曾對我說：新屋入伙時，筵開三百席（流水席），成為當年鄰近鄉村中傳誦一時的盛事。

遠眺整座大屋的背後山丘上，有蒼勁的松林，座落一座雪白的房子，特別在秋收時分，門前一片稻田，金黃色的禾穗，夕陽西照下，青勁松林、翠竹、金黃色的禾穗和雪白的房屋相映，是一幅色彩美麗的圖畫，這一座祖屋都給予我童年生活留下極深刻的印象。

一九四九年，解放軍南下，隨即展開「三反五反」的政治運動。我們祖居的屋簷雕塑，被認為是封建殘餘，都給那些村幹部剷掉。跟着所有屋宇，田地也被沒收，更評為「地主階級」。幸好祖父沒有分家，一切產業都屬祖父（祥源堂）名下所有，否則我們眾多子孫都全是「地主」了。可算是「不幸」中的「大幸」了。

祖父蘇公純芬事略

家鄉廣東省惠陽縣高涌鄉，蘇氏家族族譜於日軍侵華時被毀，只憑二伯父奕香口述先世謂：「余家族系，出自今之陝西，漢末魏晉，關中喪亂，流民四散，南下者輾轉渡江，經江西抵廣東，再沿東江，徙居惠陽縣、高涌鄉。」（二伯父曾手抄留存族譜，其說當有所根據）余今僅能憑文獻可徵者，只可溯自清嘉慶期間西貢良輝公之墓而已。

先七世祖良輝公生於嘉慶期間，生活情況，未有資料可尋，大抵以農為業。傳至兒子奇明公，其事跡亦缺，只在良輝公墓碑中得知其尚有兄弟及其他枝葉，存者寥寥可數。其後奇明公生錦魁公，錦魁公生純芬公，即余之祖父，又名陳安、沛芬、芳圃。余書室「繼圃齋」即以祖父之志而命名。

錦魁公之事略，亦無資料可憑，但可推測生活應是小康之家（尚有餘財購買鄰居田地，手上有留存買賣契約可作佐證）。祖父純芬公已受相當教育，知識水平頗高，自此轉而經營鹽業。蓋高涌鄉沿海一帶，除務農者之外，鹽業頗盛，當時遍地尚存已荒廢之鹽田——曬鹽之鹽池，可知昔日之盛況。此時，當地尚有鹽官設置，祖父亦得因緣際會躋身其中，遂經營官、商合辦之鹽業。

祖父純芬公由於善於經營，業務擴展至沿海潮汕一帶，廣州亦設有鹽館。祖父不僅經營鹽業，並兼營其他生意，在東江一帶，惠州、淡水、澳頭等地，開設不少商舖，及在東江一帶經銷專利之鐵鑊等。此外更開工廠製造燈泡（油燈燈筒），因技術不精，燈筒不能耐熱，開着後旋即破裂，工廠很快倒閉。

純芬公對商業之經營，雖有極大魄力，但缺乏可信託之人，更無子弟相輔助，其後逐漸式微。

生意雖然日趨衰落，而純芬公仍在家鄉，斥巨資建造一大座房屋，並僱用一姓方之總管（此人壽命甚長，小時候見他，已年甚衰老），村人均稱他方伯。方伯年輕時，精力充沛，頭腦精明，協助祖父經營農業，是最忠誠而又最耐勞之助手。

高涌鄉沿海鹽田甚多，其中荒廢亦不少。純芬公具有敏銳眼光與魄力，目睹無數荒廢鹽田，認為可改造變成稻田，遂向清政府申請，將荒廢鹽田改造為水田，可以種稻。於是大規模建築堤壩，以防海水侵入，並積儲河流淡水，疏通溝渠注入淡水，稍後即變為水田。祖父擁有大量稻田，均由此而得，並非侵佔他人，而其中少量則與鄰居購買所得（改造稻田，購田地，均有契約可證）。一九四九年，共軍南下，村中年輕幹部無知，以為祖父恃富霸佔，作為清算藉口。幸祖業從未分家，各子孫皆不致淪為地主而受清算！

祖父又沿海邊築一巨大堤壩，範圍龐大，鄉人稱之為「蝦塭」，蓄養魚、蝦、蟹，俟潮水漲時，放海水入內，待潮水近退時，則用水閘門上。晚間潮水告退，在水閘口裝置一頗長魚網，據稱盛產時，每晚可獲二、三百斤魚蝦。（余小時仍可見此閘口，但已租與村人經營，家中每戶，額外規定每年可免費取若干斤魚蝦自用）。

此外，純芬公尚購得一座大山，山泥頗肥沃，於是將山草剷去，改種菠蘿，此山所產菠蘿，味道甜美（孩童時亦曾嚐過）。家人無暇料理，亦租賃予村人經營。

純芬公結婚後，早無所出，由胞兄過繼一兒子（其過繼兒子之契約尚存），契約注明：「若他日有親生兒女，待之如親生。」是為大伯父培伍，又名善倫。自始相繼誕下奕香二伯父，志英三伯父及兆楨四姑母，及家父漢鵬（排行第九）、叔父善文、少唐、兆桐等（兆桐叔早逝），自是人丁日增，費四、五年時間興建一龐大屋宇，名為「蘇村」（今之祖屋）。

純芬公諸子中培伍年最長，雖是過繼兒子，祖父視之如己出，着其隨時跟從在身輔助鹽務，亦屬意承接業務人選。

二伯父奕香則在家鄉主持家務，兼及各處生意。其人雖略有文才，卻屢考秀才而落第，亦因而喪志。其後又染上鴉片之毒，家財散盡，晚年生活更為潦倒。

三伯父生於廣州，自小在廣州接受教育，曾在著名番禺小學就讀，應有所作為，後轉學繪炭畫，性閒散，學又不精，再加上後來吸食鴉片，終生一事無成，生活潦倒，流寓四方，最後患病返鄉而終。

四姑母兆楨，幼時卜命，謂其命硬會剋夫，加上其母連誕四弟，皆不順產而夭折，更信以為真，長大後帶髮事佛修行。祖父便在香港新界屯門麒麟圍村興建一座屋宇，予其定居，遂終生食齋事佛。香港淪陷，一度前往東南亞暹羅等地避難。其後再返港，於光復翌年，在屯門終老，慶強、慶湘諸姪數人，為她處理後事，安葬於青山禪院山旁之寺院附近。

祖父鹽業，曾在一次颱風，因眾鹽船集結一港灣，在狂風吹襲下，互相碰撞沉沒，因而全部倒閉。純芬公亦因此而憂傷致病，隱居家鄉養病。

家父稍長，有鄰鄉同宗蘇理平，時在北京任官，曾要求祖父能否許其攜帶赴日留學，而祖父以其尚年幼而未許。其後祖父病益重，冀望為兒子早日完婚，遂提早嫁娶。家母為鄰鄉「海尾村」人，父親是位秀才，為一私塾教師。當時鄉俗，鮮有女子識字，母親身為女子，能接受教育，也是此原因。

家父婚後不久，祖父病重辭世，祖母也相繼而去。父親與幼弟少唐叔，亦前往香港（時四姑母在港）謀生，善文叔父則留居家鄉，以務農為業。

大伯父培伍較早辭世，長子伯受，年最長，早年參加革命軍，在惠州一帶活動。也曾在惠州輔助祖父業務，及一度經營鹽業，迨日軍侵華，不幸又告倒閉，再後在鄉優閒終老。子崇德，崇字輩的大阿哥，早年參加「東江縱隊」，雖曾被清算，最後獲得平反，卒以榮休在鄉終老。

二伯父一生，依賴父業為生，但不能保持父業，兒子伯仁，一生亦無所成。祖父辭世後，二伯父大權在握，遂將祖父田業典當，其本性奢靡，所得揮霍殆盡，自此祖父家道中落，兒、孫遂各散東西矣。

芳圃公為人精明能幹，畢生創此家業，惜育兒不肖而終敗，真的可悲！惟期望眾子孫，應以此為殷鑑！

略述風水之說

風水之說，中國社會流傳甚久，究竟有無，因不能實證，遂各自解說。

余七世祖良輝公，生於清代嘉慶年間。祖父純芬公，經濟稍充裕時，即命二伯父奕香，長期禮聘著名風水師，歷三年時間，攀山涉水，遍尋風水福地，以遷葬先人。二伯父遂至香港西貢，購得山麓一地，移往安葬良輝公於此。

自中華人民共和國建立後，為發展大亞灣經濟區為理由，將舊村全部遷拆，售給建築商。而附近各地山區墓地，亦隨之遷徙，故先人各墳地亦多被移徙，有廢之而不知去向！

在故鄉中所餘墳地，亦由於破除迷信之風，而無人敢去拜祭。

獨香港西貢之上窯良輝公之墓，位於香港未受影響，居住香港之蘇氏子孫，每年均結隊前往拜祭。於是便謂西貢之處為風水福地。更有三兩子孫，歷生女兒而無兒子，有長者建議，命其虔誠拜祭良輝公，可以獲子，後果然有效，遂益信風水之說。至於今大陸開放後，相信風水之人更甚，認為西貢祖墳風水甚佳，每年均專程由淡水來港向良輝公墳前致祭。

良輝公之墓地所在，位於西貢山麓，面對一秀麗山峰，中有一度瀑布，泉水長流，遍山草木青翠，環繞一內港，海水清澈平靜如鏡，正所謂「環山抱水，藏風聚氣」，堪稱極佳風水。是耶？非耶？事實如此，余深思不可解。也深信余七世祖良輝公，真葬得一福地，才能百多年仍有子孫不斷遠來拜祭。

智能的測驗

堂大嫂是姓胡的，我慣稱她帶娣嫂。她的年紀雖比母親還大一些，而母親又是姓胡，也許是「同姓三分親」的關係，彼此情感也特別好些。平日到了晚上，母親經常拿着一盞油燈，穿過一條長廊，喜歡到住在西邊房子帶娣嫂家裏聊天。由於堂大哥是軍界中人，平日多不在家，兒子又在廣州讀中學，所以家中很寧靜。

記得一天，母親晚上帶我和另一位堂哥哥（是三伯的幼子），到帶娣嫂房裏玩耍，她很喜歡小孩，總喜歡拿些糖果、餅乾之類給我們吃。當糖果拿出來的時候，乘機作弄我倆，把食品放在桌子上，要我倆猜猜是甚麼東西，由於我倆個子矮，高度差不多，始終看不到食品。堂哥哥便走近桌子前張望，看不到是甚麼；而我卻退後幾步，給我看見是「五味丸」，猜中了。

當五味丸拿下來的時候，大嫂又進一步將五味丸放在一張矮些桌子上，把我倆的雙手綑綁起來，看看有甚麼反應。堂哥哥兩手被綁後，拿不到五味丸，便放聲大哭起來。而我雖然也被綁紮，但利用雙手的手指，像鉗子的夾起，一粒粒地放進口裏。大嫂見我倆的兩種不同反應，稱讚我比堂哥哥聰明些。其實也許是我一生中「好食」的本性推動而已！

孩童時受到別人的稱讚，是特別高興喜悅，印象也特別深刻。我覺得用這種活的方法去測試兒童的智能，又有獎勵方式是有實際可用的。雖然這是為時已久教育的方法。

墜井

西門旁邊，有一口水井，附近種有一棵很大的桃樹。每年春天，燦爛的桃花盛開過後，便結下顆顆甜蜜的桃子。二哥和一位年紀相近的堂哥，每年都不例外攀到樹上採摘成熟的桃子。

記得那一年，二哥和堂哥哥爬上桃樹採摘桃子，摘得興高采烈時，把我留在樹下。也忘記了我在做些甚麼。那時候，我不知怎的，走到井邊，扶着井口圍着破舊的木欄杆，探望井中有些甚麼東西，只見井裏的水浮着一張頗長的木欖，我俯身壓着的破欄杆，突然折斷，一下跌進井中。二哥全不知道我墜下井裏。據稱正當我掉進井的一剎那，恰巧叔父行經這裏，瞬眼間只見一雙小腳墜下的影子，急忙走來，看見我在井中兩腳騎在浮在水面的木欖上，像騎木馬似的，並沒有哭啼。叔父從井中把我救起，檢查後也沒有損傷，母親都覺得很神奇。其實，井裏幸好有張被棄置的破木欖浮在水中，又湊巧叔父途經看見，竟然救了我一命。

西門旁邊的舊井，是很久沒用的。而井旁設有一個「伯公祠」。平日有喜慶節日，家裏的人亦前往進香。母親對我墜井那件事，不知如何解釋，只有相信「伯公祠」有神靈，救了我的小生命。我也相信了，自此，每逢經過西門的時候，定必走到「伯公祠」前站着行一個禮才走，表示感謝神恩之意。

從這一件事看來，一個只幾歲大的小孩，能這樣大難不死，而且安然無恙，又不受損傷，只可解釋為有神靈保佑，這未嘗不是一種鄉人容易解釋的理由。我對神靈的感恩，使我自小都培養了一種習慣，凡有人幫助過我的，都會表示感謝之情。不管怎樣，孩童時對「伯公祠」的膜拜，不是迷信，而是一種教育。

自作聰明

從故鄉隨母親到香港，印象深刻的一次，是跟隨母親到對面街（荔枝角道）的小街市買餸，旁邊是一間「位元堂」大藥局。

正當母親在魚攤買魚的時候，我急急的說要到街旁的渠邊小便。小便完畢，忽然心裏在想：不告訴母親，獨自跑回家中，母親必定會稱讚我小小年紀能識路返家。於是橫過荔枝角道那條頗寬闊的街道，飛奔跑回樓上。

母親轉過頭來，看我不見了，四處找尋，都不見我的蹤影。雖然當年街道車輛不多，不易發生意外，但又擔心會被「拐子佬」拐帶。久尋不獲，只好返回家中，向屋裏的人求助。

當門鈴一響，我知道母親回來了，心裏暗想：母親見了我，一定會說：「你真聰明，自己識路回家。」想不到不但沒稱讚，卻見母親怒氣沖天，不由分說，捉着我屈伏在膝上，不斷的打我的屁股，痛得我大哭起來。母親的怒氣仍未消除，大聲的喝着：「以後不許你跟我到街市。」當時我心在想，我有甚麼過錯，自己識得路途返家，是一樁聰明的事，要受到這樣的懲罰，心中感到十分委屈。

孩童時的想法，只直覺地認為自己能識道路，又能安全返家，是自己的聰明，怎樣會想到當母親的，忽然不見孩子那種焦急的心情！

幾十年後，有天途經昔日住在對面的魚市場不見了，那間「位元堂」藥局，依然存在，只是舖面裝修得現代化，計算至今最少已有七十年的老舖了。而再前行幾十步，對面那座「雷生春」大廈，也是我童年時代，常常在樓下乘涼、玩耍的地方，仍屹立不動未被拆除重建。據悉，雷生春業主的子孫，將那座頗具特色的建築，送給政府，政府亦以此一大廈列作歷史文物。

沿途所見，無論大廈與商舖，大多已經面目全非了，只見「位元堂」那間老店和「雷生春」那座大廈，尚能存在，撫今追昔，時光易逝，建築物竟列為歷史文物，不禁使我回憶童年的一段往事！

波子糖

趁墟是鄉村人家的一件大事。平日足不出村的人，只有在新年、冬至、端午節和一些喜慶日子，才彼此相約和同村鄰里到墟市購物。我們村人大多數會到最繁盛的淡水墟去。

每逢母親和村人去淡水墟購物時，我總是多次的嚷着要母親買些糖果回來。到淡水趁墟，要花一整天時間，那時候，總是無聊悶悶不樂和弟弟坐在家中。等了許久，才見太陽下山，計算是母親快將回家的時分，我便坐在東門前一塊草坪上，不停地翹首遠望一條由虎頭山邊必經之路的行人，盼望母親在人群中出現。

東門是在庭前魚塘末端，門的右邊，種了一棵大而茂盛的「燈籠樹」，樹上經年開花結子，果子鮮紅又亮晶晶的，味道很甜。其實這棵樹的真正名字是甚麼？我都不知道，果子像個「燈籠」，小童們都叫「燈籠樹」。一般成年人對那些果子，都不感興趣，而且樹的本身又帶有尖銳的刺，只有小童身體細小靈活，容易鑽入摘取，成為小孩子的恩物。我坐在草坪上，望見樹上掛着點點鮮紅的小燈籠，而母親又久候尚未歸來，去採摘那些果子，是消磨時間的好去處。

雖然身在採摘果子，但兩眼卻不停地遙望路上的行人，希望母親快點出現。不久，母親終於返抵路口，我歡喜若狂地放聲高叫，跑過門前的一度石橋，走到母親身旁，拉着母親的衫邊，於是母親便從購買回來的貨品中，取出一小包波子糖，放在我的衣袋裏，幾粒波子糖，那份喜悅的心情，自是不可言喻。

波子糖是圓圓的，有紅、綠色條紋，像個西瓜，硬硬的，又似個波子。等了一天才等到這幾粒波子糖，卻捨不得立刻吃掉，喜歡放在桌子上，當作波子般玩耍、玩過後用清水洗一洗，才把它放在嘴裏，一粒可吃一個鐘頭。

幾粒波子糖，不值得多少錢，成年人看來，是極卑微的東西，但從孩童的眼睛來看，是等了整天渴望的東西，是極大的恩物。當母親在忙碌了一整天，依然還記得買回來，那種對兒子的關懷，母子的親情，亦深深烙在我的小心靈上，沒有被時光的流逝而消失。

深信有神靈

故鄉西門旁邊的山坡下，有一座「伯公祠」。每年除夕和新年初一，我必定跟隨母親到老祠堂進香拜祭，也必然前往到那「伯公祠」進香。鄉人都說「伯公祠」很神靈，能保護全村的平安，我當時亦十分相信。

有一天，我和一群村童跑到「伯公祠」旁邊的山坡玩耍，爬上斜坡，走上一處很陡小山崖。彼此商量，決定作跳崖遊戲。因為我相信「伯公祠」是很神靈的，一定會保護我們的安全。

這個遊戲，由我開始，率先拜一拜「伯公祠」，一個個拜了之後，爬上小山崖頂上，然後依次一躍跳下，由上至下，雖然只有十呎高，但對小孩子來說，也是相當危險的高度。每跳一次，必定先拜一下說：「多謝神靈保佑。」如是者足足玩了半天，卻沒有人跌傷，從此更相信「伯公祠」的神靈了。

其實，沒有跌傷的原因，是下面地上有一些沙泥，像個沙池，其次，小孩子身體較輕，手足又較為靈活，再加上心理上相信有神靈保佑，有了這一護符，更加信心十足，那裏會想到另外的客觀因素。

饞食的詭計

祖父除了遺留下的田業、海產業和商業之外，還有在村附近的一個種植菠蘿的山嶺，我們都稱這山為菠蘿山，每年菠蘿的產量和質素都是不錯的。由於家中沒有適當的人去料理，就批租給鄰村的人。據我的記憶，每年除收取租金之外，還要在收成之時，送給我們每一房人若干菠蘿。

記得有一天，時近中午，母親到外邊工作。我留在家中，肚子有點餓了，不自覺的走到另一個大廳，看見在軍中當長官的堂大哥（他返抵家中休息），正與菠蘿山的租客，把新割下的菠蘿，切成一大盤正在品嚐。我走過時聽他們讚賞菠蘿的味道。自己不好意思去拿取，於是想了一個詭計，在大廳的長廊上不停地走來走去，心裏是想堂大哥看見，會叫我去拿取一些進食。可是走了好幾回，大哥毫無反應，自己貪食的小詭計行不通，覺得十分失望。

失望後躲在一旁，心裏便有點氣憤。想到租客送來的菠蘿，我應該有份的，我雖然是一個小孩子，但為何不能和他們一起來品嚐那些新產品？太不公平了，失落之情，牢牢記在心頭。

從孩童時的一樁小事，正顯示出一個小童有一種不尋常的動作，必然是表示有一種要求，希望別人有所反應；其次，亦可證明小童也有反抗不公平的思想和是非之心。

孔明燈

在農村的晚上，一般人都是躲在家中，甚少在戶外活動。或許在夏天時天氣酷熱，才有些人拿着葵扇到戶外乘涼。只有每年的中秋節，家家戶戶都準備各式生果和月餅，闔家團團圍坐在門庭，一面聊天，一面欣賞皎潔的月亮，這是農村中秋節最熱鬧的晚上。

與中秋節聯在一起的玩意，是燃放孔明燈。各村落的人都點放孔明燈，若仰望天空，好像增加不少一點一點閃亮的星星。

二哥和堂哥有一年，也想在中秋節的晚上湊湊熱鬧。在節前幾天，模仿人製作孔明燈。他倆不知從那裏找到一些細小的鐵線，先紮成一個圓桶形狀，然後在上面糊上一層薄紙張，桶的中間還紮有一盞放油紙的罩。他倆製作的時候，我不會做其他，只能在旁搓着沾上了油的紙團。紙團紮在油盞上，燃點油紙，小心把孔明燈平放在下廳的地方，齊齊的把燈按在地上，試試能否成功升起。當看見孔明燈脹滿一股氣，有些搖動時，立即把手放開，孔明燈快速的升起，一直衝上廳中的楝樑停下，那時候大家都嚇呆了。用手既拿不下來，呼叫幾聲求助，又沒有人應，而孔明燈的火仍在燃燒着。二哥急忙走向大門外，拿了一枝曬衫竹竿，向孔明燈亂掃，才把孔明燈掃下來，它在地上燃燒着，而二哥和堂哥哥才鬆了一口氣。

幸好二哥機智，否則從天井吹入廳上的孔明燈，如果被吹側而燃燒，把廳上的楝樑燃燒起來，波及相連的房屋，又沒有人在家，必然造成彌天大禍。

試驗製作孔明燈雖然成功了，但放在不適宜的地方，卻闖出禍來，事後相約，不要告訴家中任何人，提及發生此事。

想不到今天尖端的科技，火箭升空的原理，就是數十年前童年燃放孔明燈那種遊戲。

堂大哥與手槍

堂大哥名伯受，他是祖父的長孫。在我的記憶中，他經常不在家，一年只返家三幾次。他回家時，總是穿着軍服，戴着軍帽，腰間有枝手槍，威風凜凜的。一見他回來，存着好奇心的我，便跟隨他回到房裏。他脫去軍服，改穿便服時，隨手把手槍放在桌上。當時我知道槍是會打死人的，心裏又害怕，又好奇，伸手輕輕地摸一摸，堂大哥回頭一望，大喝一聲：「小孩子不要亂動。」我本來已曉得槍會打死人的，心裏已經帶有幾分惶恐，這一喝叫聲，被嚇得一跳，立即縮手。自此，我對槍械都懷有畏懼之心。至今為止，只有一次在美國參觀西點軍校時，觸摸過門前放置給遊客玩耍（有士兵看守）的真槍之外，從未接觸過任何槍械。

堂大哥從未替祖父管理過田業，也不會管理商務，不知怎的會進入軍界。後來聽說二伯父有一位誼子，是姓温的，曾任師長，堂大哥走進軍界，是否與他有些關係，就不得而知了。

其後堂大哥棄軍從商，經營鹽業。又適逢日軍攻佔大亞灣，血本無歸。隨後解放軍席捲大陸時，「幸好」他已去世。否則他有這種背景，必然會被指為「反革命份子」，不會僅僅是地主階級。最終還是貽禍家人，評為「地主」，被清算時，妻、子亦得脫離關係，才能保住兒子崇德的非地主成分。崇德雖然早已參加東江縱隊的工作，但最終亦逃不過被清算勞改的厄運。

後來，國內進行平反，崇德得以離休名譽而居住澳頭。在晚年隱居時，和我相聚，從不提及往事，只聽他說了一句：「希望後一輩比前一輩好。」這句話，也許蘊藏不少對自己坎坷命運的感慨。

好奇心的測試

在農村，到處有寺廟外，還有許多稱為「土地公」、「伯公祠」等的建立。鄉人都奉信那些神祇，都有神靈，能保佑村民的，過年過節，便攜帶三牲及各式祭品香燭，前往拜祭，香火旺盛。

有一次，我無聊地獨自前往離東門不遠的小河邊。這裏有一條頗長的石橋，天雨時河水是頗急的。橋邊有一處稍高一點的小山丘，山邊興建了一座小小的「土地公」神位。神位的另一旁有一塊石，下面也有燒過香燭的灰燼。我一時好奇，覺得那裏是否有神在？為甚麼有人在那裏燃點香燭？於是我拿了三枝已燒過的「香骨」（是香燒過剩下來的竹枝），插在附近另一處的石下。試看別人有甚麼反應？

過了幾個月後，想起這件事，再走去看看，果然這塊石下也有一些密麻麻的香骨。這證明也有人在這裏進香，我當時在想，只是一時頑皮好玩，測試村人怎樣反應而已！想不到其後真有人信以為那裏有神靈，前去進香、禮拜。我頓時覺得有一種罪過感，後悔為何惡作劇去作弄別人。

想起這件事，村人雖然無知，盲目的去參拜，但又覺得他們都是存有一片善良的心，凡有神存在的地方，去參拜進香，是應該的，是善意的，目的是希望求神保佑村人過橋時，得到平安而已，又為何一定要批評村人的迷信與愚昧！

途中聽聞的咳嗽聲

從高涌村前往黃魚涌村，要途經一個小村落，名叫澳子繫。村裏只有幾姓人家，戶口較多的是姓廖和姓方的。村前和附近的稻田，都是祖父的田業（是由荒廢鹽田開墾為稻田的）。村中許多耕戶都是租耕祖父的稻田。我年幼時也曾跟隨二伯父，到那村落收過田租，田租都是以斗來量的，最記得量穀時，輕輕的放在斗上，穀將滿時便用木板刮平，很有趣。

有一天，隨母親前往黃魚涌，經過那村前一條小徑，傳來陣陣頻密的咳嗽聲，我好奇地問母親：「這是誰的咳嗽聲？為甚麼咳個不停」？母親回答說：「這是村裏方伯的咳嗽聲，咳了多年，沒有停止過，鄰近村莊的人，都聽慣了。」我再問方伯是甚麼人？母親卻說出一段和我們家有關的往事。母親又說，這一段舊事，二伯父最為清楚。

返回家裏，隨即詢問二伯父，有關方伯和我們家裏的關係。二伯父說：方伯年輕時，是我們家中的「長耕」（長耕是村裏的人替別人作長期工作的意思）。方伯不僅是家中作長耕，而且是替祖父料理田業的總管工。當年曾經陪伴方伯耕田多年的一頭老牛，牛齡大了，行動也遲鈍，已經不能再耕作了。適逢祖父回家休息，方伯想到如何處理老耕牛的事，去詢問祖父。他首先提出建議說：「耕牛已經老了，不能再工作，不如把老牛賣給肉商屠宰，所得的錢多貼補一些，再買回一隻精壯的。」祖父聽了，即時一口拒絕。跟着又說：「這一頭老耕牛，替我們工作了一輩子，怎能忍心賣給肉商屠宰賣肉？」

最後二伯父又說：「祖父從政府買下許多荒地，及荒廢的鹽田，開墾為稻田，都是由方伯處理的。方伯年老退休時（當時沒有所謂退休制度），祖父送給他相當豐厚的酬勞金，讓他回家安享晚年。」我沒有見過祖父，也不知道祖父的為人。但從對一隻老牛的態度尚且如此仁慈，而且方伯終身勤勞工作，為祖父開墾農田，管理農務，為人忠誠可靠，退休時給予優厚的養老金，兩件事對照來看，我感到有相當可靠性。

對聯與封建思想

農曆新年，是故鄉最隆重、最歡樂、最熱鬧的日子，也是小孩子最開心的節日。家家戶戶在除夕前，都把房屋、家具清洗一番，迎接新年和新氣象的來臨。

在除夕前，村人的俗例，總要張貼對聯和揮春，增加新年吉祥喜慶的氣氛。二伯父奕香的書法，是鄰近村人皆知的。所以每年春節寫對聯和揮春，都是他的例行工作。他把買回來的大批紅紙，裁剪後要書寫時，總要找些小童幫忙，因為寫大張又長的對聯，桌子不夠長，必須找些小童把寫上的紙張拉出托平，否則墨水會流下。我也曾被二伯父拉去幹這項極辛苦的差事，兩手托平紙張，動也動不得，想搔一搔頭皮也不能，一定待寫完後，兩人托平放在地上，雙手才得活動。當年二伯父要寫對聯時，便四出去「拉夫」，眾子姪充當牽對聯的差事。來不及走的，便被捉到。

記得家裏許多大門，都是貼上大的對聯，對聯的文字有時會有些改變，但總離不開是吉祥的字句，唯一不變的，是祠堂大門那一副對聯，用一塊又大又厚的木板刻成的。由於特別大，需要兩個有氣力的成年人才能掛上。對聯寫着「功垂許國、學紹眉山」八個大字。當時我還沒有入學讀書，不知道這幾個字是甚麼意思。只知道它每年除夕前掛起來。直到香港淪陷，逃難回到故鄉，八個字認識了，知道「學紹眉山」指的是宋代文學家蘇氏父子，他們是四川眉山人，與姓蘇有關，但前一句「功垂許國」，文字認識了卻不知其所以然。其後又重返香港，讀《高中國文》，一篇課文的作者蘇頲題解，才知道蘇頲是唐代的一位宰相，封許國公，我恍然明白，功垂許國，學紹眉山，都是指唐、宋兩代姓蘇的，都是有卓越功業和文學成就的人物。這對聯只適用於蘇氏的宗祠。

宗祠屋簷上面的一幅大橫額，掛着「芳遠堂」三個大字，下款有小字「夏同龢書」四字，也不知道是甚麼人，當時只曉得清末有翁同龢其人。後來才知道祖父不知怎樣能請到清末那位武狀元夏同龢替他題這三個大字。

近幾十年來，特別在大陸，都強烈地批評舊中國的「封建思想」，尤其是「文化大革命」期間，高唱「除舊納新」的口號。難怪那些村幹部，要將我們家裏宗祠的對聯和橫額的木板牌匾，拿去作橋板。幸好下廳的壁畫，沒有被剷掉，現在還清晰可見。

其實，前人要後人「光宗耀祖」有甚麼不對？那些鼓勵後輩學習前賢的文才和功業，以前賢為榜樣，有甚麼錯過？宗祠所標榜的，是宗族、家庭的教育。現在國家要國人發憤圖強，培養國家各類的優秀人才，鼓勵國人爭取各種崇高榮譽。這就像每屆奧林匹克運動會上，不惜嚴格的訓練運動員，去爭取金牌，接受頒獎時，把自己國家的旗幟升起播唱着國歌，來炫耀自己國家的體育成就，有甚麼分別！

我記得我們祠堂下廳，廳旁側面設有一個神位，神位兩邊亦刻有兩行文字：「萬般皆下品，唯有讀書高。」雖然所指萬般都屬下品，只有以讀書為最高，似乎有點鄙視各行業的觀念，但後一句所說以讀書為最高，如果我們把讀書作為求知，以求知為最上，何嘗不可以求學為最基本，最重要的解釋。而今世界各國，都增撥教育經費，目的是甚麼？還不是要提高國民教育的水準。

祠堂下廳設的是甚麼神位，我不大記得。當我在淪陷時去進香，兩邊的兩行文字，都給我有極深刻的印象。在抗戰淪陷痛苦的生活中，我依然堅持，渴望讀書，一有機會便找書籍閱讀，完全是深受這句話而激勵的。

往香港入學前夕

某一天，母親收到父親從香港寄來的信。信中說要母親帶我到香港入學讀書。晚飯時才聽母親說及這一消息，我高興得不停地由上廳走到下廳，跳來跳去，又沒有意識的高聲叫喊：「我去香港讀書了。」重複又重複地叫喊着。

到了晚上，母親把油燈吹熄了。我睡在一張小床上，由於心情興奮尚未平伏，在床上轉來轉去，不能入睡，口中喃喃自言自語，發出之聲像是讀書聲，又像唱歌聲，總之是胡言亂語。那時候，我並不知書中的文字，是怎樣讀的，那種聲音只是模仿讀書聲音，胡亂的叫喊而已！

我不曉得當時為甚麼會如此。在極度高興時，我不能控制的一種情緒和動作，這種情狀，直到疲倦才睡着。

後來，讀到《中國文學史》一書時，有學者認為人類在高興時會手舞足蹈，或放聲高歌，是人性一種自然動作，認為這種情緒的反應，是文藝發展的根源。童年時那種行為，正好給我體會出來。

第二章

移居香港

——在祖國抗日戰爭邊緣下成長

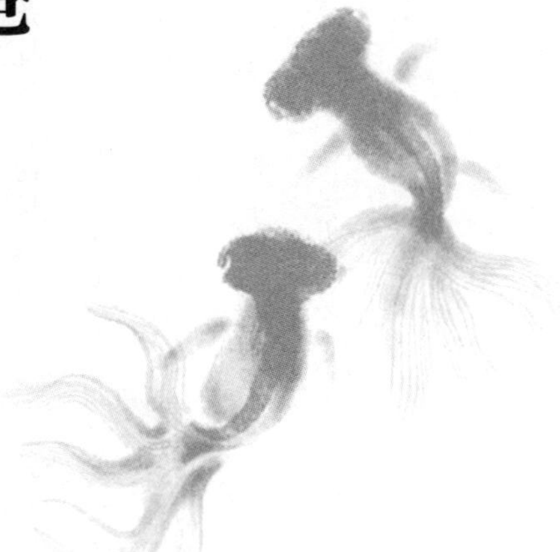

我出生於故鄉，對故鄉雖然有極濃厚的感情，但生活得最長久的地方，卻是香港，香港可說是我的第二故鄉了。

入讀小學的年代，正值日寇侵略中國。香港在英國人統治庇護下，獲得短暫的安寧，保持繁榮，成為當時日寇侵略中國，大陸百姓避難之所。祖國連年戰爭的陰影，其實已經瀰漫着香港。每天的報章都有國內戰爭的消息，電台的廣播也不停播出國內戰爭情況。我們在學校的音樂堂上，所唱的都是抗日歌曲。課本也增加一科《戰時常識》。每個週一的集會，老師都要我們站在國父像前，一句一句地跟着朗誦國父遺囑。老師訓話所說的，都是充滿激勵學生愛國情緒，鼓勵學生團結一致，堅決抵抗侵略者的決心話題。香港這一時期，可說已經進入了戰爭的邊緣。

我成長於這一時代，一早孕育了我對國家、民族的認識和關懷，在這種環境氣氛中，也播下我具有深厚國家、民族意識的種子。

從水道前往香港

前往香港入學，本來是母親送我的，適逢堂伯父蘇寧要往香港，母親便託他帶我一同赴港。

記得那一天清早，吃了早飯，母親交給我一個細小的行李布袋，便和母親分別。臨別前，母親叮囑要聽從寧伯的話。跟隨寧伯步行到澳頭，走到碼頭，寧伯早已租定的一艘小風帆在等候。落船後，船不時的搖擺，我則動也不敢動坐在船板上。這是我第一次，由海道往港，又是我獨自離鄉。以前隨母親前往香港，是由陸路乘坐汽車的，這次隨寧伯從海路走，有點不習慣。

帆船起行時，風平浪靜，船邊只有微微的浪花濺在臉上。見掌舵的船伕，不時擺動着風帆，覺得很有趣。但航行了不久，浪花漸漸升高，吹到甲板上。帆船細小，一時傾向左邊；一時倒向右邊，逐漸動盪得很厲害。開始目眩心悶，把早上吃的食物都嘔吐出來，連帶青色的水都吐清了。辛苦極了，只好伏在寧伯父的大腿上呻吟，朦朧中只聽到寧伯父不停的安慰我說：「船快到了，別害怕。」那時候我已經暈得不大清醒了。

船一到岸，寧伯父叫醒我，那一刻依然目眩，連站也站不起來。寧伯拉着我的手，到泊船的地方。原來船所停泊的，不是正式的碼頭，而是一處岸邊的幾塊大石旁邊。寧伯扶着我，踏過大石，要我走到另一邊的人叢中，跟隨人群過關，寧伯再叮囑我：「過了關後，你到那一邊站着等候我，我們便一同乘巴士到香港。」當時，我不知道這樣做是甚麼意思，只好按照他的吩咐。

我隨着一群不相識的人，過了關閘，我站在一角，兩眼四處張望，看看寧伯有沒有出現。心裏暗想，如果等不到寧伯，怎樣辦？突然驚慌起來，差點哭了。幸好，等了不久，寧伯父來了。牽着我手，走到車站，乘搭入市區的巴士，送我到父親的居所。

事後我才知道，寧伯父為甚麼要取水道來香港，因為當時香港政府規定：凡是從內地來港的成年人（小童可免）必須隨身帶足二十港元，才能進入英界。寧伯也許沒有足夠二十港元，只好從水路到大埔滘另一邊上岸，容易「疏通」駐守邊防的警察。這次過境，在六十多年前，算是「半個偷渡客」了。亦可見證當時香港邊防寬鬆和貪污情況。

啟蒙老師

小時候，香港有沒有幼稚園，我不大清楚。我沒有讀過幼稚園，到了適齡的時候，就入讀小學。

初讀小學的校名，叫大中書院。校監是許讓成先生，校長是朱克柔。我父親也曾在這間學校教過書，彼此都是惠陽人，有同鄉關係。我們兄弟都是入讀大中書院與此也許亦有關係。

記得開學那一天，大概早了約大半小時。二哥帶着我，攜帶了一些糖果之類的祭品。首先拜祭孔夫子。在祭枱上安放着一個用木雕塑立體的孔夫子像，那個立體像我至今還留有深刻印象。拜祭完畢，便把糖果都分給同學。

啟蒙的老師姓馮，是校長的夫人。她教我執筆寫的字，是在一本印有紅色的「上大人，孔乙己，化三千，七十士」的簿上。上課時讀的一本書叫做《漢文》（即今稱國文或國語），第一課的課文，而今只記得「秋風起，架豆棚」兩句，其他都忘記了。

啟蒙老師馮先生，她教我寫字的時候，穿着一件大朵花的旗袍，身體頗胖，她的樣貌我還依稀想得出來。未入學前，以為老師都是嚴肅使人生畏的，但想不到啟蒙老師都是和藹可親，臉上常露出笑容。於是緊張的心情才輕鬆下來。

三十多年前，姪子崇威在深水埗石硤尾「惠僑學校」讀書時，他說：「有位教師，是朱克柔夫人。」我聽了原來是我的啟蒙老師，多年不見，仍然健在，繼續從事教育工作。經過多次的戰亂，很想探望她。但遲遲未能成行。想去拜見時，她已離開學校，失去了這次重逢機會，至今後悔不已。

火車站旁與大榕樹

從旺角亞皆老街通往火車站，有一條稍斜的道路，左旁有一列高大的老榕樹。樹齡也許有近百年，樹枝橫散，經年蒼翠，每棵枝葉幾乎相連，密密的像把大傘。夏天可乘涼，雨天又能避雨，這裏是我童年最愛玩耍的地方。

同班有位同學，就住在附近花園街，是一座有走馬騎樓的二樓。約他一同外出玩耍，非常方便，只要在街上大叫一聲，便可相約到火車站旁的大榕樹下遊戲。

那時候，周末與周日，沒有甚麼好去處，只好到火車站路旁玩耍。樹旁的馬路極少車輛與行人，路旁邊的榕樹，正好作為我們的遊戲工具了。我倆的遊戲，是將鞋子脫下，把自己的鞋子拋高掛在樹枝上。第一回合，看誰能先行掛上。第二回合，又看誰能先把對方的鞋擊中掉下來。誰先完成，便算勝利。像這樣的競賽，周而復始的，玩個不停。

玩得倦了，又到火車站通往彌街口的一處斜坡。斜坡是沙地，我倆便利用沙地作滑梯般滑下，又作車輪轉的反複玩着。其實，這兩種遊戲，既簡單，又無特別之處，為甚麼會玩了整個下午，還是玩得興致勃勃，是否因童年時的生活簡單？還是童年太幼稚？

現今當我每次走經旺角火車站時，必然浮現六十多年前在榕樹下玩耍的影子。這個地方，戰後初期已經一變。初期地方雖然有些變化，還有些舊時樣子。但經過數十年後，變化更大。部分地方成為巴士總站，另一邊昔日作滑梯的斜坡，已變成一座座高聳的大廈和熱鬧的大商場了，可說「高樓矗立」，面貌全非了。

民族主義思想的萌芽

童年時在香港，常常聽到人家說「亞差」（印度警察）拉小販的事。跟隨母親到深水埗新街市買餸，就經常親耳聽到嗚嗚聲的警車突然而來，然後就看見那些在街市擺賣的小販，有些拿着籃子雞蛋，有挑着各式雜貨，爭先恐後的逃跑，如臨大敵，狼狽不堪。許多走避不及的老、少街販，貨物被傾倒在地上，「亞差」便把貨物踏碎，若然貨物更多的，一籮籮地用警車搬走。倘使小販被追到，就會被叉着頸，帶返警署罰款。那些失去貨品，血本無歸的，特別是老婦和童販，不禁連聲痛哭，尤其是一些童販哭得更為淒厲、悽切。目睹這種情況，覺得最為兇惡的「亞差」，原是英國的「亡國奴」（在童年時人們慣稱的名字），也在欺凌中國人，弱小的心靈，亦引起強烈的反感和憤怒！

當年彌敦道和太子道交界點旁邊，有一所警察訓練學堂，是我每次前往探叔父時必經之路。警察學堂的露天操場，經常有警察操練，高高在上的必然是英國人擔任警官，紮着紅頭巾喝令操練的警目是印度人，警察則全是中國人。

當時目睹的、所感受到的，英國人是一等人；印度人是二等人；中國人是三等人。當警察的中國人連「亡國奴」印度人都不如，使我產生一種強烈的恥辱感。這種反應，也許是一種民族主義思想的萌芽。

玩具手槍的美夢

我曾經偶然看見一個小童，拿着一枝玩具手槍，是用硬膠製造的。槍頭塞入一枝細小木枝，木枝一端套上一個軟膠製圓形凹狀的頭。把槍制一按，圓頭木枝便射到有玻璃的地方貼着，可作練靶，非常有趣。我看得入神，總希望能擁有一枝。

有一天個星期六下午，跟父親到香港永安百貨公司，在兒童玩具部看見同一類型的玩具手槍，要價五元，我求父親購買。父親認為太貴，不肯買，希望幻滅，十分失望。

我們住在荔枝角道，附近大南街，其中一間是專售兒童玩具的商店。放學回家時，我總喜歡繞過那舖子，看看有沒有新產品，而且又是我的零用錢可以買到的玩具。

一天走到店前，突然看見舖內的玻璃櫥窗，懸掛那一支新產品的手槍，寫着：「用一個仙（硬幣最少的單位），在抽獎箱中，用釣竿釣出有「手槍」字樣的鐵片，即可獲此巨獎。」我日夜渴望的玩具槍，竟然用一仙就有機會中獎，十分高興。自此經常到那商店碰碰運氣。每星期有好幾次，差不多有兩年多，都是失望而回。

而今想起，用一「仙」可以釣得這樣昂貴的獎品，做老闆的是否化算？萬一給人釣中這個獎品，要多少錢才能歸本？從壞一點想，也許是一種宣傳，作招徠的手法，根本沒有將那塊獎品的鐵片放進箱裏，藉此欺騙兒童，真後悔童年的愚昧。但退一步想，無論這是真是假，或是真的存心欺騙兒童，那一段熱熾的希望，的確給我發了兩年多的美夢！

一個「帘」字

上算術堂，課文有一個「帘」字。我不知讀音，也不知是甚麼意思。小息時，拿着課本，走去辦公室問算術老師。適逢在走廊上遇到一位教英文的老師，於是順便就指着那個字請問他。恰巧校長的哥哥在我們的身邊經過，看見我問字的情形，停了片刻，望了一眼，一聲不響的走了。

過了兩天，不見那位教英文的老師上課。於是覺得奇怪，再問其他老師，為甚麼不見教英文的老師？他說：「那位老師，被校長的哥哥解僱了。理由是指他連一個『帘』字這樣淺的都不識，怎樣做老師。」聽後才知道，原來是我闖出來的禍。為了我問這個「帘」字，老師卻被革除，頓時覺得自己闖了彌天大禍，十分難過。

其實，當老師的不識讀某一個字的讀音和它的意思，並不表示他沒有學問和修養，要受到如此嚴厲的「懲罰」，未免太嚴苛了。其後我知悉校長的哥哥，未作教師之前，是一位軍官，離開軍界，才投身教育，在胞弟學校任教，而他仍然不脫軍人的本色，凡事嚴加懲治。我總覺得軍界和教育界，應有所不同，不能把管治軍人的紀律，用在教育界。

說來真巧，我在戰後重返香港讀書，一位中文老師請假，來了一位代課的，他卻是戰前被革除那位老師。事隔多年，卻使我回憶這一樁十分內疚不安的往事。

舊居一：九龍深水埗荔枝角道一〇五號二樓

荔枝角道一〇五號是我童年在香港最早的居所，直至香港淪陷。回憶同屋居住姓戴的幾位小朋友，特別是香容姐（又名瑞英，她後來的遭遇，使我深感難忘），她們是我最早認識的小朋友，今事隔七十多年，不僅未知其去向，連生死亦未卜，睹物思人，不禁惘然！

荔枝角道是一條頗寬闊的大街，所住的左側，有一座頗大的大廈，名叫「雷生春」，在當年是一座華麗堅固的大樓。從我們居住的騎樓（即陽台）望去是兩間舖位頗大的「位元堂」藥局。記得當時「位元堂」的旁邊，是些肉食、鮮魚、生菜、生果等檔口。樓下一間叫「大聲公涼茶舖」，由於整天都播放着極大聲響的音樂，是名副其實的「大聲公」。右鄰地下前面是商舖，後面是製造銅器的工場，整天都聽聞叮叮噹噹的聲音。這些聲音仍歷歷恍若在眼前！

鄰近右側是「旺角戲院」，旁邊是遊樂場，其中一個足球場，可以作足球比賽，此外尚有韆鞦架和滑梯等，是我小學童年和同學的好去處。

「雷生春」大廈旁是塘尾道，有一座新建的白宮酒店，是我親眼看着它興建的。日軍侵港前，傳說是日本人的間諜大本營，未知確否？其後在白宮側，又興建一間戲院，名為「龍鳳戲院」，記得開幕時，在銀幕頂前，懸掛着一隻巨大的鳳，是父親替他做的，老闆張觀鳳，是父親老朋友，父親說他是白手興家，九歲跟母親在九龍城太子道火車橋下賣茶，窮得連褲子也沒得穿。後來勤奮的結果，卻成為商業鉅子，而今他的兒子張威麟，我後來才認識，尚能繼承父業，據云：已移民巴西了。

居處再步行一街口，便是太子道，太子道與彌敦道之間，有一座大樓和操場，時人稱之為警察學堂，即警察訓練學校。

事隔七十多年，重遊此地所見，已面目全非了，只剩下的「位元堂」，縱使留存，已改變為新形藥局；雷生春大樓，據報紙報道亦已被政府列為歷史建築物。

昔年所住的一〇五號樓宇，在這裏，我親耳聽聞日軍轟炸深水埗兵房的第一聲響。也是我第一次親眼望見日寇侵佔九龍時，日軍雙手持槍，慢慢進入市區的緊張情況。這些都是香港歷史性的一幕。而今樓宇已被拆掉，改建新樓，只有街道、路牌依舊，但景象全非，世事變幻，何其倏忽！

難忘的一齣電影

這輩子所看的電影，看過能長留在記憶中，而且有深刻印象的，是童年時看的《少年愛迪生》那一齣了。

一天父親從油麻地回家時，對我們說，在平安戲院買了一齣西片戲票，戲名是《少年愛迪生》，我聽了非常高興，不僅當時看電影是一樁頗為奢侈的事（不像今天，香港隨時都可以看到各國的電影），同時愛迪生又是我崇拜的一位科學家。

吃過晚飯，我們乘巴士到了平安戲院（平安戲院在當時，算是一間頗高級的電影院，香港光復後不久被拆掉了，改建為一座大廈）。《少年愛迪生》的電影，在記憶中是描述愛迪生少年時代的頑皮生活。在頑皮好玩中卻是富於好奇心，也有一種啟發性。一次他在火車上（似乎是賣報）被火車職員重重的打了一巴，導致他一隻耳朵聾了。這一遭遇，給他帶來很大的影響。雖然我聽不懂，也不甚明白「戲橋」的內容（以前電影院都有簡單的影片內容介紹單張，稱為「戲橋」）。我只從畫面去領略片中的主要故事內容。

父親帶我們看這套影片，是知道它頗有教育意義。看過後，的確使人深省。可惜這種對兒童具有教育性的電影，不知道戰後香港有沒有重播過？很想再能重溫昔日的舊片，比較與今天的「適宜兒童」影片有甚麼不同。

退休後，往美探幼子崇修，他住在新澤西州，駕車經過 ORANGE 時，他說：「這是愛迪生的故鄉。」並說改天帶我去參觀愛迪生故鄉博物館。又勾起我自小崇拜那位偉大的科學家，他對人類貢獻真是很大。

現今人類在科學上的進步，可說日新月異，啟發兒童思想的事物，確實不少。但電影上所拍攝的，大都以商業性賺錢的居多。很多注明「兒童不宜」的。富於教育性的，又能啟發兒童走向正途的影片，有如鳳毛麟角了。

動人肺腑的救亡話劇

祖國抗日戰火尚未蔓延到廣州時，香港市民的生活如常，學校照常上課，似乎一切都顯得平靜。但每天的報章、電台都不停地報道國內戰爭消息。其實戰爭的氣氛已經籠罩着整個香港。

記得有一天，學校忽然宣佈明天停課。因為廣州來了一隊青年救國團，借用學校上演一幕抗日的話劇，目的是激勵青少年的愛國精神。

據老師稱，話劇團成員，是由廣州的大學生和中學生組成的，名為「抗日宣傳隊」。話劇團員先在上午佈置劇場，劇名記不大清楚，好像是《在松花江上》。劇中一幕最難忘的，是演日軍侵略東北的悲慘場面。劇場佈置東北地區漫天風雪的景象，用白色縐紙剪成碎片從天上紛紛掉下，像白雪紛飛灑在一個孤零零的女孩身上。她唱出那首《松花江上》的歌曲：「我的家在東北松花江上，那裏有我的爹娘……。」悽厲悲壯的聲音，令全場觀眾鴉雀無聲，靜靜的聽着，加上襯托悽慘場景，配合陣陣悲哀的歌聲傳來，當時我的淚水也禁不住如泉水般掉下來。那一幕劇，無論場景佈置的認真，還是演出者的投入，都感動全場觀眾，也是我所看過的話劇中最深刻印象的一幕。

香港雖然尚未受到日寇的摧殘，但廣州的大學生、中學生都紛紛組織宣傳隊，甚至前來香港，鼓動抗日，可見當時在國內讀書的年輕人，投入救亡工作的熱誠。

抗日歌曲

在小學讀書的時候，抗日戰爭已經爆發了，國軍節節敗退。香港小學的教科書，也補充一科《戰時常識》。課文中亦列舉近代列強侵略我國的國恥和日本在中國所造成的罪行。目的是喚醒少年學生，加強學生的愛國意識。

每週一上課前，都要集合在國父遺像前，隨着老師朗誦國父遺囑，跟着聆聽老師的訓話。內容大都是鼓勵學生，在國難當前，要愛國家、愛民族。在音樂堂所教的，都是《保衞中華》、《熱血》、《義勇軍進行曲》那一類的抗戰歌曲。

最記得的，是在一個星期天早上。跟父親平日必到的添丁茶樓飲茶。父親買了一張早報，附有一張畫報。其中一幅圖畫，配上《義勇軍進行曲》的歌詞。繪上一排排的英勇戰士，雄赳赳的手提着槍，冒着炮火前進。士兵的背後，有一座朦朧不甚清楚的萬里長城。我坐在茶樓的椅子上，聚精會神地凝視着，連案上的點心也忘了吃。這是我第一次看見《義勇軍進行曲》的圖文，記憶至今猶新。

後來我在新亞書院，上錢賓四老師的課堂，談到中國的抗日戰爭，他說：「中國的抗戰勝利，中國歷史教育，是功不可沒的。」中國近代受到列強的侵略接踵而來，歷史書上的記載，特別是日寇的侵略史實，激發國民的覺醒，振奮圖強。我覺得還有一點可以補充的，是當時抗戰的歌曲，振奮千萬人的心弦，士兵勇往直前，像《義勇軍進行曲》的歌聲，千千萬萬的青少年，無不受到感染，許多抗戰歌曲，年輕的學子，都能詠唱。

慷慨激昂的《義勇軍進行曲》，而今被選定為國歌。每次聽到這首抗戰歌曲，就會想到抗戰時期的情景，想到當時英勇犧牲的戰士，不知多少長埋在荒土草叢中，他們的犧牲獲得的是甚麼？現今唱這首歌時，還有多少人在懷念他們，紀念他們。那一句「把我們的血肉，築成我們新的長城」，也許只從口中輕輕掠過，惟深受戰火洗禮的人們，才能真正對這段苦難的日子有所體驗，存在着真實的感情和感受。

難民湧港與救濟工作

抗日戰爭開始，只在北方，廣東一帶尚未受到影響。特別在香港，暫時有英國人的「庇護」，保持安寧。其後日軍攻佔廣州，又從大亞灣登陸。澳頭、淡水首當其衝，惠陽縣一帶，大批的難民，紛紛逃難湧進香港。

當惠陽縣及各地難民進入香港的時候，在香港惠陽縣的僑胞，聯絡工商各界人士，紛紛組織安置難民的工作。我父親和各界人士亦參加救濟工作。在惠陽商會的號召下，參加的人非常踴躍。有錢的出錢，有力的出力。籌辦安置難民的住宿，又把那些兒童安置在兒童救濟所，給予特別照顧。的確能發揮鄉里、宗族的相助和團結的力量。我不知道當時其他鄉縣的僑胞是否有這種組織，只知道惠陽縣人救濟難民組織做得很好。

我曾聽父親說過，「救濟難民所」需要大量金錢和物資支持，父親和酒店業股商許讓成先生，親到各同鄉股商巨賈的商號勸捐，捐助的人非常踴躍。一次到余仁生藥局，向東主余東璇先生勸捐，因為余先生亦是惠陽人，又是在港的富商。理應可大力獻金支持這一善舉的。可是當他們向余先生勸捐時，余先生說出一句話：「你們知道善字是怎樣寫的，善字就是雙羊牯（俗語羊牯是被人揾笨的意思，雙羊牯是雙重被揾笨之意）。」父親和許讓成先生聽了，受了一肚子氣回來。不過這只是一個救濟工作特殊的例子而已。

距今十多年前，在報章港聞版中，刊載了一則新聞，說余氏家族有媳婦與家姑爭奪首飾之事。其後，又有一則載余東璇淺水灣故居大屋出售之事。回想起父親以前曾說余氏確是香港的富豪，余氏的創業者的確能節儉成家，否則怎能積聚如此豐厚的家財。今天余仁生藥行仍能世代相傳和不斷發展，或許余氏家族的後代子孫必有心存忠厚，才得保存家族的基業。

捐款救國運動

田漢先生在香港淪陷時，寫了一首歌曲，名為《再會吧香港》。歌詞分為三部分：第一部分是描寫淪陷前兩種不同生活的香港人；第二部分是描寫香港的美麗風景；第三部分是描寫香港淪陷後日寇的殘暴。第一部分歌詞中一段文字：

「再會吧香港……這裏有一獲千金的暴發富，也有義賣三年的行商……」

這歌詞的確是寫實的，動人的，特別是「也有義賣三年的行商」一句，正是我親身體驗的事實。

大概是廣州淪陷後，以前祖父有一位在廣州的好朋友，是姓郭的，他的兒子名郭振聲，在廣州中山大學讀書。廣州失陷，避難到香港，暫住在我們家裏，我們兄弟都稱他「十四叔」（後來，聽說他於國府退守台灣時在空軍工作）。當時香港每逢「雙十節」或者「七七事變」的紀念日，都有盛大紀念活動。尤其是七七紀念日，市民都舉行捐款運動，把捐款送回祖國後方，支持抗日戰爭經費。

記得有一年七七紀念日，正在舉行救國捐款運動。市上的商店紛紛捐款，街市的小販，更舉行義賣一天。那天晚上，十四叔和二哥帶我到深水埗北河街，看市民捐款情形。北河街算是一條寬大而熱鬧的街道，街道上塞滿行人。我尾隨着行人，喊着說看不到有甚麼東西，於是十四叔抱起我騎在他的肩膊上。我便看見街道的中央，鋪上一幅長長而頗大的紅布，由街頭伸延到街尾。在紅布上，堆積着鈔票、錢幣和各樣的金飾物。行人中不斷有人踴躍把財物抛到紅布上。那種慷慨激昂熱心救國情景，使人十分感動，那種情景至今仍然留在我的腦海中。

中國抗日戰爭初期，日寇的大屠殺政策，祖國同胞飽受屠殺、姦淫和擄掠。這種悲慘遭遇，卻引起國人和僑胞的憤怒，更激起香港僑民的團結力量。暫得安居的香港市民，所見國內受到災難的同胞，感同身受，那種熱烈捐輸的情況，不是親自目睹，很難相信。

田漢先生的歌詞，描寫香港的情景，正是一首寫實的詩篇，其中一部分，也是我切身經歷，至今我依然喜愛這一首歌詞，因為許多情節，是我親自經歷過的史實。

抗日時的一張海報

抗戰期間，香港僑胞表現出熱愛祖國的精神，除了報章、電台、畫冊和漫畫等之外，許多商店窗櫥所張貼的，也表達僑胞那種愛國家、愛民族強烈情緒。

我最愛閱讀的是每天父親買回來報章附上的漫畫，此外又有深刻印象的，莫過於跟隨母親到新街市，經過「雷生春」那座大廈，前行十多間商舖，其中有一間印刷店。該店是經營印刷各種文具用品及廣告畫報（今日稱為海報）。商店玻璃櫥窗，每隔數天，都會貼出不同的有關抗日的畫報。每次經過該店，我總要駐足觀看，增加我許多國際上和抗日戰爭常識。

其中一張最有幽默感的，是繪一個大球場，進行足球比賽，球場坐滿觀眾。其中一方的球員有蔣介石、羅斯福、邱吉爾、史太林等。對方的球員是日本首相（當時不知他叫甚麼名字，也許是東條英機）、希特拉、墨索里尼等。守龍門的是日本首相。最緊張的一刻是蔣介石把足球勁射入了日本首相把守的龍門，旁邊的觀眾都興奮地站立起來，高叫鼓掌。我看着那張海報，聚精會神地凝視着，久久不肯離開，要母親多次的催促才肯離去。這一張海報，是我童年時所見最有趣、最生動和印象最深刻的。

現在許多人批評做生意的商人，只有「利字當頭」、「唯利是圖」。我總覺得不該「以偏蓋全」，店主每隔數天更換海報，不就是要讓行人經過觀看，刺激市民，怎能說他沒有國家、民族觀念？沒有一種戰時活動教育的意識？我想批評商人，還要有點公道！

稱讚

大概是小學四年級的時候，學校放暑假。父親為了避免我白天跑到外邊玩耍，給我繳交暑期班學費，到學校讀暑期班。每天照常上午上課，中午放學。父親認為這樣不致浪費時間外，又減少外出的機會，可說是一舉兩得。那時候，讀書沒有為了要升班，在假期要補習，純粹是為了學生多讀一些課外書，增加知識而已。

當時，大中書院朱克柔校長，不知是甚麼原因易手，校長轉換了陳幹宇先生。這一年暑假，陳校長積極的舉辦暑假班，還親自擔任國文老師。他選了多篇的文言文作課文，有〈前出師表〉、〈前赤壁賦〉等。其中一篇是從《東萊博議》選出來的。當時那本書的作者是誰，我一無所知。只知道文章中幾句：「共患易，共利難，患者人之所同畏也；利者人之所同欲也……。」這幾句話，卻深深留在腦子裏。經過暑期班讀文言文之後，也隨之引起我的興趣。

新學年開始，上作文堂時，陳老師以「美國羅斯福連任總統」為題。當時我在想，為甚麼會出這樣的題目？我們只是小學生，這是與時事有關的題目，總是百思不解。現今想起來，也有道理的。當時是世界第二次大戰激烈時期，無論是工商界、學術界、教育界，無不關心時局的變化發展。其次，校長的大哥以前是一位軍官，後來才轉教職。校長未接管書院時，是否也是軍政界人士，我都不清楚，但他對時事極為關心，卻是事實。他出這樣的作文題目，亦不足為奇。當我看見那題目，不曉得從那裏着筆，想了許久，於是想到讀過《東萊博議》那篇文章，開頭便寫：「好人得人愛，惡人得人惡，如羅斯福者，亦謂好人矣……」。

相隔一星期，陳老師把作文簿批改後派回來，對全班的同學說：「蘇同學的作文學寫文言文，寫得很好，值得鼓勵。」忽然班中同學的目光都注視着我，頓時驚喜交集，不知所措。其實那篇作文，多少都有模仿《東萊博議》那一篇文章的，沒有甚麼特別，但老師的稱讚，也許覺得我能學習寫作一點文言文，給予一種鼓勵作用。但內心上又有點說不出的喜悅。自此之後，對作文科目，更格外用心了。

從這一經驗，我體會到教育的方法，稱讚遠比責備較為有效。在我小學時這一點的感受，是一個例子。

第三章

日軍攻佔九龍前後的幾天

——初嚐戰爭的苦果

戰火不斷地在祖國燃燒着，種種悲慘的情景，我只有在報章刊登，和電台廣播才獲悉，一切沒有親自目睹。

日機投下在欽州街的炸彈聲一響，日軍隨即侵佔九龍的前、後幾天，突然間像天崩地裂似的，正是百載繁華一夢消。香港瞬息間完全改變了。昔日街道上行人熙來攘往，轉眼間如死城一樣，可怕悲慘情景都展現眼前，這深刻的慘狀記憶猶新，無法忘掉。

短短的幾天，街上暴民搶劫，屍體在街巷中橫陳，日機不停地空襲港島，英、日軍隊隔海炮戰，都親見耳聞。這幾天的記錄，是我在日寇攻陷港島前，進佔九龍市區時一段沉痛的歷史見證。

揭開香港淪陷的第一聲

一九四一年十二月某一天，市民突然聽到隆的一聲巨響。起初，許多成年人都不知道發生甚麼事，我更懵然不知。有人說也許是防空演習。其後，消息傳來，才知道是日機空襲，炸彈原是投向附近的英軍兵營，卻誤投在附近欽州街的馬路中心。除了欽州街的炸彈外，又傳出啟德機場亦遭受連串的轟炸。這一枚炸彈聲，驚醒了香港市民享有百年的繁榮美夢。

我家住在荔枝角道，距離欽州街不遠，學校也在附近，跟着學校亦停課了，學生亦各自返家。其後我好奇地靜靜跑到欽州街，看看究竟被炸成怎樣？赫然見路中心有一個大洞。

家裏全屋的人，都十分驚慌，第一個反應，是忙於到街上購買糧食。附近的雜貨舖，都擠滿了人群，許多商店都關上鐵閘、大門，寫着「停止營業」的字樣。母親目睹這種情景，非常擔心。我雖然不懂憂心未來生活這回事，但看見母親和其他人的惶恐，心情頓然也沉重起來。

隔了一天，我在二樓吊橋上，看見對面那一間製造銅器炊具的店舖，許多工人平日總是埋首，叮叮、噹噹發出嘈雜不停的聲響，而今卻靜寂下來。眼見他們連群結隊外出，手上拿着平日用作打銅器的工具鎚子、菜刀、鐵枝等，匆匆跑到街上。不久便抬着一包一包的白米、一罐罐生油和各種雜糧回來。當時我心裏在想，前一天，那些工人都是純良的工人，只隔了一天，卻變成劫匪。甚麼是善，甚麼是惡，我一時都糊塗了。

再走到騎樓一望，又看見一位穿着綠色制服的「民防隊員」，將制服急急的脫去，把佩槍裹在制服中，拋到街巷一邊，迅速的逃跑。整個街上都是一群群、一組組的人，高喊「勝利！」「勝利！」走到商店，撞開鐵閘、大門，掠取貨物；有些走到樓上衝門，強搶財物。聽說有人在門上張貼寫着「某某堂的字條」，「勝利友」便不會去騷擾。這張字條是在搶劫混亂中，最有效的「靈符」。

在炸彈聲一響，整個香港都變了，街上的都是吶喊高叫勝利的「勝利友」（當時人都是這樣稱這些搶匪），他們都變為是「合法」的匪徒。看到這種情形，我在想：究竟是怎樣的一回事?「是」與「非」、「善」與「惡」是怎樣分辨？

不管如何，自欽州街的炸彈一聲響起，就是我走上漫長歲月苦難生活的開端。

街頭所見

經過幾天的混亂局面，街上稍稍平靜下來。不動聲色，我偷偷地跑到街上，看看甚麼情景，但內心依然帶着一種既好奇而又恐懼的心情。當我走到附近塘尾道街口的後巷，離巷口不遠的地方，赫然橫陳在地上的一具屍體，光着全身，沒有任何東西遮蓋，我害怕得立刻奔跑別處。這是我第一次看見那樣恐怖的景象。走到不遠，又陸續發現多具同樣的屍體被拋棄街角一邊，許多都是沒有穿衣服的。後來想想，這樣多全裸屍體，也許是別人剝去衣服作故衣出賣。家人縱使把他拋棄街上，怎會這樣忍心連衣服都不穿？後來每當我走過「故衣店」，不期然地會聯想到以往看過那一幕幕的景象。

沿着塘尾道轉到幾天前還在玩耍的操場。足球場「龍門」兩邊柱下，有人埋葬在下面（那時的球場是沙地的），旁邊還留下燒過的香燭。附近不遠亦有一堆堆新墳墓。想不到好好的遊樂場、足球場，轉瞬間卻成為新墳場，多麼可怕！

走了一個大圈，行人稀疏，所見都是一幕幕驚心動魄的景象。更加感到戰爭的可怕，在我生命的歷程中，第一次感到生活的變化是如此迅速與無常。

黑煙與炮聲

日軍尚未渡海奪得港島時，九龍日軍的大炮，不停地向駐守港區的英軍發射；英軍亦在港島不斷的向九龍日軍還擊，其中炮彈擊中了大角咀的儲油庫，頓時火光熊熊，猛烈的火光播散着濃厚黑煙，把大角咀、深水埗一帶地區天空都遮蓋了，變成了黑暗世界。

我們住的地方靠近大角咀，所以被火光、黑煙和炮聲籠罩着，使人透不過氣來。英、日兩軍隔海互相攻擊，炮彈經常落在附近，發出隆隆巨響。炮彈不知會落在甚麼地方，隨時有生命危險。起初，日軍進入九龍時，市面的混亂，雖然有點驚慌，卻沒有感到死亡威脅的可怕。此時嚐到戰爭的火藥味，情況愈來愈壞，我緊張起來，才開始覺得戰爭的可怕了。震耳的炮聲，燃燒着油庫發出的臭味，眼見滾滾濃煙升起，瀰漫着整個天空。生命只懸於一線，無法逃避，只有聽其自然。

像黑夜似的下午，躺在床上，聽着不絕的炮聲，心裏在想，港島的英軍也許尚未投降，日軍進攻香港尚未得逞。於是把棉被拉上，蒙着頭祈求醒來的時候，炮聲停止，黑煙消散。

首次看見東洋鬼子

一個早上，街上的嘈雜聲音突然沉寂下來，走到騎樓的欄杆一望，對面的街上出現一隊一隊穿着草綠帶黃色軍服的日軍，雙手提着槍，慢慢一步一步地向旺角的方向前行，頭部不斷地擺動張望，好像提防有人向他們襲擊似的。

我回過頭輕輕的叫喊：「日軍真的來了」。同屋的小童都搶先湧上來。伏在欄杆下窺視，母親細聲叫我們不要大聲說話，驚動日軍，會入屋殺人。於是大家又退回廳中，脈搏跳動得特快。但好奇心的驅使，又跑前偷看進入市區的日軍，仍然源源不絕地推進，相信為數不少。他們經過時，沿途寂靜得像個死城。

後來有人傳說，在塘尾道和荔枝角道交界的一間開張不久的新酒店，名叫「白宮酒店」，是日本進攻香港前，地下間諜活動的大本營，這間酒店很普通，沒有甚麼特別。由於在我住的地方附近，我們亦不時到那酒店的門前玩耍，對面「雷生春」大廈，更是我們夏天經常乘涼地方。如果傳說屬實，真的想不到常常在那裏遊戲的地方，竟然是日本進攻香港之前，間諜活動的秘密場所。如今又想到那時候香港政府，防日間諜活動的不足與疏忽。

死於日軍槍下的「勝利友」

日軍全面佔據九龍半島後，一面和對岸的英軍進行炮戰，一面要維持九龍的治安。維持治安秩序，首要就是鎮壓市內的搶劫者——勝利友。

一天早上起來，我在騎樓張望街上的情況。看見一大群人，擠在一間「大押店」（即當舖）門口衝門。勝利友起初搶掠的第一目標是米舖，其次是金舖，通常金舖有防盜設施，較難衝入搶劫。再其次是疋頭店（戰後有一位姓陳的同學告訴我，說他父親剛在淪陷前幾天，購入了一大批布疋。幸好有「靈符」保護，不致被勝利友搶去。他們便靠這批布料，度過了三年零八個月的淪陷生活。這正好說明混亂時「靈符」的效應）。而今連當舖也光顧了。突然街上來了一部貨車，車頭司機位上的兩個日軍，架起兩部機關槍，距離當舖不遠，嘭、嘭的開了好幾槍。我一聽到槍聲，即時大聲呼叫：「日軍殺人了！」轉身退縮返回房間。好奇的我，停了片刻，再去探望，在當舖門前及馬路，有許多人倒在地上，不能動彈，有些人的手腳不斷地抖動，發出柔弱的呻吟聲；有些拖着步伐，身上染有鮮血，緩慢的走離現場。

這次，是我親見日軍射殺同胞的場面。以前所讀的《戰時常識》，只是課本上所描述，東洋鬼子如何殘殺同胞，是一種書本知識，沒有深刻的體會。今次，日軍的槍殺同胞，目擊這群人浴血在日軍槍彈下，使我對日本侵略中國的仇恨加深，更使我弱小的心靈，蒙上了永遠不能消除的陰影。

輪米

日軍侵略中國，國軍節節敗退，東南沿海一帶不守，廣東隨之失陷。內地人大批逃亡，香港成為戰爭的避難所，香港人口也因而激增，使市面更為繁榮。港人夢想香港有英國人的保護，日本不會攻打，市民大都沒有準備儲糧這一回事。一旦炸彈聲隆然一響，喚醒了繁華的美夢，頓時劇變遂手足無措。

戰爭爆發，米糧至為重要。母親忽然聽到鄰居一位親戚，走來告訴大家說：「某某店有米出售，許多人正在輪米」。母親聽後立即着我跟隨鄰居去碰碰運氣，能買得多少也好，可補充一點米糧。我拿了一個小布袋，尾隨他們同往。

走到一條街的某間店舖，見不到是否有米出售，只見門口有一大堆人群。人群非常混亂，不時移動着，爭先搶位。我不敢走進前面，只拉着一位熟識同行的人衫尾。其後，人群愈來愈多，我們也被擠擁到人群裏面。我的個子小，夾在人群中，被擠迫得幾乎透不過氣來。我開始害怕，萬一不慎被推倒地上，站不起來，很可能被人踐踏而死，只有牢牢地緊握那個人的衫尾。隨着人群，一時湧到左邊，一時又被推到右邊。前面究竟有沒有人賣米，都看不見。只盲目地隨着人流，像潮水那樣盪來盪去。逗留了大約一個鐘頭，依然沒有看過出售米糧的店鋪，只好離去。

在戰亂的時候，人總會失去理性，還沒有肯定商店是否真實有米出售，便毫不思索馬上前去，絕不讓機會錯過。我這次雖然是撲空而回，卻給我能了解到戰亂時人的心態，親身體會到戰亂時，爭購糧食那種惶恐可怕的場面。

衝破日軍戒嚴線

在日軍侵佔九龍後，不容易買到糧食，隨時有餓死可能。母親便打算帶我們兄弟四人，先返回故鄉避難。於是要我獨自一人前往油麻地告訴父親和哥哥。

要往油麻地，必須通過幾條大馬路和小街。許多大的街道都被日軍劃為戒嚴地區，不許通行。我只好選擇較少人行的太子道末端塘尾道，轉入上海街前往。當日行人甚少，因為日軍隨時會執行戒嚴令，市民多躲在家裏，市上呈現一片肅殺氣氛。

我從雷生春大廈轉入塘尾道，整條街道死寂得可怕。我選擇這一條路線走，認為可能沒有戒嚴。可是走到街口一看，原來又成為戒嚴區。日軍在太子道和荔枝角道交匯處中央，用沙包築起一座圓形的站崗。中央站着一個日軍，手按着一支會旋轉的機關槍，槍口不停地在四周移動。在太子道末端街口，用白色寫着特大「格殺勿論」四個大字。我知道這條白線寫着如此大的字，是極嚴厲和緊張的戒嚴線，否則日軍也不會不停地轉動機槍，瞄着四方的戒嚴線。

我站在街口，等了很久，看不見有人走過，我想如果有人越過，膽子會大些尾隨他一同跑過去。久久都不見有人夠膽越過去。心裏又想到，自己的個子小，跑得又快，容易越過戒嚴線。於是立定主意，兩眼盯着那個在站崗的日軍，一見他把槍口轉向九龍城那一邊，身體背着我的時候，就飛奔跑過戒嚴線。當時全沒有想到生命的危險，只覺得自己既機智又勇敢，竟然給我衝破了日軍的戒嚴線。其實，那是極度危險的事，正是生死懸於一瞬之間，隨時會被槍殺的。

沿着上海街直行，到了窩打老道口，窩打老道在街口除了一度通路之外，街的中央是一條明渠。看見明渠的堤壆上，有一排人站在上面，頭上頂着一些東西。原來是懲罰走過戒嚴線的行人（是最輕的懲罰）。他們有時站得不穩，連人帶物都跌進渠中。有些強行跑過的，給日軍捉獲，便被鞭打或用槍頭相撞。眼見那些日軍猙獰呼喝聲，又可恨又可怕。

心裏又回想起剛才自己很幸運，未被發覺，否則被守崗的日軍即時槍殺。

站在窩打老道邊旁一角，不知又等了多久，終於解除了禁令，順利抵達油麻地目的地。這一天，是我數十年前的生命過程中，最驚險的一幕，而想起「飛奔的跑過」戒嚴線的那一刻，記憶猶存。

逃難返鄉的前夕

母親在終日隆隆的炮聲中，感到十分危險，加上米糧日絀，於是決定帶着我們離開香港。兩位兄長年紀較大一些，而我和弟弟年紀較小，只有返鄉才是生路。父親一直以來都是在城市生活，不會種田，也沒有勞動力，希望留在香港，期待政局是否會有轉變，才作打算。

在離港前夕，母親收拾簡單的行李。學校所穿的兩套校服，是深綠色的中山裝。母親認為雖是童裝，但像軍服，要把它棄掉，我覺得很可惜，總想帶返家鄉，但母親堅持，只好留下。要攜帶的衣物都是極需要的，特別要應付嚴寒天氣，選擇衣物已經費盡思量。

沿途遇到劫匪，必然不可避免，母親為了要保存一點財物，想了兩個方法。一是將家裏備用藥物中的濟眾水，那些濟眾水是防止霍亂症的良方（當時曾發生過一次嚴重的霍亂症，家家戶戶都備有這種藥水以防萬一）。母親把濟眾水外表的說明書，很細心地把藥方說明書拆開，只留少許，將紙幣搓軟，摺得細細的捲進去，再行封上，和原裝沒有分別；另一種方法，將我和弟弟身穿的棉襖，把緣邊的線拆開。取出少許棉花，將紙幣搓得像棉花般柔軟，摺成條狀，塞進棉襖邊再縫上線。母親的想法，認為劫匪不致掠取藥物（多少是一種不吉祥的東西）；放在棉襖內，亦相信劫匪縱使兇惡，亦認為不致無良到去剝奪小童冬寒所穿的棉襖。這兩種方法，竟然避過了沿途無數次匪徒的洗劫。沿途的零用錢，和返抵故鄉後的暫短生活費，就是靠着這一點錢。

重返故鄉——惠陽

一九四一年十二月，日軍大舉侵略香港，進入九龍半島大概不到十天，香港島英軍仍然堅守着，母親便攜帶着我們兄弟四人，由陸路步行了四天，才回到惠陽縣的故鄉。

由於母親離開故鄉多年，家中除了家具外，糧食全部都沒有，只賴母親周旋籌劃與辛勞，暫時才能安定下來。當時我雖然年紀尚小，但仍要協助母親勤力工作。在這幾年中，可說是家貧如洗，一家五口由於米糧不足，除了靠祖父純芬公的餘蔭，幫助收入小部分穀米外（因祖父留下的稻田，大部分被二伯父典押給別人），全靠母親艱辛工作，終年每天總是吃粥水和一些蕃薯，難得有一碗白米飯吃。遇到天災饑荒時，不僅要兼食些由大海撈起的海草，更吃過幾餐的樹葉，那時未曾成為餓殍，算是十分幸運的了。

記得每年冬天所穿的一件由父親留下的西裝，不管稱身與否，我穿了多年，破爛了，便加補一塊布，每爛一處便補一處，最後原本的布也不見了，這是名副其實的「百衲衣」。我曾說日後應該保存下來，便可證明在抗戰期間，在淪陷地區生活狀況的寫照了。

雖說在這段期間受盡了痛苦與折磨，但在這惡劣環境中，使我體驗到及嘗試到人世間的冷酷與溫情，磨練出及奠定了我一生為人、處事的態度。也可以說是對我人生的一次重大教訓。

期待已久，至一九四五年八月，日皇終於宣佈向中國無條件投降，這是極大的喜訊，不僅使我脫離了這段悲慘生活，更使我得以再度前往香港，冀望重過學校的生活。

第四章

在故鄉淪陷區中的苦難日子

——生命中的一段磨練

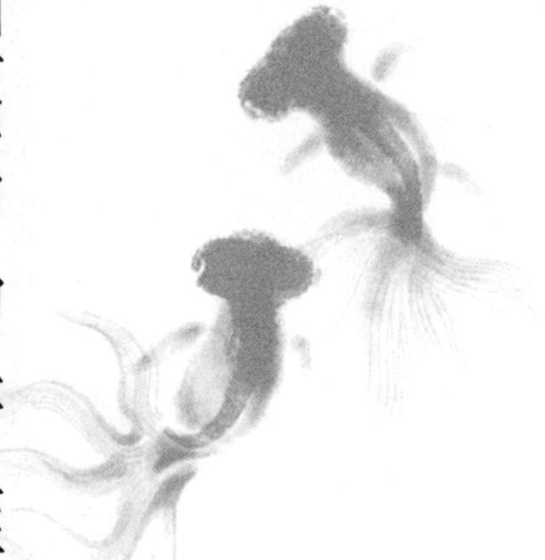

在我七十年的生活過程中，至今為止，以逃難返回故鄉的歲月最為痛苦，也是刻骨銘心難忘的一段生活。

這一段期間，年紀雖輕，感受卻特別深刻，也使我深深感到世間甚麼叫做「人情冷暖」，甚麼叫做「世態炎涼」。使我更體會到人在困苦中若要求存，必須能忍耐和具有堅強意志和奮發精神，去迎接艱辛的歲月。

這些歲月，給我無限的痛楚，同時又給予我在人生中最寶貴的生活經驗。這一段生活，不知道是不幸，還是幸，不管怎樣，給予我最好的生活磨練，也給予我畢生難忘的一段苦難日子。

劫後餘生

母親和我們兄弟四人、堂兄、堂姪及同鄉一行十多人，沿着荔枝角海邊走，步行去荃灣途中，遙望日機不時轟炸港島。見日機俯衝，炸彈聲音和火煙齊起，那時知道日軍尚未能渡海攻佔港島。在荃灣舅父家中住了一晚，隔天一早，舅父邀請了幾位朋友，一同護送我們走了一條頗長的山路，覺得已經安全了，便和我們告辭。

起初，我活力十足，和一些年紀較大的同鄉，走得特別快，離開人群，一口氣跑上一座山頭，在路邊一塊大石坐下，等候母親和同鄉。突然不知從哪裏來了幾個穿着唐裝衫的大漢，態度很和善，不斷詢問我們有關在九龍市區的消息，我們也坦率地告訴實況。

他們一見母親和一群人到來，便立刻散開，聲稱打劫！有一個人站在大石上，打開衫紐，手放在衫內，像要拔槍的模樣；一些人突然露出兇惡的面孔，大聲的喝道：「不要動，把行李打開。」大肆的搜掠。那時，我留心的觀察，那些劫匪，裝着有槍，作勢嚇人而已，如果真的有槍，何不顯示出來，我心裏都在懷疑。經過一番搜掠後，匆匆離去。

他們臨走前，突然一個匪徒回過頭來，把同行的競生表哥手拿着不放的一枝竹竿拿走。原來那枝竹竿，是他的母親臨別時，把一些鈔票，塞入竹筒內，他沿途上若被劫，希望仍可保留一點錢應用。至此，我才恍然大悟，每當我拿着那竹竿玩耍時或把竹竿倒轉作拐杖，表哥立即搶回去，又不解釋。但想不到第一次遇劫，便給匪徒拿走。匪徒為甚麼如此聰明？會知道那竹筒內藏有鈔票？劫匪走後，我覺得那些劫匪，初時如此和善，為何一下子便變得如此兇悍？心裏想不通。

各人把剩下的行李收拾後，又馬不停蹄地趕路。天將黑了，準備繞過另一個山坡下的村莊，向村民借宿一宵。還好，村民看見一群大小難民，顯出憐憫之情，一口答應，借了一間草屋安置我們。在嚴寒的冬天，所帶來的棉被不够用，村民還拿了一些較軟的禾桿草鋪在地上，以及拿來一些舊棉胎給我們。晚上有沒有吃東西，已經記不起，但睡在地上的乾草刺背，十分難受，印象卻是深刻的。

過了一晚，清早又趕路前行，越過一個山嶺，到了山下的一個海灘。經過海邊一條小路，遇着一群全穿着黑衣服的男子，有許多人兩手都持有手槍，急急的在我身邊掠過，他們走去不遠，我便向在後的人叫喊：「前面有賊呀！前面有賊呀！要小心呀！」不斷的叫，以為可通知在後的人防範，但想不到聲音也許太大，驚動了那批匪徒，突然急急的回轉頭來。把我們和隨後另一批難民，全部趕到海灘上，逐一搜掠。忽然聽聞另一群人中，有一位婦人，慘叫一聲，原來一個匪徒，看見她口中鑲有一隻金牙，用硬物把金牙敲下來，真的慘無人道。這次被劫，比上一次更甚，值錢的東西已剩下無幾了。我後悔自己的高叫聲音，觸動了那批劫匪，不然他們走得急急的，可能有別的地方去，我們或許會避過這一劫。少不更事的我，釀成了一次災劫，更連累走在我們後面的一群難民；更甚的那位無辜的婦人受到悲慘的苦痛，使自己整天不安和悔疚！

再前行經過不少崎嶇的山路小徑，走到一條大馬路，前面有一大隊日軍迎面而來。有騎兵，有大炮，有步兵，源源不絕。我們無法躲避，只得垂着頭，坐在路邊旁，讓他們走過。忽然其中一位騎着馬的日軍，雙腳穿着長靴的，腰間還掛着一把長劍，在我們的身旁停下來，把我們嚇得一跳。這是我第一次近距離的見到日軍。他向我們嘰嘰咕咕的說話，我們根本聽不明說的是甚麼意思，但見他們態度頗為友善，不像有甚麼惡意，心裏才平靜下來。其後那位騎馬的，叫另一位日軍，在隨行的藥箱中取了一些藥物送交我們，大家都說一句多謝，那位騎馬的，再上馬向前行。那位穿皮靴的，看見我們這批難民，又飢餓，又疲倦，面色又不好看，像病倒似的，於是施予一些藥物。把藥物拆開，知道那些藥丸，叫做「建寧丸」，是專治虐疾的良藥。想起以前所讀的《戰時常識》和報章、雜誌所看到的，都是日軍屠殺同胞那副猙獰面孔，恨之入骨，今天所面對的和接觸到的，竟然是如此友善，我們不僅未被鞭打、屠殺，而且還獲施予藥物，那股深深的仇恨，又慢慢的消融。再想想，也許人性是善的，但又回想覺得，先前在路上遇到兩次的搶匪，又同是中國人，自己的苦難同胞，在此時刻，還不放過搶掠、殘害。我在腦海中又盤旋着，人性究竟有沒有種族的分別？

到了第三天，步行的路途，都是艱險的山川小徑，沿途所遇匪徒不下四、五次之多，財物被劫一空了。在我來說一天步行是最為痛苦的。其後走到一個村落路旁，一間簡單用茅草蓋搭的茶寮，時近中午。大家疲倦不堪，坐在店旁的長木櫈上休息。店的後座廚房，傳來陣陣的香味，鑽進鼻孔中。原來茶寮所賣的是「豆豉蒸鵝飯」。母親所帶的錢都被搶去了，於是把我拉到轉角一旁（恐怕有人看見），將所穿的棉襖，緣邊的線拆開一個小孔，細心的拿出縫在襖內的紙幣，買了幾碗的鵝飯，飯面鋪滿用豆豉蒸好的燒鵝，香氣撲鼻，是我從未吃過這樣好味的鵝肉。至今若有人問我甚麼是最好味的食物，我會毫不遲疑地說：「是那天中午所吃的鵝飯。」這一碗鵝飯，是我終生不忘的。

不停地步行了四天，亦歷經不少搶匪的洗劫，對被劫掠已經麻木了，此時也沒有多大的財物可劫。我雙腳行得幾乎舉不成步。終於抵達故鄉村前虎頭山的一個彎角，抬頭一望，特顯出一座雪白的大屋，就是我們要回來的故鄉了。又看見屋背蒼勁的老松樹，東、西兩門旁邊青翠大竹林。離別了多年的故鄉，依然沒有改變，展現在眼前，忘卻了拖着疲倦不堪的步伐，而內心上的喜悅之情，不能用筆墨所能形容。

聽濤

逃難返鄉那一段漫長路程，沒有舟車，全是徒步，攀山越嶺，雙腳所受的苦痛，不可言喻。但在沿途中有一段路，確實給我留下一刻美好的回憶。

我由小徑走到一個山邊，向下俯視是個海灣，不知是甚麼名稱。我沿小路再走到海灘，坐在一堆堆的大石上，時近黃昏，仰望蔚藍的天空，飄着一片片薄薄的白雲，獨自坐在石上，望見茫茫無際的大海，不時湧來滾滾的白浪。有時湧到岸邊的大石，捲起雪白浪花，浪花陣陣濺在臉上，雖然感到有點寒意，我還是呆呆的坐着，凝望着無際的汪洋，腦子裏一片空白，頓時感到天地間只有我一人存在。再聽到大浪沖擊大石發出的波濤聲，又使我產生一種孤獨和莫名的惆悵。一直等到同行的人群到來，才迷惘的離開。

後來重返香港，在中學讀到蘇東坡赤壁懷古的詞句中，有「亂石穿空」、「驚濤拍岸」、「捲起千堆雪」、「江山如畫」這幾句詞語，正好刻劃出我當時看到的情景。當日所見，不是蘇東坡描寫古代赤壁之戰的驚險環境，和緬懷歷史上英雄人物，感慨一一都成為陳跡。我所體驗的，是小時候所感受到的一剎那孤獨情懷，一剎那的情景，宛如東坡所描繪的，是我的在苦難中不可磨滅的一刻美好回憶。

返抵家鄉的第一個晚上

瞬息間的喜悅與興奮心情，也瞬息間消滅。

母親回到家裏，把被劫後所餘下的幾件衣服，放在廳中。立即走到昔日所住房間，看見除了幾件雜物外，房子是空空的。房頂的棟樑被燒過的痕跡猶存，屋頂上草草蓋上一層似布的蓋，免被雨水滲入。在這種情景下，母親頓時禁不住大聲啕哭起來，我們兄弟眼見這樣殘破的房子，和母親那樣悲傷痛哭，不知所措，彼此相對無言，不禁眼眶淚水源源的掉下來。

日本鬼子第二次在大亞灣登陸時，村人都被嚇跑，一度把我們整座祖屋佔用作為軍營。後來調走了，還有一些游兵，三五成群到村中搜掠財物。在嚴寒天氣下，把母親的嫁妝和各種傢具，在房裏燃燒取暖，走的時候，又沒有將火熄滅，火勢隨着傢俬，直沖屋頂。幸好有村民回家取些用品，看見有屋被燒着，急忙搶救將火撲滅，沒有波及其他屋宇，可說是不幸中的大幸。

母親在傷痛之餘，只有收拾打掃另一間空置的房子。回到家園整個晚上，毫無一點愉快歡樂感覺，只在一片愁雲慘霧中。晚飯由叔父招待，但飯後嬸母卻對母親說：「以前你借給我的一百斤穀，我可以立刻歸還你，明天你們可以自己煮飯了。」母親聽了這句話，淚水即時流出來。還好，住在西座的堂大嫂，她的兒子崇德也是跟隨我們從香港回來的，知道嬸母這樣說，便叫母親明天到他們家裏吃飯，待安頓下來，才自己開飯好了。以往我從不懂甚麼是「人情冷暖」這句話的意思，那一刻，在我的心靈上深深的體會出來。

全家生計

在故鄉全家的生計，都要由母親一個人肩負，這一擔子是十分沉重和艱辛的。

母親是恵陽縣海尾村人。父親是清末一名秀才，在鄉間以教學為生。母親年幼時，隨父親在私塾讀書，那時代村中識字的女子，卻是鳳毛麟角，由於外祖父是教師，她算是特殊的了。

母親結婚時還不到二十歲，因為祖父母想父親早點成親，希望快些完成他們的心事（因祖父身體欠佳，正在家中養病）。婚事由祖父主持，婚禮也相當隆重。婚後大哥出世不久，祖父辭世，由二伯父掌管家業。他理財不善，家道由此中落，父親遂往香港謀生。母親便留在家鄉，亦種一些農作物，經常來往香港，過着半耕的生活。

日軍攻佔大亞灣之後，母親逃離到香港，就沒有再回故鄉了。當日軍攻佔香港的時候，父親在港，觀望時局。而香港局勢不但沒有好轉，而且不斷惡化，最後取道澳門，前往廣州灣（湛江）謀求生計。

香港島尚未失守，母親帶着我們兄弟，回鄉避難，大哥和二哥年紀雖大些，畢竟不慣農村生活，又不懂耕作，幫不了甚麼忙。整個生活擔子，全落在母親個人身上。

本來祖父留下農田，不用自己耕作，收到田租足以供養全家六房人的生活。但祖父田業給二伯父典押給別人，大部分收不到田租。我父親這一房的生活，唯有靠母親支撐。這時候不知母親如何籌措，只知道外祖母、大舅母和二舅母，經常拿些米糧和雜物接濟。母親也開始種些水田和蔬菜，我們兄弟只能幫些輕微工作，這樣一天一天的捱過去，過的是極其清苦貧困生活。

記得回鄉後第二個農曆新年，村中各家都熱鬧起來。他們雖然也曾遭受過日寇的蹂躪、劫掠。但日軍撤退不久，很快便恢復舊業。而我們由香港返鄉，沿途經過無數次洗劫，抵家後又一無所有，每天三餐，已經顧不了，何來新年的樂趣？我清楚記得除夕的晚飯，像平日那樣，完全沒有喜氣洋洋吃團圓飯的感覺。年初一那天，天氣特別寒冷，一家躲在廚房，吃的是稀粥，餸菜依然是鹹菜，鹹蘿蔔。母親吃的時候，自己把粥水飲了，碗中剩下有幾粒米的，都倒給弟弟和我。我頓時心裏難過萬分，淚水差點流下，深深領悟到母親對兒子的關懷、疼愛。許多人都說，過新年不可說些不吉利的話，何況是流淚哭泣。

想到這樣，便堅忍着淚水，不讓母親看到。

這段日子都是在飢寒中生活下去，不知何時何日才有溫飽的一天，只有期待、期待着。

「漏網番薯」

返抵故鄉後的幾個月，許多工作不能做，幫不了母親。但由於家裏的米糧日漸短缺，我唯一可做的，就是和弟弟拿着小鋤頭和籃子，走到郊野，在別人所種的番薯地，收穫後的泥土上，再重新用小鋤頭翻一翻，看看有沒有「漏網番薯」。如果發現便撿回助餐。番薯是我們故鄉除穀米之外，最主要的糧食，用少許米，加上若干番薯，煲成番薯粥，貧苦家庭便以此度日。

那時候，我和弟弟一早出門，中午回家吃過午餐。稍作休息，下午再出發。每天如是，走到田野，碰碰運氣，有時翻了半天，不見得就有收穫，只靠運氣而已。很多時遇到耕地的主人，正在鋤掘番薯，看見我倆便招手要我們前去，她說：「我認出你們是『新屋人』（意思是說住在新屋的人，因為村中人住的都是多年舊屋），是從香港逃難回來平嫂的兒子（母親的名字）。」於是不由分說的，將我倆的籃子盛滿，叫我們回家去。我完全不認識她們是甚麼人，她只說我倆是平嫂的兒子，必然是認識母親的；或者是母親要好的鄰居，不然怎樣會如此慷慨！這種情況都遇過好幾次。

還有一次，在種番薯的畬地，正在採摘收成物的一位年輕女子，我認識她是堂大嫂的婢女（這是我祖父以來最後的一位侍婢），她看見我倆，便快速的裝滿兩籃子番薯，叫我們快快離開，免得主人看見。她那種慌張樣子，是懼怕主人責罵，縱使所做是善意助人行為，仍不脫長久畏懼主人的心態。

這樣工作了幾個月，使我體會到人世間所謂「世態炎涼」。在鄉村中尚感到有不少温情，使我不致覺得這世界全是灰暗，還有些温暖的陽光。

親情何在

每天所吃的是粥水、番薯，菜餚除了鹹菜、蘿蔔外，還有一種在海壩上所釣的蟛蜞。蟛蜞用鹽醃好，放入埕裏，過一段時期，吃時把牠磨成醬狀，蒸熟便作餸菜。這是村中各家各戶常備的食料。那時候要吃一些肉類和海鮮，是一種極奢望的事。

鄰家叔父，長期在鄉以務農為業。他們一家大小非常勤奮，除了農耕，還開墾一些久已荒廢的鹽田，重新生產。秋冬時節，產鹽豐富，加上那時的鹽價比米價還貴一倍，頓時便成為村中的富戶。

有一天，一個挑着兩籮新鮮海產的魚販到來叫賣，向叔父說：「今天的海鮮又新鮮又靚，我特別給你挑選幾條。」叔父看了一遍，便挑選了兩條最大的。左手拿着一條作自用，右手拿着一條，聽他叫女兒拿去給老圍（舊村）姓羅的。說時十分豪氣，顯出有點慷慨的樣子，當時我已經很久沒有吃過鮮魚，看見叔父如此慷慨，把這樣大的魚送給別人，站在旁的又是他的親姪的我，心裏希望叔父也能慷慨地送一點給我們，結果失望了。吃晚飯時，與叔父的飯廳只是上下廳之隔，他們桌上擺着大盤的魚和肉，我們兄弟都是他親姪兒，卻從沒有分一點點給我們。

叔父家裏很富有，經常有魚販，把整批小魚賣給他，放在門庭前曬為魚乾。叔父和嬸母從沒有送給我們一點。那時候，也許久未吃過海味，心裏總會浮現一點貪婪的念頭。

再有一次中午時刻，叔父家人正在廳中吃午飯，他們人口較多，煮的是大鑊飯，盛飯的盆上有幾塊飯焦，大哥從外面回來，肚子也許餓了，經過廳中，順手在飯盆上面拿了一塊飯焦在吃，而嬸母卻大聲喝說：「亞秋，你的手乾淨不乾淨！」母親在旁聽了這喝罵聲，淚水不期然地掉下來。

更有一次深夜，大哥睡在閣樓，半夜醒來去廁所，也許在迷糊中，摸不到梯邊，從閣樓跌下來，突然大聲一響，母親見大哥倒在地上，發覺頭上流出一些鮮血，在黑夜中不知如何是好，只得拍叔父房門，知道他有一種止血藥酒（是一種叫「盲婆雞」「雀鳥名」所浸的酒，是止血良方），希望借些替大哥止血；並告訴他，大哥從閣樓掉下的事。但叔父不但沒有去看大哥一眼，連藥酒都說已經用完，便把房門關上。

我的個性，偏重感情，這一幕幕往事，雖然是極為平常的瑣事，但對人情冷暖非常敏感的我，感受特別深刻。只有在內心暗暗的說一句：「親情何在？」

鬼聲

以前祖父有許多侍婢，每一個兒女都有一個侍婢照顧。其中有一房間，是給侍婢住的，其後侍婢一一出嫁了，房子都空置，只放置一些雜物。我們逃難回來，母親把那間房子收拾好，便給二哥和我一起居住。

正在饑荒的年頭，晚上所吃的，又是稀粥，肚子容易飢餓。臨睡前餓得不能入睡，待母親入房睡了，二哥提議把新收成而曬乾的黃豆，靜悄悄拿了大半碗，腳步輕輕的走到廚房，用鑊炒熟，拿進床上的枕邊，一粒粒的放在口裏細嚼，香味無窮。

忽然，傳來陣陣的唔、唔、唔的聲音。好像一種呻吟聲，覺得奇怪，我開始有點害怕，把頭鑽入被窩中。一會，再伸出頭來，細心的再聽聽，究竟是甚麼聲音？那種呻吟聲仍然不停地在叫。於是想起有人說過，這間房子是舊日婢女住過的。曾經有位年輕的侍婢在這裏病逝。心裏更為驚慌，認為是一種鬼魂的哭叫聲。我和二哥更被嚇得魂不附體，弄到黃豆都散在床上，把全身蒙在被窩裏，不敢動彈，但仍依稀聽到那種叫聲。雖在極度惶恐下，不久也睡着了。

天一亮，我和二哥爬起床來，首先告訴母親說，昨夜在房有鬼呻吟的聲音，母親一言不語，又不作答。於是再告訴叔父，說昨夜在房裏聽到可怕的鬼叫聲，聽得非常清楚。叔父聽了，一點不覺奇怪，只是微微笑着說：「我昨晚同樣的聽聞這種像呻吟的聲音，是一種鳥的叫聲，在我們村子裏常常聽到的。因為牠叫的聲音像鬼魂的哭泣，村裏的人說，若有這種鳥出現在村中叫，傳說村裏定會有人死亡，所以稱這種鳥——貓頭鷹，『是不祥之鳥』。你們不用驚懼害怕，只是少見多怪而已。」

我曾聽過「杯弓蛇影」的故事，昨夜聽到的怪聲，和侍婢在這間房病逝的事聯在一起，正好領略到愈懷疑，愈覺真有其事。

饑荒中的食糧——海草

活在日軍佔領的淪陷區內，如果不死於日軍屠殺，就是死於饑荒，人們能逃過這兩種自然與人為的災劫，已經是萬幸的了。

在饑荒期間，我們附近的幾條村落，除了原先在家鄉耕作的農戶外，從香港返鄉避難的大批僑民，更受飢餓的痛苦。家裏缺乏穀米、番薯充飢的食糧，常聯群結隊地前往海濱採集海草，以作充飢，我也曾跟隨過村中的人群同去採集。

跟隨村人一起走，不知道去的是甚麼地方，只知道那海濱是一段長長的海岸。那裏波濤洶湧，白浪滔滔，帶來一排排的海草。大家站立海浪邊緣，用手拼命撈取，撈得多的時候，便抱到岸上。我不敢走向大浪前，只跟着別人後面，所獲不多，最後還是靠別人給予一些拿回家中。

海草是一種有膠質的，把它切細，混和一些米醬，用鍋煎成一塊塊，像糕餅便可充飢。如果身體孱弱的人受不了，會使臉、手、腳呈現浮腫。再多吃下去，身體會腫脹致死，當時由此致死的常有所聞。

村裏有一戶人家，雖然不算富有，在青黃不接的時候，還不致斷糧，她見村裏許多人家，都吃這些海草過活，一方面怕別人向她借米，其次又想省些米，於是向別人拿些海草煮食，本來她身體已經不太好，年紀也相當大，吃過海草之後，身體受不了浮腫，因此病死。老婦之死，直接死因雖然不是吃海草，但無可否認，是吃了海草所引起腫脹而導致死亡的。

海草的確救活了不少飢民，但也有許多飢民因多吃而致死，確是饑荒年代的悲劇！

宏中小學——陳鑒仁老師

高涌村的人口，在全盛時期有多少戶口，我全不知道。從香港逃難返抵故鄉時，全村只有十姓人家。其中兩姓幾乎後嗣無人，姓顏的一族，也要靠招贅才得繼承香燈。

由於村莊人口不多，辦學校是一件極困難的事。但教育又是村人極為重視的，縱使十分困難，仍須辦下去。而聘請老師是最大困難。聘薪酬高的，村人負擔不起，特別在荒年的淪陷時期。記得有一年，宏中小學聘請了一位薪酬較低的教師，名叫陳鑒仁。他帶了一個十多歲的孩子來上任。陳老師為人敦厚，甚得村人尊敬。

宏中學校以前校舍在哪裏？全盛時代有多少學生，沒有聽人說過。我只知道在淪陷時期的校舍，搬到村附近一座關帝廟。廟宇可分隔幾個課室，除了老師寢室、廚房外，最多可容納三十多位學生。老師是全能的，無論國語、算術和圖、工、音、體等課程，都由一人擔當。

陳老師的待遇，除卻兩父子在學校生活費外，還要照顧在家中的妻兒，靠微薄的薪酬，生活的艱苦可想而知。有些村中婦女，體恤他的生活困難，家裏有鹹菜，和自己種的蔬菜之類的，經常讓就讀的兒子送給他。但村中支付陳老師的薪酬，如果未能按時發放，雖然有學生家長微薄的贈予，哪能解決三餐？

在這饑荒年頭，肚子飢餓得難以抵受的時刻，陳老師也顧不了面子，看見學生在休息時吃的「海草煎餅」，禁不住向學生討吃；並且不時地品評那一位學生的好吃些，那一位不好。因此，就被一些頑皮學生嘲笑，說老師厚顏，不知羞恥。發生這樣事情，在安定正常時代，的確不是為人師表的行為。但老師所獲不足以糊口的微薄薪酬，卻是教師的悲哀。真的，「衣食足然後知榮辱」一點也不錯。

劉大叔

在老屋居住的有一位姓劉的大叔。先世是清末頗為顯赫的鹽官，當時有權勢又富裕。到了我認識劉大叔的時候，劉家已經變為破落戶了。劉姓戶口只有幾家人，其中有些人，窮得連孩子也養不飽，賣給別姓。劉族的人口更為單薄了。

在日軍佔領的淪陷區，又逢饑荒，劉大叔沒有妻兒，在寂寞飢寒中生活，尤其在農村青黃不接時餓着肚皮，天天盼望自己田裏的禾穗快點成熟。

劉大叔在痛苦中捱過了這段日子，等到穀子成熟後，收割回家，把穀子曬乾，馬上去了穀殼，椿成白米，並興高采烈地向村人誇言：「我渡過了這一難關，不會餓死的了。」於是將白米換來一斤海鮮，煮了一煲香噴噴的白飯，吃一頓許久沒有吃飽的晚餐。村中的人都為他慶幸，能度過了荒年。

第二天，天已亮了，太陽升得高高的，鄰居仍未見他開門，覺得有點不正常。再等到中午，亦未見他外出，認為有些不妙。敲門又沒有反應。於是幾位年輕人撞門而入，赫然見他臥在床上，推他不醒，觸摸他身體，全身冰冷已經死去多時了。

村中父老，認為他的死因，不是疾病，而是在長期飢餓中，腸胃單薄了，突然飽食過量，腸胃受不了破裂而死。一個單身漢子，沒有家人照顧卻飽死床上。他雖然不是餓死，實際上亦可列入死於饑荒，最低限度亦可說是死於饑荒的後遺症。

一個人的生與死，是不可預料的。怎知道捱過了多時飢餓生活，到頭來，卻死於一頓「白飯美餚」之下。正可說明人生無常，真的生死有命，無法預料，劉大叔給人一個明顯例證。

買槍

祖父的田業，被二伯父典押給別人。幸好一部分在我們逃難返抵故鄉不久贖回來。可以收到些田租（田租以穀計算）。祖父以下六房人，每房攤分，總算可以補貼一點生活。

在六房人中，長房的堂大哥，在年輕時是軍界中人，其後又經營鹽業，家中頗有些積蓄。第五房的叔父，一向在鄉耕田，後來開墾荒廢了的鹽田，生活都沒有問題，在當時來說，算是相當富有。第三房的堂兄，雖然是從香港回來，但他們年輕力壯，還可以從事各行業謀生。只有我家第四房，單靠母親才能夠工作，獨自支持全家，極需食糧。可是，當田租收到後，長房和五房私自商議，要將收到的穀賣去，購買槍械，作為自衛。母親獲悉此事，堅決反對將收到的穀賣去作為買槍之用。在爭論的時候，我聽到母親激憤的說：

「如果你們賣穀買槍，就拿槍把我家人打死好了！」跟着又說：「你們一定要買槍，就把我一房的那一份，分出來給我，其他你們要作甚麼用途，是你們的自由。」這次爭持買槍的事，相持很久，結果還是取消了。

家庭富有，在亂世時恐怕賊人搶劫，購槍械防衛，也是人之常情。但要用公家錢，有沒有想別的人家，正在飢餓死亡線上掙扎，所急切需要的是米糧救命，而不是槍械。其實母親反對是正常的，建議分出我們的一份，其他的就各取所需，去做自己要做的事，也是合情合理的要求。當日我聽到母親苦苦的爭取，那兩房力主買槍的，全無體恤一個全無倚靠、帶幾個弱小姪兒婦人的處境，要做一些損人利己的事。買槍事件，雖然取消了，卻增添我一次體驗，又感到人間有何親情可言？

婚宴歸來

在城市裏參加親朋戚友婚宴，是極其方便的事。但在農村，特別是住得偏遠地方親友，若有喜事，往往要走一天或半天的路程前去道賀。不僅要換上像樣的衣服，準備厚禮，並且還要放下整天工作，是一樁隆重的事。

我記得有一次，母親要參加一門親戚的婚禮。由於路途遙遠，攜帶小童前去又不方便，母親只好獨自前往，把我們兄弟留在家裏。母親一早起來，穿了一套不常穿的衣服，稍稍裝扮一下，拿着禮物，一早便出門。

一般鄉村的人，做喜事，喜宴通常是在中午，也許是方便客人來自遠方的，可以一天往返。母親吃過午宴後，回到家中，已是黃昏的時候了。

我們兄弟留在家中，總盼望母親在親戚家中回來，會帶些好吃的東西。在晚飯時，通常的餸菜，不外是鹹菜、蝌糟、青菜一類的。果然，母親帶回來的卻是一大包餸菜，有金豬（即燒肉）、白切雞、紅炆豬肉、炆大蟮和甜酸炸豆腐等等。每份雖不多，加起來是一頓平日吃不到的美餚。大家吃得非常高興，津津有味。而高興之後，心裏卻想到這些美味餸菜，其實是母親在午宴時，把自己吃的那份留下來，只隨意吃一些，把留下的帶返。想到這種情景，不禁心酸起來。

也許天下間的母親，都深愛自己的兒女，不同的環境或有不同的方法來表達。而我的母親在美食當前，又在荒年飢餓的時刻，想起家中的兒子，卻能忍着當前的美餚不吃，把各式美食，留下自己的那份帶回家中，給兒子共享，這種母愛，何等偉大！使我又一次深深感受到母愛的偉大。

百衲衣

在歷史研究工作上，總會接觸一些書籍的版本，在中國歷史古籍中有「百衲本」。想起百衲本，我便聯想在淪陷時期，在故鄉所穿那一件衣服。

記得一次母親難得從淡水墟買了一幅新布料，是淺黃色的。布料適合給二哥做一套衣服。但我很久沒有穿過新衣，看見那幅新布料十分喜歡，要母親給我做套新衣服。我心裏也明白布料正適合二哥，如果做給我，必然浪費很多布料。但不知怎的，卻鬧起情緒來，大哭了一場，那管得浪費與不浪費問題，目的希望有一套新衣服而已！

其實在這些年頭，糧食已經不足，怎能兼顧多做新衣！平日所穿的，是從香港帶返被洗劫後剩下來的，大都已經穿得破爛不堪，而且又短又窄，只要能穿上身體便算了。

冬天，在我穿的衣服中，有一件幾乎是天天不離身的一件西裝，也許是父親以前穿過的，留在家裏，雖幾經戰亂，僥倖尚存。我穿上像件中褸，所以多年來仍然穿得上。不過經歷多年，每破爛一處，母親便從另一件破衣剪下一幅縫上，如是者把那件衣服的原布料，幾乎都遮蓋了。整件衣服都補綴了各種不同顏色，變成厚厚的，正是一件名副其實的「百衲衣」。在冬天穿起來特別温暖，時間穿得久了，穿出了一種感情，總不願也不捨得把它拋棄。當時曾想過，要把這件衣服保留下來，作為這段苦難日子的紀念，留給日後兒孫看看。

時至今日，物質豐富。許多生在太平盛世日子的人，已經不用穿着破舊衣裳，更不用穿縫補過的舊衣。只見而今有些新時代年輕男女，所穿的「牛仔褲」，在膝蓋上，或褲腳邊緣，製造出破爛樣子；或者某些地方，補上一塊不相協調顏色的布，作為一種新時尚的設計花款，備受歡迎。現今是物質豐富時代，觀念都變了，卻以此為時髦。

我曾聽過一些朋友說，衣服不是穿破才拋棄，是因為不合時尚而棄掉，這種觀念，至今我還未能接受。也許是我在淪陷時期，所受過的苦難日子。那一件「百衲衣」，仍然留在腦子裏，存有深遠的影響。

大哥參軍去了

大哥由於不習慣農村生活，又沒有適合他的工作，在鄉間亦受了不少委屈。其後不動聲色地走了，離家前沒有預先告訴母親。我心想大哥這樣做，是不讓母親擔心，也怕母親阻撓，靜靜地毅然離開家鄉。

大哥走了，母親不知道他去了甚麼地方。只猜想他可能前往香港。打聽了許久，仍沒有他的下落，母親天天惦掛着他的安全。

一年年過去，抗日戰爭終於結束了。日軍投降後從我們村的山區撤離，村人也紛紛重建家園，暫時獲得片刻歡樂。

忽然一天下午，村人從淡水墟回來，帶了一封信，原來是大哥寄回來的。他信中說，突然離家，是參軍去了，他走到惠州，輾轉走到內地，響應蔣委員長的號召，參加「十萬青年十萬軍」，投入抗日的行列。在青年軍的編號是二〇九師，並告訴我們正調往浙江上虞，不久便會復員了。

獲悉消息，我即晚寫了一封信，告知家中各人大哥能僥倖安然無事。一清早獨個兒步行了兩個多小時路程，到達淡水墟，把信寄出。在路上一邊走，一邊想，很快可與大哥相見，心中有無限的喜悅；同時又覺得，家中有人在國家危亡的時候，參加抗日工作，有一種強烈的光榮感。

大哥復員後，回到香港，父親老朋友孫文寬伯伯，給他一個職位，是在惠港公路汽車公司，擔任龍岡站站長職。上任後，卻經常有游擊隊來偵查他，認為他當過青年軍，更是蔣介石號召組成的軍隊，與國民黨有關，是反動派。大哥不堪干擾，工作不久便辭職，回到香港再尋出路。

這時候，顯示着國、共的鬥爭，已近白熱化，內戰一觸即發。大哥復員歸來，所受到的干擾，已點起紅燈了。

無法消除的悔疚

在饑饉的年頭，不僅受到天災，陸上農作物失收，連海上的漁民海產也受到海荒之苦。我們村中的人，前往澳頭鎮，必須沿着虎頭山坡下的一條小徑，小徑兩旁頗為優美，可是在饑荒時期，許多漁民餓死，家人不願把屍體拋到海裏，便在潮水上漲時，運往虎頭山河流岸上，葬在山邊。沒有多久，那裏便成了漁民的墳場。能夠生存的漁民，若捕得一些魚獲，便走到村落，換取一些食糧。

一天下午，我幫母親在磨房舂米，是用腳踏的，我只能幫輕一點腳力而已。母親一時想起有些別的事要離開，我便獨自坐着等候。忽然有一位水上漁婦，拖着一個小童，手拿着大約一斤左右的小海鮮，向我交換些糧食。我想起家中有一籃子被挑選出來的次級番薯，其中有一些也許被蟲咬過的。我便拿來向那人交換小魚。交換完成後，覺得自己很聰明，能做成這一單交易。

但過後，心裏又有點不舒服，沒有說明這籃子番薯，其中有些是不大好的。於是跑到東門，望見那位漁婦，在回歸的路上，一邊走，一邊將那些壞了的蕃薯截斷拋棄。那時候內心更覺得難過，為甚麼不說是「次貨」，沒有預先說明，欺騙了人家，尤其是饑荒時候，更有一種罪惡感覺。心中迷惘地凝視着她，直到望不見她的影子。那時心中呈現陣陣酸痛。這一刻的內疚，無法彌補，在我生命中無法消除那位漁婦「沿途拋棄番薯」的陰影。

催眠兩則

（一）蝻蝶仔

催眠術究竟是甚麼一回事，我不大了解，現在許多醫學界、刑事審判等都有利用催眠方法作一種工具，而我確實曾試驗過催眠。

我的堂大哥，不知從那裏抄了一首歌謠似的文字，說如果重複多次唸着，就會使小孩子模仿蝻蝶仔的動作，一跳一跳的行走。這首歌訣不知是真是假，我把它收好。

在一個中秋節的晚上，各家各戶的門庭，桌子上放着各式鮮果和月餅，在明亮的月色下賞月，我和一群小童玩各種遊戲。突然想起堂大哥給我的歌訣，在半信半疑下拿出來，想實驗一下。首先叫只有幾歲大的堂弟坐在地上，屈着兩腿，頭伏在膝蓋上，不要動靜靜的坐着，於是我重複的唸歌訣，歌訣是：

蟾蟝仔，蟾蟝王，的的跳上新娘房。新郎唔係企，嚇得新娘面黃黃。九天花，九重天，唔怕蟾蟝唔得大，唔怕蟾蟝滿天飛，飛飛飛，飛到天上跌落嚟。

歌詞就是這樣，很簡單，也沒有甚麼特別意思。我唸了幾遍之後，堂弟弟的身體慢慢移動。突然間，兩手交叉，頭伏在雙臂中，兩腳跪在地上，像蟾蟝似的一跳一跳的走。大概跳了十多步，我一方面覺得神奇；一方面恐怕堂弟不會醒，或者會把手和膝蓋擦傷，連忙把他抽起，他醒過來，我才鬆了一口氣。

一直以來，我百思不解，這幾句話又不是咒語，又不是有甚麼法術，竟然能把堂弟催眠，變成像蟾蟝模樣跳躍，如此奇異！

(二) 賣魚姑

在香港光復後初期，我們住旺角通菜街一層樓宇，同屋的還有一戶人家。他們有位姪女，大約二十歲左右，從大陸來港探親。在晚上閒談時，有人說那位姑娘，如果聽了一種口訣，賣魚姑娘便會上她的身（即附在她的身上）。

當晚，各人都想試試，這件事是否屬實。於是讓那位姑娘坐在一張椅子上，閉着眼睛，一人嘴裏不停念着口訣，我不知唸的是甚麼。約十五分鐘左右，那位姑娘站起來了，仍然閉着雙眼，手像拿着船槳，好像在搖船，又大聲的叫喊：「賣魚呀，賣魚呀……」不停的叫着。旁觀一個人，開玩笑的說：「你的鮮魚不新鮮，是臭的。」她聽了，不由分說，拿起一些東西，象徵船槳，追打說她魚不新鮮的人。我見她來勢洶洶的追打，頓時也害怕躲了起來，走到較安全地方。那位姑娘平日是很温文，有點害羞的，這次她的動作完全像個水上姑娘，而且還有點粗魯。

這兩次的催眠，一次是我親自試驗；另一次是我親眼所見的真實事件。世上確有一些不可思議的異事，若不是我親自試驗和目睹過的，一定會說是一種謊言。

打蛇與捕蛇

(一) 打蛇

我平日最怕蛇，但在鄉間居住，經常都有各種類的蛇出現，甚至最毒的都有。

一天中午回家，經過東門魚塘末端一度石板橋。看見魚塘水中一條約七八呎長的大蛇浮在水面，村人稱這種蛇為「飯鏟頭」，捲成一個大餅形狀。蛇頭抬高，伸出舌尖，不停吐出吐入，非常可怕。我立即跑回屋內，拿了一支曬衫用的長竹竿，大力的向蛇餅打下去。而那大蛇的頭，迅速地捲在竹竿而上。我馬上急急的連竹竿也拋進塘裏去，嚇得大聲高叫跑回屋內。

俗語說「打蛇隨棍上」，這句話的確不錯，是我親自體驗過的事實。

（二）捕蛇

在深秋時節，雨量較少，天氣又逐漸乾燥，有些村民便趁這時節，跑到山上捕蛇，這成了村民的一種副業。

有一次，我跟隨村中一群牧童到一處山坡，他們把牛放到山坡上，商議模仿成年人捕蛇的玩意。於是大家分工，一組較有經驗的人，到各處勘察山坡的小洞，認為是平滑的洞口，必定是有蛇出入的蛇竇（我很佩服他們的判斷，確有些常識）；一組去取一些濕泥，把帶來的薄紙在洞口四邊用水泥封上；一組去找尋枯乾的柴枝、乾樹葉，另在未封洞口起火，燒起濃煙，不斷把濃煙撥入洞中。各人守着被紙封好的洞口，等候蛇受到濃煙燻焗，行動緩慢地、在貼有紙張的洞口走出來。我是最怕蛇的，自動要求在洞口生火，撥煙入洞，覺得在洞口生火撥煙，蛇絕對不會從有火的洞口走出來，是最安全的一項工作。

差不多一個鐘，仍未有蛇出洞跡象，我坐在地上生火撥煙，有點累了。在不耐煩的時候，突然一條巨大毒蛇，竟然從生火撥煙的洞口衝出，撞着我的胸口，嚇得我大驚高叫：「蛇出來了！蛇出來了！」看守其他洞口的人急急趕來，幸好那條大蛇，被火煙燻得頭昏了，出洞之後，便緩緩的向前走。於是大家用木叉將蛇的頭部壓着，然後把牠擒獲。

這次玩捕蛇是極度危險的，幸運的是大蛇受到火煙燻焗有點昏迷，不從糊了紙張的洞口走出，而盲目的從火洞中鑽出，只把我胸口撞了一下，沒有把我咬傷。其實大家又不是捕蛇有經驗的人，加上又沒有帶備蛇藥。玩「捕蛇」這一遊戲，可能會丟掉生命，確是少不更事。

割草

年紀稍大些，漸漸習慣了農村的生活。我們村裏的人，煮食用的燃料，除了柴、草之外，還有曬乾的禾桿。母親種田很少，禾桿自然不多，只有靠到山上斬柴和在郊外割草作燃料。

當天氣晴朗的時候，村中婦女，特別在秋冬季節，連群結隊，嘻嘻哈哈同行，前往割草。肩上托着一支長長的擔竿，竿上紮着兩條長麻繩，手拿着鐮刀，戴着涼帽，排成長長的行列，前往較偏遠的山頭割草。有時母親也要我跟隨她們一同去。我覺得全隊都是婦女，很多人都不認識的，自己又是個男童，自然有種怕羞的感覺。

一般結隊割草的，都是走到較偏遠崎嶇的山頭。到了目的地，大家便各自散開，各人盤據一處。割草之際，經常會聽到由對面山頭，傳來陣陣男子的歌聲。會唱山歌的女子，便和他們對唱，雙方唱的歌詞是甚麼意思，我卻聽得不甚明白，只覺得很順口悅耳，很有韻味，你來我往，現今回想，唱的大抵是一些情歌！

時近中午，村婦把割下來一堆堆的草，用繩子紮好穿在擔竿上，擔着回家。我割下那些鬆散的草，不知怎樣綑綁，才能穿在竹竿上。弄了很久，還不得要領，幸好在旁的一位女士，覺得這樣下去，必然跟不上大隊，迅速地把我的草紮好，穿上竹竿，我急忙的跟隨大隊回家。

一個男童隨着大群婦女割草，是村中少見的，難怪她們竊竊私語，嘲笑我像個「童養媳」，而我亦不在乎，只要我能做、能幫母親一臂之力的工作，我都願意去做，只有這樣，才可以克服貧困的生活。

生活在這艱苦的環境中，給予我生命中不少磨練，也給我增加一些見識，而今在電視機前和電影院裏，經常有各地的客家人唱的山歌節目，尤其是著名劉三姐所唱的山歌，讓我產生興趣。同時，我也體驗出山歌在實際的生活中，有它的作用，看見那些唱山歌的婦女，抒發情感消除疲勞，確是辛勞生活中的一服「清涼劑」。

生草藥

記得有一年，弟弟突然患上了一個怪病。兩天之內全身浮腫，整個身體由眼、耳、口、鼻甚至連腳趾，都腫得像今日的膠質水晶球，所有皮膚亮晶晶，又是透明的，十分可怕。母親看見這樣情況哭了幾場，一時找不到中醫師，西醫更不用說了。村裏的人說這種病，「一腫一消，準備擔挑」。意思是說，如果一消腫，就沒有救了。母親被嚇得要死。

不知怎的，母親在惶恐中聽了一位老村婦說，澳頭鎮有位老婦人，能醫這種疾病。天一亮，母親便背着弟弟前往。背的時候恐怕孭帶會擦破皮膚，幾經辛苦，找到一些軟綿綿的布帶綁好才起程。我亦尾隨走了約一個鐘頭，才抵達澳頭。經過一番查訪，找到了那位婦人。她不是醫生，是位村婦，年紀約五六十歲，住在市鎮多年。

婦人仔細看過弟弟的病徵後，馬上親自到外邊採摘生草藥。我們坐在她的家裏，等待了差不多兩個鐘。她回來的時候，並且買了兩瓶燒酒，把生草藥分為兩包，吩咐每天用一包，半包放在水裏煮滾，用作沐浴；半包與燒酒混和，用作外敷，搽遍全身，明天照做一次，便可痊癒。母親照她吩咐。到了晚上皮膚漸漸呈現縐紋，深夜略見消腫。明天重複再做一次，經過兩天，身體的浮腫完全消失了。

那時候我覺得真神奇，這兩包生草藥，為何有如此功效？如果不是親眼目睹的，很難置信。不管怎樣，那位婦人是弟弟的救星。過了幾天，母親特地帶了一些禮物前往向她致謝。

香港光復，回到香港，我們將此事告訴父親。父親聽了認為此一藥方應該保存，特地寫信回去請鄉人查訪老婦，幸好她仍健在，並將她所用的那劑生草藥名寫下，這藥方仍留在家裏。

又一次，父親忽然大便有血，經中、西醫生診治多時，仍無好轉。一天母親行經街市一間生草藥店，聽店中一位店員說：「有一種生草藥，叫『火炭毛』，是治痾血的良藥」。母親聽了，花了五元，買下兩服，用清水煎了讓父親服食。果然，只花了五塊錢，服後不僅即時止血，自此沒有復發過。

時至今天，中國的醫術和藥物，逐漸受到世人的重視。在中國民間有許多奇難雜症，都有很多靈驗良方。上述兩個病例，一個未經醫生診治，而用生草藥治好；一個是用科學方法的西醫診斷過，亦未能醫治，而只花了五塊錢，便完全康復，又是我親見的事實。

現在，香港中文大學醫學院，正研究中國的醫學和中國的各種藥物。可以預見將來對於生草藥，必然會有更多的發現，造福人群。我真想把那兩個生草藥方，拿去中醫部門仔細研究，看有甚麼結果。

新年的習俗

香港農曆新年，一般舊的俗例，出嫁了的女兒，大都在年初二才回娘家拜年，初一要接待到夫家來拜年的親戚朋友。不過，這些俗例，如今也許很少人遵從了，亦無分男家與女家，只隨各人的方便就是了。

在故鄉淪陷期間的幾個年頭，希望在過年的幾天，有頓較好的餸菜吃，如除夕的團圓飯。初一那一天，按例要吃齋，表示不殺生，有齋戒之意。我們家鄉中的新年初一，通常整天吃素，母親起初是堅持的，後來改變了，只在早餐和午餐。到後來只在早餐吃，到了最後的年頭，又改為早餐只吃一口齋菜便算了。

初一吃齋的習俗，愈來愈簡化，變為一種象徵。初二是開年，照村中的習俗是最隆重的，所以那一頓飯是最豐富的。初三是「赤口」，免得在村裏有是非爭執，彼此躲在家裏，不相往來。由於初一、初二，習慣不掃地，到了初三開始打掃，把垃圾倒出外面，村人稱為是「送窮鬼」。這是村裏的習俗，家家戶戶都遵守，從未改變。

出嫁了的女兒，要到大年初四那天，才是回娘家的日子。家裏那頓午飯，因和女兒相聚最開心，那時候，又掀起一陣歡樂氣氛。

我家只有四兄弟，沒有姊妹。每逢初四，都是冷清清的。伯、叔父都有女兒，那一天和不常見面的女兒相聚，都呈現一片温馨歡樂，更顯得我家的靜寂。有一年，不知怎的，三伯父的獨女月明堂姊姊回娘家時（她的父母已去世，只有大哥在家），特別說明要在嬸母的家作客。那頓午飯，因為有客人月明姐到來，特別設一頓好的餸菜招待。不僅因這一年的初四，額外吃得一頓豐富午飯，並且更使我領略到温情洋溢的感覺。那種雀躍心情，難以言述。

有人常說中國人重男輕女，特別是在農業社會裏，的確是這樣。我家四個都是男孩，人家都稱母親「好命」，其實並非如此。若然一個家庭盡是「男孩」是不夠完美的。我在農村度過的幾年，看見各家的女兒初四回娘家，家中再一次大團圓的歡樂，使我深有體會。

科伯長女——香容姐

科伯姓戴，在九龍深水埗荔枝角道二樓和我們同一住屋。香港淪陷前，科伯在荷蘭公司的客輪工作。後來退了休，一般傳統的中國人，無論到了甚麼地方生活，年紀老了，便會「落葉歸根」，回到自己的故鄉養老，科伯便是典型例子。

我們故鄉和他的老家霞涌，相距大約一天的路程，但一直沒有機會探訪他們。科伯有眾多女兒，她們都是我最早認識的小朋友。特別是他的長女香容姐，因為科伯退休返回故鄉，只留下長女仍在尖沙咀聖瑪利女書院讀書，由她的誼母照顧。所以香姐和我們相處得更為長久，感情也較深。

香港淪陷和我們一起返鄉的還有一位鄰村表哥競生。回到故鄉，沒有中學繼續攻讀，又不會耕田，又值國難當頭，他毅然走到大後方從軍。競生哥和我們姓蘇的也有一些遠房親戚關係。他臨別前往參軍時，特地來探我，告訴我，他要離開家鄉的原因之外，委託我轉交一封給香姐的信，告知我他與香姐的往事，我毫不思索的答應了。

其實戰前在香港，競生哥與香姐所住的是同一座樓宇，住在三樓的競生哥，與住在二樓的香姐在不同的中學讀書，彼此認識，也產生了感情。平日大家用繩子綁着字條，互傳情書。今天社會開放，少男少女談戀愛，是極平常的事。但在昔日來說，少年男女談戀愛都是含蓄而不願公開的。兩人返回故鄉，封閉的風氣更甚。所以他倆的音訊全無。

霞涌這地方，我從未到過路途又那麼遠，幾經要求，母親才答應讓我獨自前去。穿過不知多少村落，越過不少川河，沿途問路，才到達科伯家裏。

科伯與伯娘都說多年不見，我比以前長高了，他們熱情招待遠來的小客人。當晚劏雞、買肉和海鮮等是免不了，那一頓晚飯，是我返回故鄉以來，吃過的最豐富的晚餐。

晚飯後，和他們眾多女兒聚談，久未見面，有說不盡的話題。我前來的目的，主要是將信交給香容姐的，很難才找到單獨機會交給她。將信交給她時，她看了一遍，默然不語，流露出抑鬱不樂神情。

停留了一夜，吃過早飯，便向他們家人告辭。那時候伯母拿了一個布袋，將米缸一升升的白米放入袋內，估計我拿得多少，便放入多少，着我拿回家。伯母也許知道我們回到故鄉，又值荒年，缺乏的正是米糧。此時，內心除了十分感激之外，想起中國人喜歡說的一句話：「千里送鵝毛，物輕情意重。」那一刻，我認為可改作「千里送米糧，物重情更重」。香容姐對她母親說，讓她送我一段路程，她母親也答應了。

行行重行行，沿途上香容姐向我透露香港淪陷前和競生哥一段戀情。由於各自返鄉後，路途阻隔，沒有機會互通音訊。但那一段戀情，仍然深深的留在心中。藉着見我這一機會，埋藏多年的秘密相戀，一一傾訴出來。其後她又補充說，不知怎樣，在家鄉與競生的戀情，被堂姊知道，非常不滿，大加反對，使她更為難堪。路途上，聽她細說衷情，我感到非常難過，心裏一片惘然，路程已走了頗遠，我們不得不要辭別了。

反對她談戀愛的堂姊，以前在香港九龍青山道一間天主教德貞女子中學讀書的，準備畢業後便做修女。不幸香港淪陷，也跟着離開德貞中學，返回故鄉。堂姊名秀容，既有獨特性格，再加上有作修女的心態，對男女戀愛益加敏感，對堂妹戀愛極為不滿，並諸多干涉，使她精神上受到困擾、折磨。

到了大陸變色，秀容由於接受的是天主教的教育，又是虔誠教徒，加上頑固性格，遭受村中幹部鬥爭、迫害，終於忍受不了自殺身亡。這又是人間的一幕悲劇。

迎灶君

故鄉習俗，每年農曆十二月廿三日，要送灶君升天報告（述職）。到除夕才再回來。所以家家戶戶在除夕那天，便將廚房打掃清潔，灶君神位換上紅紙或紅布，迎接灶君降臨。

我家也不例外，某年除夕，母親用桔葉水清潔好灶君神位，又把用作裝飾灶君的物品放在桌上，有事外出，要我去完成這項工作。

首先我把灶君神位安置好，簪上花，燃點香、燭，然後到祠堂幫助清理祖先的神位、枱椅和兩旁的雕花欄杆。大約花了一個多鐘頭。

母親從外邊回來，一看廚房的灶君神位的簪花和其他裝飾物都被火燒掉，認為我不小心，不知到甚麼地方玩耍，覺得今年是不祥的徵兆，把我痛罵了一頓。我被責罵的時候，內心有點不服氣，在想：我並非到外邊玩耍，而是到祠堂幫助其他人清理祖先神位的工作，如果這樣會使我家遭受不吉利，或者受到神的懲罰，那就沒有甚麼神靈和天理了。當時我心裏很自信，神靈絕不會如此。

說會不吉利的，雖然不相信，也只是自己的一廂情願。從這件事開始，我還是惶惶恐恐的，默默祈求這一年能平平安安的度過。幸好一年過後，沒有甚麼不吉祥的事發生，順利地過去。

做錯了的事，確是錯了，只有憑着良心做事，神靈絕不會責備，或者不會加以懲治的，這是我童年時期開始，已經具有的信念。

淪陷時所見日軍的幾件事

(一)日軍羈縻政策

從香港逃難返鄉沒有多久，日軍又第三次進駐大亞灣。村民都說這次日軍進駐，不像以前兩次，大肆屠殺、搶掠，村民走避一空，逃到高山深林的村落居住。這次日軍的態度表現得温和、友善，並且還要村民公推一位村長，作為村民與駐守日軍的溝通橋樑。

最明顯的例子是一次我在中午的樹蔭下，看見一個穿着長靴，帶着長劍的日軍長官，揮着一條長鞭，不斷地鞭打另一個士兵，又重重的掌摑他面頰。士兵被打得滿臉通紅，仍屹立不動。我是第一次看見日軍懲罰自己部下的行為。其後我探問村中的人，才知道是一位村民投訴那名日軍，割馬草時，誤割了村人在稻田裏種的禾。由於禾苗長得青綠綠的，卻被日軍當草割去，村民透過村長向日軍投訴，士兵遂遭到軍官嚴懲，重重的鞭打。原來被處罰的士兵，是一個馬伕，他戴很深的近視眼鏡，看不清楚田裏長的禾還是草。那個馬伕是朝鮮人，日軍統治朝鮮，被徵調來當馬伕的。他不是正宗日人，他受到這樣的懲罰，未知在軍隊裏有沒有受到歧視，看他被罰時的樣子，的確可憐。這是日軍安撫村民的一種政策，那位可憐的朝鮮人，也許是政策的犧牲品。

(二) 說客家話的日軍

我家居住的房子，被日軍徵用後，許多家庭用品，都來不及搬走。母親不時要二哥和我回去拿些日用品。我倆走到東門口，一個日軍前來，向我們說了幾句話，我們聽不明他說的是甚麼，認為他說的是日語。後來他又重複了一遍，我們亦不明白，於是他慢慢一句一句的說了，我們才恍然大悟，他所說的原來是客家話。他是說：「你們門邊的竹子，可不可以給我斬幾枝？」他又說我是台灣的客家人，被調到日本軍隊當兵，替日軍打仗。來到這裏，聽到村民都是說客家話的，很高興，乾脆就向我倆說客家話了。其實我們的大屋東、西大門旁邊，都種滿竹子，整座屋都被佔用了，難道還可以保得住這幾枝竹子，為甚麼日軍仍要徵求我們的同意，這正顯示日軍實行不擾民的策略；同時又使我想到台灣的中國同胞，被日軍徵調到中國打仗，作為侵略工具。見了自己同胞，說的又是相同的語言，不期然會產生一種鄉情。

日軍中夾雜了不少朝鮮人和台灣人，可見日軍已到了強弩之末，日軍兵源缺乏，料想戰爭已到了窮途末路了。

(三) 日軍的哭泣

我回去祖屋，收取一些用具，遠遠望去，在東門的一塊草坪上坐着一個日軍，屈着雙膝，兩手俯伏在膝蓋上，低着頭，久久都未離去。我好奇地走近他的身旁，看看究竟是甚麼一回事。他抬頭望着我，見他兩眼通紅，睫毛仍有淚水。

他見我走近，拉我一同坐在草地上。從衣袋裏取出一張家庭合照，意指相中的是他的雙親、妻子和一對兒女。跟着又說了一些話，知道我聽不懂，拿了一張紙，寫在紙上，大意是介紹自己的家庭，說時眼眶又凝着淚光。其後又寫着說，他在大學畢業後，有一份很好的工作，有一個溫暖家庭，後來被徵調為皇軍，到中國打仗。他也許是痛恨戰爭，使他與父母妻兒離散。獨個兒孤苦伶仃地身在異國思親，無限哀傷坐在草坪上，忍不住流下辛酸淚水。見了我又忍不住向我吐露自己的遭遇。我頓時感到兇殘的日軍，仍然有深厚的親情，莫非是人的本性？

（四）毒馬計

日軍駐在村中，雖然頗為友善，但那些馬匹經常踐踏農作物，和拆毀村民的房屋，間隔作為馬廄，村民仍恨之入骨。

村民為了報復，不能和日軍正面對抗，便想出了一種方法，毒害他們的馬匹。戰馬是日軍最為愛護、重視的，馬匹經常有獸醫檢查，很難下手。後來有一村民想出了一種可行，又較安全的辦法。

村民知道有一種植物，叫做「荷樹毛」（是村人的俗稱），我也不懂樹的真正名字，樹皮長有像毛似的東西。牛隻若誤吃了那些樹毛，毒性發作，要大量飲水，否則會肚脹而死。大家於是分頭到野外樹林找尋，把樹皮的毛刮下。日軍馬伕平日餵草之外，還要夾雜一些食料，經常要找村婦替他們煮馬的食料。當村婦替他煮馬食料時，將刮出來的樹毛，秘密混入馬糧中，馬匹吃後果然生效。幾天之內，馬匹相繼死了七、八匹。

馬匹病倒的時候，會臥下，日軍便將馬廄屋頂的大樑繫一條大麻繩，把馬匹吊起。軍醫雖然屢次檢查，都驗不出因由。束手無策，只得將馬一匹匹地埋葬。

有一次，日軍舉行葬馬儀式時，我偷偷地去觀看。這種儀式猶如士兵的葬禮，各士兵排列着，非常隆重，態度嚴肅，有些忍不住痛哭起來。而村民對日軍多匹戰馬被毒致死，有一雪心頭之恨的勝利感。

日軍大舉拉夫

日本軍隊進佔大亞灣一帶，盟軍的飛機不時在空中徘徊偵察；又不時轟炸日軍的集結點。於是日軍把軍隊調到在我們村莊附近的深山中，鑿防空洞、挑掘戰壕，做各種防禦工事。聽說他們準備在盟軍反攻大亞灣時，作持久戰打算。

一天下午，日軍夾雜一群中國百姓，排成一條長龍似的，經過我們東門外馬路。路邊靠近門前的菜園，我見許多人群經過，好奇地走出東門，看看究竟發生甚麼事。忽然見母親在菜園中呼叫，要我到那邊。原來是日軍仍然繼續拉夫，要母親替他們挑一些東西，前往淡水墟去。母親向傳譯員要求日軍，由我去代替，不僅被拒絕，更連我也一併拉去。這是我第一次被日軍拉夫。幸好我年紀還小，沒有要我拿甚麼東西，只是徒手隨着人群步行。日軍這次拉夫目的，一方面可以減輕自己攜帶一些軍需品；其次是將被拉的人，夾雜在他們的行列中，作為調動的掩護。所以被拉去的人，挑擔的東西不很多。

前往淡水，原本有一條平坦而路程又較短的公路。但日軍卻採取另一條較遠而又崎嶇的山路。我雖徒步而行，但亦幾經辛苦才抵達淡水。抵達時已是黃昏，天將黑了，日軍把拉去的人，帶到一座華麗的鄧氏大屋，給予各人半斤的黃豆，然後釋放。

淡水墟是我們村人常去購物的市鎮，而我也曾到過的。但以前所到的地方都是繁盛熱鬧的街道。這次所到的，卻是未曾到過的一座極宏偉華麗的大宅。屋內的大門，四邊的屋柱，好像是龍鳳雕刻，雖然有點殘舊，仍然金光奪目。許多房屋是空空的，沒有人居住，顯得陰森可怕，那座宏偉建築，便成為日軍的倉庫，這次看見的大屋，給我留下深刻印象。

其後，我在新亞研究所作清史稿索引，讀到清末鄧承修傳時，才知道鄧承修是廣東惠陽縣淡水墟人。回憶起昔日被「拉夫」到過的那座大屋，就是清末的一位抗法著名的人物鄧承修的住宅。不過那時候，鄧家的子孫（鄧鏗將軍亦是淡水墟人，未知是否是鄧氏家族的子孫，有待查考）已不知逃到哪裏，偌大的大宅，成為日軍的倉庫。

「小鬼隊」

抗戰勝利初期，大亞灣一帶地區，許多地方豪強紛紛崛起，擴張勢力。而勢力最強大的是共產黨游擊隊（後來成為東江縱隊）。將其他群雄逐個擊破，形成當地獨霸的局面。

共產黨游擊隊能夠迅速發展，是具有堅強、嚴密的組織能力，又懂得宣傳。他們的成員，組成一隊隊到各村莊，幫助村民插秧、收割、築堤等工作，甚得農村的歡迎。並且又不斷向青少年招攬、擴大，加強實力。因此各村落的青少年，紛紛加入組織，村民更稱這些年紀小的成員為「小鬼隊」。特別那些昔日替人家看牛的牧童，他們參加之後，有集體活動，吃大鍋飯，手持着槍，顯得很威風，較之做牧童在郊野風吹雨淋中工作好得多。這種生活是相當吸引的。特別村中有些游手好閒的年輕人，不願在農田工作的，都被吸納到組織中。此時治安呈現一片「夜不閉戶」的安寧景象。以我們村裏來說，青少年十之八九都加入游擊隊的陣容。

據我所知的，當年參加「小鬼隊」的，後來有部分已升了高官。其餘的在當地做了幹部，除了有些去世之外，現在都已經垂垂老矣。

「禮賢下士」

在抗日戰爭結束前後，在淪陷區中的大亞灣一帶，正是龍蛇混雜的地區。除了最活躍的游擊隊外，還有不同地方的豪強勢力。他們不斷爭奪地盤，一股好像偏向國民政府的叫張亞基，另一股又名陳拉秀，勢力亦不小，縱橫一時，彼此角逐頗為激烈。

有一天，我走出東門口，突然來了一大批人馬，大都是穿着唐裝黑綢衫褲的，拿着手槍，一些更托着機關槍，一擁而入。在人群中有一位，穿的是一套全白色的衣服，戴着白色的通帽，腰間隱藏着一枝手槍。樣貌頗為清秀。他的一位隨員走來問我，說要見蘇景雲。景雲是我的疏堂大哥，剛從外地回來，暫住在我們西面樓閣二樓。他們來勢洶洶的，幾個人和穿白衣服的，隨即走到樓上與景雲哥面談。其餘的分為兩隊，駐守東、西兩個大門，並向外邊架起機關槍，情勢極不尋常。聽說原來穿白衣的，是這一股勢力的首領陳拉秀。他特別來這裏，是善意的拜訪景雲哥，目的是請求堂大哥替他做事。在面談時，景雲哥把他的好意婉拒了，幸而沒有強迫他。跟着前來的一群人馬也收隊回去，我只是一場虛驚而已。

在這群雄混雜地方，彼此爭奪地盤和利益，不時展開戰鬥，衝突，浴血的場面，亦經常發生。但他們亦懂得爭取人才。景雲哥是廣州中山大學畢業的，是他們要爭取的對象，他們雖然是割據一方的豪強首領，親自到訪仍然有一種「禮賢下士」的風度。

月明姊與丈夫——李某

我沒有親姊妹，最親是月明堂姊了。她是三伯父的獨生女兒。我不知怎的，月明姊嫁到外祖母鄰近大涌村去，大涌村又是二舅母的外家，是姓李的，她嫁到那裏，是否與二舅母有點關係，那就不得而知了。當我們返抵故鄉的時候，只見過堂姊夫李某（不知道他的名字），對他認識不深，只有一次印象還記得他穿的是一套白色衣服，像公子哥兒般打扮，其他都很模糊。

月明姊和他結婚後，聚少離多，他總是長時間留在外邊。許多人都不知道他幹的是那一行業。每年也許回家兩三次，結婚多年也沒有孩子。月明姊在家裏只做一些簡單的農作，主要的是奉侍家姑而已，生活也過得不錯。

姊夫的行蹤，不僅我們不甚了了，連月明姊的親兄弟也不清楚，不曉得月明姊是否亦是如此？但他們夫婦感情，看來還不錯。每年新春初四，月明姊例必回娘家，亦從沒有聽過她向哥哥申訴過夫婦間的問題。

到了抗戰勝利初期，故鄉一帶地區，都是東江縱隊的活動範圍。那時候有人說，李某在早年已參加共產黨在周邊活動，因為當時的行蹤必須保密、掩飾，不便暴露身份和行止，這就是不為人所知的最大原因了。

中華人民共和國建立後，他應該是革命的老黨人，但仍然未見露面，或許到了別的地方。最後聽說，月明姊和他離了婚，原因為何？卻沒有聽說過。有人覺得，「夫妻可以共患難，而難以共安樂」，月明姊的家姑既已去世，只有再婚，移徙到海南島，且生了幾個兒女。

國內開放，月明姊來香港與兄弟相敘，特地與各兄弟子姪同到中文大學沙田宿舍探我，相聚僅有幾個鐘頭，時間短暫，未及詢問她近來生活狀況，飯後又匆匆告別了。不久，聽說她回到海南島後，便與世長辭了。原來她來港探親時，已身罹惡疾。料不到這次相見，是她在臨死前向我們告別。

拳術

秋冬時節，村中的人吃過晚餐後，一些青少年在夜校讀書，年紀較大的，組織拳社。在一間空置房屋，設置茅山師傅神位供奉。利用門庭坪地，聘請精通拳技的人當義務師傅，教導功夫。練拳既可強身健體，亦可作自衛之用，更可以聯絡年輕人的團結精神，可算一舉三得。

記得某一年，一位姓曾的同鄉從外地回來（也許是新加坡），他看見一些年輕人操練拳術，有些技癢，於是悄悄地走到茅山師傅的神壇前，點了三枝香，便挺着腰站立着（樣子斯文，穿着一套白色唐裝衫褲，有飄飄然的神態）。首先紮了馬，跟着耍起拳來。見他舞拳時，腳步平穩，出拳又快，威風凜凜，發出呼呼聲響。旁觀者看得入神，歎為觀止。大家都不知道他會有這樣精湛的拳技。

原來他的家中亦設有茅山師傅神位的。自此，每逢農曆新年，各村莊的拳社，組織拜年團，舞着醒獅到各村莊向村人賀年，這是各村彼此聯絡感情的俗例。每支拳隊經過村莊，例必詢問村中有無供奉茅山師傅，若有必往參拜。姓曾的因設了茅山神壇，前來賀歲的拳社，必定前去參拜。他的神位是設在一條深巷的末端，舞獅的一定俯伏着身體，一手按地爬行，一手又要舞獅，非技術高超不能為，旁觀者都尾隨舞獅者爭看他的絕技。

香港光復，我再返香港。告訴父親鄉中有位姓曾的，拳術極高的事，原來父親和他認識。父親說：「那位姓曾的，以前曾在香港謀生，在九龍油麻地與上海街間的街市，與肉販、魚檔的人爭執，被他們拿着肉刀追殺，所穿的黑色綢衫，亦被斬了幾處刀痕，但身體卻毫無損傷。」父親說這事件，是他親眼見過當日他所穿的那件衣服。我聽了覺得很神奇，難道真的有刀斬不入之術？

想起清末，義和拳引起八國聯軍入侵的事件。也許民間結社的拳民，有「刀槍不入」

的傳說，加上人們受到不法的洋教士縱容教徒欺凌百姓，無法洩憤，便藉着誇大拳民宣傳，被一些無知、無能的官吏加以利用，結果鬧出一場國家的大災難。

故鄉那位姓曾的，必然學過拳術與神功，有「利刀不入」的小技。但說到「槍也不入」就不得而知了。義和拳的口號，「扶清」未嘗不可，但要「滅洋」，說「槍也不入」，則太天真了。不過要說「利刀不入」，看來卻不是「空穴來風」。

秋祭

祖父（純芬公）以下子孫，一部分留居家鄉生活，另一部分移居香港謀生。一九四二年香港被日軍侵佔，在香港的都返回故鄉避難，可說多年來難得在故鄉聚集。那時人口多達四十餘人，每年八月秋天，便舉行秋祭，俗稱「拜山」（即掃墓之意）。

秋祭的費用，用不着各家分擔，是由祖父田租中扣除一部分，作為每年掃墓祭祀之用。通常一般鄉人傳統，將祖業分給兒子（女兒不能分的），留下一部分，作掃墓祭祀的費用，這種留下不分的田，叫做「蒸嘗田」，以前我不明白甚麼叫「蒸嘗」，至此才知道這一俗例，而且更明白鄉人對祭祖掃墓的重視。

秋祭那天，我們六房子孫都要齊集參加，除女兒、媳婦例外，凡是男丁不論老少，都要分配到不同路線的小組中。老年人和小童，分配到最近的地方；其次是身體較弱走動不大方便的，可往稍遠的；而年輕力壯的，就派到最遠的路程，甚至還要越過別人村莊或山野，全部男丁分三組進發。

先祖的墓地，是祖父在清末光緒年間，興建新屋的同時，或之前請了一些堪輿學家（風水先生）除觀察新屋的方位之外，另請他們勘察風水地。這類事情，由二伯父負責，攀山越嶺，觀察山形地勢，若找得風水好地方，就把地方買下（我還保留當年購墳地的不少契約）。然後把各先人的舊墳，遷移安葬到那裏，這次是先祖墳地一次重大的遷移，所以先祖的墓地散佈各地。最明顯的，是高祖父良輝公，亦遷到香港西貢黃泥涌一處山坡，遷移的時間，墓碑上刻着「光緒二十六年」重修，至今逾一百一十年。

關於風水一事，究竟有無，我不知曉，但西貢高祖父的墓地，在一個山坡上，從墓地遠眺，對面是青翠的山峰，雨天後經常有一道白色的瀑布源源瀉下，山下有平靜如鏡的藍色海水。翹首四望，還有大大小小的山峰，草木青葱，確實是一處優美的環境。難怪二伯父將他的曾祖父移葬在這裏，風水是否可信，卻很難說。但自從大陸政權易手，政府當局視同胞祭祖為迷信。掃墓一事，族人在故鄉的，也置之不理，多處祖墓長年沒有人去拜祭、清除野草，都一一荒蕪了，連祖父的墳地也沒有人理會，建水庫時被淹沒，長眠在水底中。只有在香港西貢的高祖父的墓地，尚能安眠在翠綠的山坡上。而今在香港謀生的子孫，每年必相約前往掃墓拜祭，這是否因葬的風水好有關？

秋祭當日，不用前去掃墓的各家婦女。整天在家忙於準備中午一頓鮮味的及第粥，以便掃墓回來的男丁充飢，更重要的是準備一頓豐富的晚膳。

這一天，是族中最隆重而又最人齊的日子，家族中人口多了，彼此有些誤會，或者有些是非爭執，總是難免。但共同拜祭祖先的心情，是一致的，大家都處於和諧熱鬧的氣氛中。先人能否品嚐那些拜祭的牲品，都不得而知了；但族中子孫在和洽中相聚，卻是事實。掃墓何嘗是一種迷信？秋祭簡直是一族中子孫，藉此機會團結相聚的大好節日。

窮人翻身

我們故鄉大亞灣地區在抗日戰爭結束的前後，是東江縱隊活動的搖籃。

村中的年輕人，在游擊隊的招攬下，幾乎都參加組織，大家都認為是窮人翻身的最好機會。我們村裏有位姓羅的，算是一個典型的例子。

這名姓羅的是一個頗肥胖而又黑實的老人，我不知他叫甚麼名字，村人叫他「牛蠢」，我也稱他為牛蠢伯。聽二伯父說過他原是海豐人，是一位孤兒。祖父經營鹽業，行經當地，把他收容，帶回家鄉，送給老屋一位姓羅沒有兒子的人撫養。所以他便姓羅了。牛蠢伯為人正直，家境雖然貧困，平時肯幫助村人，在村中人緣頗佳。他僅有一名兒子，名叫觀進（我們村裏的人，都是奉信觀音的，觀音廟在一座山上，松林滿佈，中間隱藏一座觀音廟，香火鼎盛，附近村落的人都來進香。村人奉信觀音，恐怕兒子夭折，都以「觀」字附在名字上，作為「契了給觀音菩薩」的意思，所以村中各姓人家，許多名字都有「觀」字的），就在此時參加了東江縱隊。

抗戰勝利，國共和談。廣東的東江縱隊，在南方活動，妨礙和談，遂將一部分部隊，由船送往山東煙台，和當地的正規軍結合；另一部分游擊隊在當地解散。這一計劃，據說是國共和談時，美國人的建議，以為這樣可以使南方安寧，這只是天真的想法，亦可說是極其幼稚。其實那一部分留下來的，在當地還是不斷地活動。有一次，我隨母親前往澳頭鎮，前一晚就有軍事衝突，在去澳頭沿途和一道山坳旁邊，我們看見還有許多橫陳着的屍體。牛蠢伯的兒子，並沒有留下，選擇隨隊到山東煙台，此後村中人和他的父母就沒有他的消息了。

國共和談破裂，解放軍揮軍南下，牛蠢伯的兒子觀進，輾轉到了廣東，其後又聽說調到海南島，家人才有他的消息，在海軍中有頗高的官職（不清楚是甚麼官職）。牛蠢伯一生貧苦，捱過不少苦頭，是標準赤貧。據村中人說，這次羅氏父子相聚，吐氣揚眉，一洗畢生的窮苦生活，還給羅家「光宗耀祖」。在我們村中的人，真正「窮人翻身」的，他是一個真實而典型例子。

天理何在——外祖母一家遭遇

外祖父的家鄉，在大亞灣海邊，是一個風景優美的村落，名叫海尾村，也是盛產生蠔、海鮮地方。村裏的人，每逢生蠔盛產季節，便到海濱採鑿，很容易便獲得豐富肥美生蠔。

我出生的時候，外祖父已經謝世多年，我只聽母親說外祖父是清末一名秀才，以教學為生。外祖母的家居，是一座獨立房子，房屋雖然不很大、但環境非常幽雅。後園是果林，滿園種的是龍眼、荔枝和柚樹。果園的品種好，無論那一種果實，水份充足而甜美，每逢果子成熟時，母親總會帶我們去吃從樹上摘下來的新鮮生果。屋庭前面，有一條小溪和一道小橋，溪水清澈見底，可以清楚看見各種顏色的石子。夏天時，我隨母親返娘家，都愛在溪水中玩耍，特別喜歡在小溪上流放紙船，順流而下。後來讀到馬致遠的「枯藤老樹昏鴉，小橋流水人家」的詩句時，必然想起外祖母的家居。

外祖母在我的記憶中，是一位慈祥的老人，對外孫很疼愛，母親每返娘家，要走一段很長的路程，所以會住上幾天。要回家時，外祖母兩手拖着我和弟弟，送到路旁一間茶寮，例必買些糕餅、糖果之類，甚至將一些零錢，塞進我倆的衣袋，然後依依不捨地分別。在小時候總覺得婆孫間存着一種濃厚温馨的感情，至今不忘。

外祖母有三男二女，母親是幼女，大姨媽是嫁給鄰村姓李的，她的情況我不大了解。大舅父在家主持家業，二舅父在澳頭鎮開設食肆。我記得每當隨母親到澳頭時，二舅父慣例會給我們大碗燒鵝瀨粉。後來又轉開設雜貨店，兼營承包供應海上漁船生意。三舅父在香港九龍荃灣的中華電力公司當工程師，我印象最深的是，在他家住宿，夜間依然燈火通明，難以入睡。家中無論甚麼，用得着電力，都是用電，縱使是煲水也用電。那時候我覺得非常新奇，因為舅父在電力公司工作關係，都有免費電力供應。

大舅父並非外祖母親所生，是收養的，但外祖母後來有了兒子，還是視為己出。大舅父為人善良、勤奮，對弟妹關心愛護，對父母亦極為孝順，而且在村裏肯幫助別人，深受村人敬重。後來母親接到一道消息，說大舅父在一次暴風雨中，為了拯救村中一位被水困的人，遭洪水冲去，屍體也無法尋覓。母親知道這一噩耗，悲傷不已。可見兄妹之情，如同親骨肉。

三舅父在電力公司工作，香港淪陷我們逃難返鄉的時候，由於他熟識荃灣通往內地的環境，恐怕路途危險，還邀集一些同事，護送我們走一段山路。三舅父熱心助人，凡有相識的人，若有人請求，亦必仗義相助，聽說就是這樣，一天在路上遭逢日軍，被搜出一枝自衛手槍，日軍懷疑他是游擊隊，因急於調防，於是匆匆被槍斃。

二舅父一直在澳頭鎮經商，生意不錯，抗戰勝利，香港光復，我準備重返香港前，二舅父要前往廣州探他妻舅（在廣州任法官），要我替他看守店舖一個多月，這次使我對澳頭鎮的市況加深了認識。後來解放軍南下，澳頭隨即「解放」。市民一陣歡呼之後，跟着一浪接一浪的政治運動，清算商人的狂潮展開，二舅父的商店自然不可避免，群眾找不出甚麼罪狀，於是利用他的姪兒（大哥兒子）去指控他。另外的罪狀是指妻弟在廣州國民政府任法官，罪加一等。鄉間的來人說，二舅父在澳門街上被清算時，被群眾灌水，倒在地上任由群眾踐踏肚皮，終於受不了折磨致死。母親每一次聽聞鄉人來港說及此事，就痛哭一次。

我不時在想，外祖父是位書生，一生以教學為業，又不是大地主，更不是鄉紳惡霸，三個兒子，一個善良地在天災洪水救人時遇難；一個仗義護送鄉親返鄉，死於日軍槍下；一個殷實商人，又死在三反、五反的清算折磨，可說三位都是死於天災與人禍，一個善良之家，為何卻有如此遭遇？要問問蒼天，究竟天理何在？

蟹蚶環的鄒家

蟹鉗環是高涌村左邊一個小山丘，地勢形狀像一隻伏在地上兩鉗展開的蟹，所以被人稱為蟹鉗環。前面是對着我們祖父將海壩築成的一個巨大的養蝦塘，蝦塘中央，長滿一簇簇的小樹（後來才知道那些小樹叫紅木樹），終年輕翠，整個環境極為優美。

據稱祖父原先計劃購買該地興建新屋，但由於面積較小而放棄。後來村裏另一家姓鄒的，將此地買下，興建一座頗大全白色的房子，且把村旁原有的祖屋遷到那裏。鄒家只有四人，男主人經常在外，兒子又在廣州讀書，只剩下母女二人居住。

日軍強佔我們家園時，母親徵得女屋主人金姐（村中的人都是這樣稱呼她的）同意，讓我們遷往那裏暫住。當時那座大屋，還租給一家從香港逃難到來姓黃的母女三人。彼此同是落難的人，住得也頗融洽，使整座偌大寂靜的房子，頓時熱鬧起來。

光復重返香港，我才知道鄒家屋子的主人名叫鄒卓立，與父親不僅是同鄉關係，又是很要好的朋友，所以我們叫他卓立伯。聽父親說：鄒卓立早年在廣州教忠書院教書的，後來轉到廣州市工務局局長當秘書，跟着父親又對我說：當他擔任廣州市工務局秘書時，正興建珠江大橋，許多建築公司把一包包的鈔票送來（也許是賄賂之意），他都一一拒絕接受。到廣州淪陷時，隻身逃往香港。出任惠陽商會的秘書。不久罹病，昂貴藥費無着，可說貧病交迫。辭世時兩袖清風，喪葬費仍需鄉朋籌措。從這點正說明父親所說的，他為官廉潔，不受賄賂是真的。

當時，我們附近八鄉（八個村莊）大學生只有四人，其中一位是他的兒子鄒文通。我只見過他一面，是在抗戰勝利後返鄉省親時。他自從中山大學畢業後，便在內地工作，勝利後在湖南省當鐵路局長，是時，又值國共內戰，局勢混亂，就連他的家人也不知道他的下落。

鄒卓立一家，父子早年都在廣州，妻女二人留在家鄉，料理家業。到了解放後，夫亡子散，房屋雖大，只有母女相依為命，過着清貧孤苦的日子。我在香港時，也曾打聽她母女二人的消息。據悉，女兒尚未結婚，準備終身陪伴母親，如今情況如何？便不得而知了。

在這時代，農村依然還有舊社會鄉土觀念的人，老死不願離鄉別井，不願與丈夫兒子共居，女兒只得犧牲自己的終身幸福，侍奉母親終老。原是一個美好家庭，落得如此結局，正是新舊社會交替中的一幕悲劇。

高涌鄉的式微

我的先祖原在今日陝西，因漢末魏晉的動亂，輾轉南徙，至廣東惠陽縣高涌鄉定居下來。至於祖先何時移居高涌，時間不可知。如今確實可考的，可以追溯到清乾隆時代。

高涌以前的戶口有多少，我全不知曉，當我避難返回故鄉時，只有十姓人家，十姓當中，除人口最多的蘇、曾、羅之外，其他姓的戶口已寥寥可數了。

曾經有一次，我要找一枝長而細的竹枝，作釣魚杆，便到一座附近的小山丘找尋。那山丘長滿雜樹、小竹。沿着山坡而上時，隨地看見許多破碎的廚房器具，甚至有破爛的香爐，遺留在山頭，我產生一種好奇心，為甚麼這山中會有這些東西？返回家中，立即詢問二伯父。他說了一段鮮人講述的村裏往事。

二伯父說：昔日高涌的戶口，最盛時多至千餘戶。有一族人所住的地方，就是在我走過的一個山丘，是姓陳的，其後陳家人口少了，才搬到山下老圍村與其他各姓混集。二伯父再補充說：姓陳一族，所住那個山丘，堪輿學家稱是一個「鵝地」。像一隻鵝伏在地上，鵝頭伸出，小小山丘，像個鵝頭，而鵝的頸部，剛好是一處較低的地方，這裏是一條捷徑。陳家人口鼎盛時，有族人是當鹽官的，人多勢眾，嚴禁村人由「鵝頸」行走。這是陳家要守的祖訓。但後來陳氏族人，也許對禁令較為鬆懈，讓村人慢慢地在鵝頸地帶，走出了一條小徑，便把鵝頸截斷了。風水學上說是破壞了這一幅地的風水，據說自此陳氏家族子孫，戶口便日漸衰落、凋零，最後整個山丘的住民遷離，山丘荒蕪了，長滿了雜樹和竹子。

一天上午，記不起為的是甚麼事，要前往老圍，在寒冷的天氣下，看見屋外牆角邊坐了一群人在陽光下取暖，其中有人高談闊論，我也走前坐在一起趁熱鬧。其中一個年輕的人說：「我把祠堂都賣了，祠堂的神主牌，今朝也丟到天后廟那條河的深潭中，明天我就去當兵。」我聽了覺得很奇怪，為甚麼祖宗神主牌也丟到海裏？詢問其中一個老人：「剛才說話的人是誰？」老伯回答說：「這一位是姓陳的，也是姓陳家族的最後一位嫡孫陳某某。」高涌陳氏家族，興旺顯赫之時，我並不知道，但陳氏絕嗣的時刻（他當兵後就沒有蹤影），我見到了。使我感到有無限的哀傷，這是陳姓一族的終結！

堪輿學家所說的風水，是真是假，是椿玄妙之事，但陳氏家族在高涌的興衰痕跡，到最後的結局，卻使我親自目睹。從陳氏家族的變化歷程，亦可見鄉村人口盛衰的一斑。

日軍投降的短暫情景

香港被日軍侵佔不到兩星期，母親帶我們兄弟四人返回故鄉，在淪陷區度過多年苦難的歲月後，終於露出曙光。

日軍投降前，在大亞灣沿海，依然廣築戰壕，嚴陣以待盟軍登陸，準備作殊死一戰。在我們村裏附近的山坡，不停的建掘戰壕，若果盟軍在大亞灣登陸，我們的村莊，必然成為廢墟。但當時我有點感覺，日軍看見盟軍的飛機在上空偵察，並不匆忙跑進戰壕，有時更四處張望，感覺有點奇異，戰爭的緊張氣氛似乎鬆散起來。他們是否知道戰爭快將結束？

不久，在一九四五年九月，日本宣佈投降，鄉人聽聞此一消息，歡喜若狂，無不拍手稱慶。同時，日軍亦解除身邊的武裝。數日之後，我跑到馬路旁看見一系列源源不絕的軍車，和豎起青天白日滿地紅旗幟的國軍經過，心中更加興奮莫名。

強佔我家園的日軍，卻垂頭喪氣，趁着國軍未到接收之前，除留起槍械、子彈之外，部分日軍，把其餘的各類日常日用品擺在地上，向村人平價兜售。看見他們的神情，一時間顯得如此憔悴，亦有點可憐的樣子，不覺間把昔日腦海中留下日軍一副兇殘可怕的面孔，頓時沖淡，也不知他們原來本性是怎樣？或是人容易善忘？把不幸的事，很快的忘掉了！

其他的日軍亦忙於收拾餘下的軍用品，搬上軍車，準備聽從長官的命令，集中到市區，等待國軍前來接收。八年艱苦的抗日，犧牲了千萬人的生命，破壞無數房屋、歷史文物和財產。我雖然未親見七七盧溝橋事變，卻目睹在歷史上悽慘而悠久的戰爭結束的時候。

第五章

抗戰勝利後再返香江

——重回校園生活

抗戰勝利，舉國歡騰，站在通往澳頭的大路旁，目擊國軍穿着鮮明的軍服，乘着一輛輛軍車，豎起青天白日滿地紅國旗，飄揚而過，內心一剎那的喜悅，真不可言喻。在淪陷區那一段苦難生活結束，夢寐以求的和平以及希望獲得正常教育的機會，快將來臨了。

香港經過一場浩劫，日軍統治時期殘影尚存。適值國內政局變化，國內工商業遭逢厄運，工商界鉅子紛紛南逃，卻又給予香港正待復興的工商百業一股新生的力量，使香港社會日益繁榮，民生很快獲得改善。香港的發展和國內兩次政局（日軍侵略祖國和國共內戰）的變化，都有極密切關係。

重返香港，自此再獲得一段頗長的求學機會，是我人生歷程中一個大轉變。

重臨香港

一九四二年日軍佔領香港，港人經歷三年多的黑暗歲月。在日軍尚未渡海佔據港島時，我們全家沿途攀山涉水，步行回鄉，離開香港。

香港重光後，返回香港所見，各處建築物，雖然依舊未遭受到破壞，但昔日的小學同學和朋友，已各散東西，不知去向。走到九龍城，以前常去玩耍的宋王臺的小山丘，已經不見蹤跡，被日軍夷平，擴大了啟德機場。尖沙咀碼頭旁那座宏偉的半島酒店，雖然仍屹立，保持完整，但外牆被塗上斑白、草綠的防空顏色，曾成為當時日軍的司令部。街上許多房屋，尚有許多沒有人入住。繁盛街道的商店，亦有不少用木板封閉，仍未開業，遺留戰後的殘影。

重回到香港的一刻，發現有兩件事物最新鮮，一是「原子筆」，原子筆書寫簡便流利，不用吸入墨水，長寫耐用，覺得很新奇；二是「原子皮帶」，是柔軟而透明，覺得非常漂亮，愛不釋手，要花三十元才買得一條，在當時來說，是極昂貴的了。

那時候，心中常在想，一稱「原子筆」，一稱「原子皮帶」，都冠以「原子」兩字。日本發動太平洋戰爭，結果吃了美機投下的兩枚原子彈，使二次大戰結束。這兩件新興事物，都冠以「原子」為名，是標幟新興的科學產品？抑或是「原子彈」對世界的震撼？究竟含意何在？一時想不出來。

黃昏火車站旁所見

吃過晚飯，沿着旺角火車站附近的街道，漫步前行，有不少「水客」來往穿梭。車站兩旁也多了穿着殘舊軍服的傷殘人，乞求路人施予。

再沿太平道靠火車路軌的一邊走，傳來嗚、嗚……的響聲，是一列火車從廣州慢駛至旺角站。舉頭一望，竟然有多人在車頂上行走，並且匆匆的把一包包貨物拋到路軌旁地上，給予在等候的人接應。火車雖然緩慢行駛，仍然驚險萬分。其後知悉，這些人大都是在廣州被政府解散的軍人。

八年抗戰結束，有無數軍人解散，國府在美國推動下實施復員工作。國府把部分軍隊解散了，軍人無法找到職業，為了謀求生活，不惜幹些不法的勾當。不像美國的國情，以前是學生的，可以重返校園，要謀生的年輕人，有足夠的職位安排。而中國又正值勝利之初，難以找尋職業，被解散的軍人，傷殘的流落街頭，淪為乞丐；氣力健全的，便成群結隊走私幹不法行為。據稱，廣州市這種情況最為顯著。當日由廣州傳來兩句諺語：「抗戰八年捱貴米，和平一日吊沙煲。」這正是描寫勝利後百姓和軍人的心聲。

國民政府在戰後，沒有好好的處理軍人復員問題，完全沒有衡量中國本身的國情，解散後的軍人，得不到安排解決生計，製造游民充斥，傷殘的得不到照顧，致使眾多流落香港而為乞丐。也許在火車站四周所見，只是我國「慘勝」之後的社會所顯示的一斑而已！

金圓券

從日本天皇宣佈投降開始，我們村裏的日軍紛紛撤離。同時又將軍用的工具，以最平價錢出賣予村民。當大家盼望日後有些好日子過，而且國、共又醞釀和談，國家統一，百姓都寄予厚望。可是，這期望一一落空了，國、共經常衝突，戰事不止。國府更引起一前所未有的金融風暴。雖然國府幾度改革，蔣經國亦大刀闊斧，連表兄弟孔令侃也窮追猛打，亦無補於事。經濟崩潰，像洪水決堤，無法阻擋，使民不聊生。國府的潰敗，是重要原因之一。

我印象最深刻的是在《大公報》看到的連載漫畫，叫《三毛流浪記》。描寫在百物騰貴的時期，三毛拿了一些錢到米舖買米。看見米價升了，再拿多些錢來到米舖，又見老闆換了新價錢的標籤，又急急腳跑回去取錢，又再走回米店，老闆又把舊價，徐徐拔起，要換上新的價目。這張漫畫，正刻劃米價不斷地上升，通漲不斷地惡化的情狀。升斗市民，尤其處於水深火熱的政局中。

有一位宗親，她是一個寡婦，膝下又無兒女。聽別人說，當今政府發行的金圓券，是最可靠、最能保值的貨幣，於是把平日辛苦工作積蓄來的一點錢都換了金圓券。把金圓券摺成一條一條細細長長的，穿在一條用布縫製的褲帶，束在身上，作為日後的養老金，甚至作棺材本，久久不敢取出使用。

過了一段時間，她到香港，金圓券突然大幅貶值。她把褲帶的紙幣取出來，一張張簇新的金圓券，昔日原可購得八、九百斤穀米，如今一算，只能買得一斤餵貓的小魚。這一來，使她一生的儲蓄，變為烏有，欲哭無淚！

那位寡婦，不曉得時勢的變化如此急速，在無聲無色中把全部積蓄融化了。無論政府怎樣設法遏止通漲，在軍事節節敗退的影響下，金融風暴席捲全國。老百姓的幣值，不動聲色地被劫走，卻無處申訴。

無辜的不僅是我們族中那位寡婦，還有千千萬萬的百姓，她只是一個活生生的實例而已！

舊居二：旺角通菜街七十一號二樓

抗戰勝利後，重返香港，便住處於旺角中心的通菜街，鄰近彌敦道，雖然車輛稍多，但行人稀疏，周遭仍然留存着戰後殘影。

從通菜街向前，稍行數百步，有一麥花臣球場，可作小型足球比賽，市民可免費觀看足球比賽。再前行往旺角火車站，車站周圍，經常有靠着牆邊站立的、臥在地上的、沿途向人求乞的，都是穿着殘破軍服的殘廢軍人，見之使人心酸難受，他們如果在此情此景下想起，也許會慨嘆：「昔日的英勇，出生入死，為國犧牲，光榮何價！」憶念當日之富豪，未嘗有一人，振臂一呼，繳集善款，籌辦一所為臥病露宿街頭殘疾士兵之收容所，使其安度殘年！現今思之，睹此情境，不勝唏噓，更感當時，何其涼薄！

記得以前孩童時，經常到九龍城，爬上宋王臺遊玩，這是宋帝昺流亡經過此地的一個小山丘，如今已被日軍擴展機場夷平，只在附近豎立一石碑，刻着「宋王臺」三大字而已。香港唯一尚存的一片古蹟，也給日寇破壞。目睹這塊石碑，益使人回想日寇侵佔香港的血淚史！

彌敦道上有一間「勝利戲院」，當時播放一齣名為《一江春水向東流》的電影，是描述抗戰時家庭倫理的悲劇，一連放映五十多天，還是場場滿座，可見和平未久，抗戰時悽慘傷痕，歷歷在目，是對劇情有極深刻感受的明證！

火車站旁沿路的一排逾百年的榕樹，和平不久時翠綠猶依舊，而今事隔七十多年，四周已高樓矗立，改為商場。戰後保存的店舖，亦只有寥寥一、二間而已。

當年在彌敦道上，可約二、三同學逛街，是假日的一樁樂事，如今在街上行走，兩旁高層大廈的冷氣機，噴出的那股熱氣，加上炎熱天氣，在街上走動，使人透不過氣來，簡直是苦事，這是繁榮的代價了！

舊居三：九龍彌敦道三一七號二樓

在通菜街住了幾年，又搬往較寬闊的彌敦道三一七號二樓。

九龍油麻地彌敦道，是最旺盛的市中心區。當時彌敦道由尖沙咀到油麻地，街道二旁，仍然保存一些大榕樹，雖然車輛絡繹不絕，仍有清新的感覺。附近的「普慶戲院」，是專演粵劇的，此時粵劇日漸式微，與「普慶戲院」對面的「平安戲院」，亦因發展的關係，不久也同遭被拆掉的命運。住在九龍的人，也許最深印象的是彌敦道與佐敦道交界，有一間被四條街道圍繞的一座古老洋樓，縱使周遭急速發展，它依然不變。聽說老主人去世後，子孫因產權紛爭，爭持不下，遂長期留存，成為油麻地的地標。

由「普慶戲院」轉入漆咸道一幅頗大空地，原名「京士柏花園」，那時已經荒廢，也是我中學時代，課餘時踢足球的場地。同時又是夜間年輕情侶談心的好地方。其後改建為今日的「伊利沙伯醫院」，人流多了，環境也完全不同了。

從佐敦道轉入海旁，是一個碼頭，唯一可以載車渡海的，那時渡海往香港，客人總是施施然，不像尖沙咀碼頭那樣，船尚未泊岸，行人已匆匆的湧到船邊，準備飛奔跑去，正顯示港人生活在中環寫字樓工作的，如何緊張、匆忙。但在佐敦道碼頭，卻大不相同。我要去香港，我喜歡選擇此一碼頭。

住在這裏，最使人難忘的是香港尖沙咀碼頭加五仙收費事件，引起市民不滿，群眾參加遊行，其中一名青年在尖沙咀碼頭靜坐，更引起市民鼓噪，反對加價之聲不絕於耳。其中有一位女傳教士挺身而出，加入遊行之列，這是葉錫恩冒起的時候，我站在騎樓邊，看見街上一大群行列的市民，高喊「反對加價」，民情洶湧，深刻印象，這是當年港人稱的「五仙事件」。

在油麻地住了好幾年，雖然是繁盛之地，但不覺得繁囂，只覺更為方便，是使我留戀的地方。

適值此時，香港建築商興起補償舊業主，把舊樓拆掉，改建為高樓出售，這種風氣十分蓬勃，我們所住那座僅四層高洋房，又是繁榮的彌敦道，不幸地首先被某集團看中，收購後改建，被逼他遷。

今年（二〇一四年）重返舊地，那古老大花園，已經是一間頗大的裕華百貨公司和其他商舖，那間舊建築的「彌敦酒店」，是我結婚時宴客的地方，亦改建為更高的大型酒店。街上來往的車輛更為頻密，行人熙攘，步伐匆匆，已非昔日的景象。

舊居四：九龍油麻地公眾四方街三十九號地下

由於香港飛速的發展，我們居住的那幢大樓的業主要改建，不得不再搬到公眾四方街三十九號地下。前面是父親經營的「蘇氏」人體模特兒公司，我們便居住舖的後面和閣樓。

我們住的位置靠近海旁，斜對面是一所警署，海旁是一個被廢棄的碼頭，但仍有一些艇戶人家使用。記得一次在碼頭有一艘用麻繩繫着的小木艇，艇的木板上，有大陸紅衞兵所書寫的標語，原來是一位著名音樂家（馬思聰）逃奔的小艇在此登陸。那時，正是紅衞兵橫行大陸的時代。

從四方街上行到彌敦道附近，是著名的「榕樹頭」，九龍地區的平民聚集地方，每逢黃昏華燈初上，各行業的人都在擺地攤，堪稱是一個平價市場。這裏卜命看相的、演唱歌舞的都有，可說是一個免費的大眾娛樂場所。

在公眾四方街和上海街交界處，有一間老字號茶樓，名叫做「一定好茶樓」，是父親每週六或週日要我和淑珍帶同孫女美璐（他愛聽孫女兒清脆的兒聲）回去，跟他飲茶的地方。茶樓的一位老掌櫃，是父親一名老學生陳祥，見了我們爺孫三代，便對我說：「我數十年在此處工作所見，百分之八十五以上，是父母帶子女，或祖父母帶兒孫上茶樓的多，甚少子女或兒孫帶父母、祖父母去的。」這是他芸芸人群中經驗之談，正是人生的實況。我記起他曾經說過一個趣事：「我每逢新年初一的早晨，電話響個不停，接了電話，第一句便說『是一定好』，電話便停了。原來是一些老茶客，喜歡在新年第一天清早起來，喜歡聽一句吉祥話。」這正好說出老一輩的人，喜歡新年開始，想聽一句吉祥話的趣事。

由於住在地下的關係，和鄰里街坊都很易認識，特別隔鄰街邊一間「暖記」咖啡檔，兼賣牛腩粉的，我們稱老闆「暖記伯」，只是開設一小檔口，做大牌檔的小生意，卻擁有三層樓收租，是沒有人想像到的。暖記伯還有醫治跌打的妙手，我們家裏經他治好的亦有幾人，比一般掛牌跌打醫師，絕不遜色。我對他的醫術至今不忘。

我真正住在這裏，是很短時間，不久，便搬到學校宿舍居住了。

今次（二〇一四年）重遊，除了那所警署仍屹立不變外，榕樹頭、一定好茶樓，都不見了，海旁舊碼頭、沿岸都被填平了，而變成一棟棟高樓大廈。我們居住過的那一幢樓宇，也被拆除，整條舊式商舖，都改建為數十層高的洋樓大廈了。

這裏再不是滄海桑田，而是滄海高樓了！

與南來尼姑一席話

在新界屯門居住的四姑媽，是帶髮修行食長齋的。她與青山禪院主持是相識的。有一天四姑媽給父親電話，說有一位從南京來港的尼姑，因天氣惡劣，雷雨交加，不便前往青山禪院，着父親在家中安排她住宿一宵。

那天晚上，來自南京的尼姑，不曉得她是否不習慣住在俗世人的家庭，還是睡不着，獨自坐在廳中，我便到客廳陪她聊天。她樣子已近中年，相信經歷不少世事，也許讀過許多佛學經典，淡吐溫雅。我只是一個中學生，對佛理一竅不通，對和尚、尼姑和寺院生活亦一無所知。閒談的話題，只好談些日常生活所見的瑣事和她南下到廣州、香港的感受。

她介紹自己是從南京來的，原本在南京一間寺院（她說過我忘記了）修道。那裏環境清靜、幽雅，以為可託終生。但想不到局勢變化，一切都改變了，她希望南來，找尋一處可容納僧侶尼姑之所，於是選擇了香港青山禪院。我又問她南下至港，有甚麼感受？她說：「我剛到香港，了解不多，首先接觸到的是香港市民，他們對於尼姑很不友善。」她又說：「南京一般人對佛教出家人，都相當尊重和禮待。到了香港，路上的市民，有許多作出鄙視眼光或避之則吉的態度，與南京相去甚遠。」

可見那位尼姑的觸覺敏銳。的確是如此，我也曾看見過有些婦女，一見和尚或尼姑，多閃避一邊，尤其是在早上碰見，認為是不吉祥、不吉利，還會暗自說一聲「大吉利是」。當時那位尼姑問我，香港人對事佛的尼姑和和尚，為甚麼會如此？我卻一時說不出來。

稍後，我曾多次深入思考。同樣是出家人。香港的天主教，神父和修女，何嘗不是有異於俗世人？同樣都是出家人。神父和修女在學校教書，修女在醫院作護士，極受學生、病人歡迎。他們不但在街上沒有受到歧視，甚至備受禮遇。

我當時心裏在想，是否香港政府對宗教存有偏愛？聖誕節無論是政府和學校都有法定的「公眾假期」，各商業機構大肆裝飾，燈光燦爛，成為市民的盛大節日。也許天主教和基督教多興辦醫院、學校，從事公益事業，深入民心；而佛教的寺院，卻多建築於偏靜山區。環境固然清靜幽雅，卻與世人隔絕。加上神父修女所幹的工作，是入世的教師、護士；和尚尼姑，世俗人所見的，都是在人家喪禮中替主人家唸經作法事，一般世俗人所見到的和尚、尼姑都是在不祥的環境中，因此認為所見的都是「不祥」人物。

其實要破除世俗人的偏見，首先應該提高佛教的社會地位，多與市民接觸，多做些對世人有益的事業，不然和尚、尼姑只替有喪事人家作法事，則難以改變俗世間的偏見。

四姑母

祖父所生的子女，除了夭折的不知是男還是女之外，其他尚存的大都是兒子，只有一位排行第四的女兒，名兆楨，所以我稱她四姑母或叫大姑。

據父親說，四姑母年輕時，有相士替她算過命，說她的「命硬」，結婚會剋夫的。不知有沒有其他原因，還是她真的相信相士所說，長大後決定不嫁。祖父母也順應她的決定，就在新界屯門麒麟圍，興建一所獨立房屋，給她帶髮修行，以事佛終老。

四姑母相信相士所講「命硬」之說，也許是有理由的。我曾見過「如意油」創始人黃祥華的六姨太，她親自對我說過，當年她在廣州居住時，和我祖父母是鄰居。她知道祖母自四姑母出生之後，一連所生的四個子女都夭折，就勸祖母到觀音求子。因為許多人都相信觀音送子是很靈驗的。不知是神靈，還是湊巧，父親就在農曆六月十九日觀音誕出生，按照連夭折的計算在內，父親應該是排行第九，如今我們算是第四房。

六姨太說得非常興奮，她記起當日祖母將臨產時，她非常關心，一聽聞祖母待產，馬上走進來，立即叫四姑母兩腳踏着兩把葵扇，站着不許動。一直等到嬰兒平安誕生後才得離開。這證明六姨太相信四姑母「命硬」，要她在嬰兒出生時，雙腳踏着兩把葵扇，意思是認為她命硬，「腳頭重」，這樣可以避凶化吉。六姨太的做法，多少有點迷信。但她的出發點是善意的，樂意關心別人，也是一種慈愛之心。我和她見面時，她已八十多的高齡，說話聲音宏亮，雙目炯炯有光，神彩飛揚，面露笑容，予人一種精明和藹可親的感覺。這次她所說給我知的，是一樁鮮為人知四姑母的童年往事。

四姑母的生活情況，生活費怎樣來的，我都不太清楚，只知道她每次從新界到九龍，便會在我家住宿，但不同吃飯，因為她吃的是素菜。在素菜中她最愛的是良瓜（俗稱苦瓜），因為她愛吃，常要我都吃。吃時味道極苦，像飲藥似的，十分難受，她說「吃多了便不會覺得苦」，又說「苦盡然後甘來」，那時候我不明她說這句話的意思。如今我也愛苦瓜，每當吃的時候，總記起四姑母所說這一句話和勸我多吃苦瓜的神情。

父親對姑母非常尊敬，她逝世後，每逢年節祭祖，必叮囑母親多煮一碟齋菜供奉。我覺得四姑母能否吃到不很重要，而是父親對姑母「視死如視生」的感情，倘若真的有靈魂的話，她會知道陽間還有一位惦掛她的弟弟。

四姑母是在勝利後不久去世的，辭世時有兩位親弟和一群姪兒在旁，骨灰放在青山寺院旁的骨灰塔，塔的中央是寺院的主持。四邊有樹木圍繞，十分清靜。我自從退休離開香港後，清明與重陽，多年都沒有前往拜祭，內心有無限的愧疚！

一齣感人心弦的電影

抗戰勝利初期，中國電影的題材，多以抗戰為背景。其中最感人的，在我個人來說，是由陶金、白楊、舒繡文主演的《一江春水向東流》。

我記得這齣電影，是在旺角彌敦道勝利戲院上演的，演期之長，據當時報章報道有五十多天，打破了勝利以後在港放映時間最長的紀錄。這樣看來喜歡看這齣電影的不只我一個人。

一部電影能放映五十多天是有原因的。電影的劇情是描寫一對戀人新婚之後，正值抗日戰爭，國難當頭。男的是一位熱血青年，毅然參加抗日的救亡工作，妻子則留在家裏侍奉家婆。家境清貧，捱盡千辛萬苦，幾乎沒法生存，生活只靠年輕媳婦支撐。

男的到了大後方，待勝利復員時，卻結識了一位交際花，過着豪華奢侈的生活，把母親、妻子都忘得一乾二淨了，前後判若兩人。後來妻子在一個酒樓工作，偶然碰見自己的丈夫，痛心欲絕，而丈夫又捨不得離開那交際花，寧願拋妻棄母，最後妻子竟投河自盡。

電影內容世俗老套，是民間經典倫理劇「陳世美不認妻」故事的翻版，但電影的女主角，演繹傳統中國婦女賢良淑德，丈夫原是一位有為青年，復員之後，愛慕虛榮腐化，更牽動人心。再加上抗戰動亂的悽慘情景，是中國百姓飽受的經歷呈現眼前，對戰後初期觀眾更具親切感，而且以深厚中國傳統倫理觀念思想為背景。益加感人肺腑。

我看電影，重看的甚少，此一影片，卻看了三次。第三次是介紹給一位姓蕭的同學去觀看的，散場時見他還用手帕擦眼睛，他有點不好意思地說：「我有點傷風。」因為他曾說過自己是個「硬漢子」，認為「丈夫有淚不輕彈」，但他看後也要掉下熱淚。其實人是有感情的動物，何須掩飾。我雖然看過三次，走出影院，眼睛仍凝着淚光。

賣舊書的小童

九龍彌敦道是上學必經的道路，通常上學時是清早，街上寂靜，又匆匆的走過，路旁有甚麼東西，都不會留意，只有下午放學才會東張西望。

一天下午放學，經過油麻地救世軍的門前，看見擺着一堆雜亂舊書，坐着一個年約七八歲的小童。我在舊書堆中翻來翻去，看看可否找到有適宜我的書籍。幾經翻尋，找到一本莎士比亞小說的中譯本。封面已經不見，是一本極殘的破舊書。我問該小童：「你父母到哪裏去？你是否知道這本書的價錢？」他說：「父親剛剛離開，我知道這本書的價錢是一元五角。」我又說：「你這本書如此殘破，連封面都沒有，怎值得這價錢？」其實我是希望能便宜一些。小童卻說：「先生，你買書是閱讀文字，書本文字完整無缺，只是封面破爛失去了，有甚麼關係？何必計較封面的殘缺！」我出乎意料，那小童竟能說出這些話，除了覺得他是極精明的推銷員外，更覺得他說的話很有道理，不像是小童所能說的話，確是一位聰明靈敏的小童，小小年紀，便跟隨父親擺賣舊書攤過活，不能好好地入學讀書，確使人惋惜。

《論語》有云：「三人同行，必有我師焉。」今天遇到那位小童，亦可為我師了。《論語》所云可得一實證。

在香港的「青年軍」

抗戰勝利後，電影的題材，除了民間在戰亂的倫常片外，亦有以抗戰軍人生活為背景的。其中一齣名為《八千里路雲和月》的影片，內容是描寫中國軍人的生活，許多情節已記不清楚，但其中一節，描寫當政府宣佈抗戰勝利的一刻，士兵聽了，歡喜若狂，相抱跳起來；有些把枱、椅推倒；有些把水杯雜物敲碎，有些將紙張撕成碎片，抛向上空；有些狂叫。總之又叫又跳，亂得一團糟。這種情景，我亦聽一些流落香港的青年軍說過，的確是有這種情況。

我的大哥在抗戰時期，參加青年軍，那時候確實有許多熱血青年，為國家民族，投身抗日隊伍。可是在抗戰勝利，那些青年軍也紛紛復員，不少流落到香港，他們大都舉目無親，四處找尋工作，以維持生計。大哥算是幸運，在港有父母，有立足之地。而大哥所認識的青年軍朋友，有的經常來找大哥，他們來往無定時，遇到家裏開飯，亦毫不客氣，坐下便吃，因為事前沒有準備飯餸，那時我正是發育階段，飯量特大，常常是吃得半飽，但習以為常，也就是這樣和他們相熟了。因此，經常和他們聊天，他們的爽朗性格，所遭到挫折和不如意，更值得同情和敬重。

當時在香港，要找一個工作崗位，並不容易。他們大多數是在學生時參軍的，沒有特別技能和工作經驗，唯一希望是找些教職。若然找不到的，只有重返大陸。曾經有一位姓張的青年軍，沒有復員，留在廣東，被改編在一位廣東著名的將軍名下。其後國軍節節敗退，他說出國軍之所以失敗，其中一個原因，就是上級將領吃「空額」，編制軍隊的人數，其實只有五成，而虛報十足，軍隊實力大打折扣，焉有不敗。這是他逃出軍隊，後來與大哥所說的實況。一天他來探訪，是向大哥辭別的，大哥剛巧外出，他順手在桌上拿了一張字條寫着，我還記得幾句：「……久久未能找到工作，生活無着，今次返回大陸，已置生死於度外……。桂海留字。」

那時候在華南地區，國軍尚未失守，他回去也許再度參軍。我看了這張字條，心裏又感到辛酸難過，為甚麼曾經為國捐軀的大好青年，抗戰勝利了，國家未能安置，致使流落異鄉，生活徬徨走頭無路，真有說不出悽愴悲涼之感。

光榮何價

我家遷到彌敦道，路旁有不少樹齡超過百年的蒼翠大榕樹。整條街道是九龍地區最寬敞、最繁盛的交通要道，兩旁開設的，都是大型的、現代化商店。我住在鬧市的樓上，距離不遠的，有一間中文名為「惠爾肯」餐館（是由英文音翻譯而成的），算是一間中上的餐廳。一天下午，天氣炎熱，我獨自走到餐廳要了一杯菠蘿冰，希望享受一下冷氣，舒解酷熱。

忽然一個穿着破爛軍服的跛子，用一枝木拐杖支撐着行走，手臂挾着幾本《今日美國》的雜誌。這雜誌是香港美國新聞處印行的宣傳刊物，免費贈送市民的。而那位跛子走入店內，向顧客兜售，每本一毫。

這間餐廳雖然不是很豪華的，但也不能容許這個樣子的人，在那裏售賣那種滿街都有的宣傳刊物。一個侍應生面露兇狠，不由分說拉着那跛子，趕他走出店外。他行動已經不便，又受到那侍應猛力的拉扯，幾乎被拉得倒下來，雜誌四散，看見這種慘狀，淚水禁不住掉下來。

想到那位傷殘的軍人，必然是抗日戰爭中，被炸去一條腿，行動不便，找不到工作，國家又沒有好好安置、救濟，致使流落香港。他不知在甚麼地方取得這種免費宣傳刊物，在街頭或到飲食店，向顧客中的善長仁翁兜售，祈望施予一毫幾分，購些食物充飢，卻不僅得不到同情，施予援手，竟被視作乞丐驅逐。

一個英勇軍人，在戰爭時不顧生命，視死如歸地衝鋒殺敵，為國犧牲，保衛國土，何其光榮！一旦抗戰勝利，一般百姓獲得安居樂業，享受勝利的成果，而自己為國家為民族，參加神聖的抗日戰爭者，不幸受傷殘廢，竟被人歧視侮辱，落得這樣下場，人間温情何在？光榮何價？

京士柏

在九龍居住的人，特別是年輕的，總會記得京士柏這個地方。香港光復後，這幅頗大的地方，有許多高低不平的草坪，亦有許多平坦的沙地。我們課餘時，同學都喜歡相約到那裏踢足球。到了晚上，聚集不少情侶，一對對的坐在草地上喁喁細語。

和平後不久，這幅土地的一半，作為建築醫院用途。在興建期間，報章經常報道在地盤上，挖掘出人的骸骨。當時以為是偶然事件，但後來知道這塊地方，曾經在日治時期，是日軍的刑場，許多「囚犯」都在這裏被槍決。

我有一位姓陳的同學，住在東方街，我曾問他京士柏是否日軍的刑場？他說：「在淪陷期間，日軍統治下，每天經常都看見日軍載着一車車的囚犯，都是中國人，送到京士柏那裏槍決。」他說這情況習以為常，他們都看慣了。聽到這些話，想到難怪地盤不時會挖掘出骸骨了。

香港三年多的黑暗統治，不少被殺者，被送去槍決的所謂「囚犯」，是否就是真正的罪犯？肯定有不少是無辜的善良百姓。

今天香港許多年輕人，崇拜日本風氣甚盛，特別喜愛日貨。日本戰敗後，確實自強更新值得學習，然而掀起崇日的熱潮，日本文化也進入香港。回憶當時日軍對香港市民的屠殺以及所過那段悲慘生活，那筆血債，或許港人亦逐漸淡忘了。這樣究竟是「好事」還是「壞事」？

思想與友誼

在中學時代，有兩位頗要好的同學。一位姓徐，一位是姓曾的。

徐同學的家境，同學都不甚清楚。他自己也從不提。他生得英俊，談吐斯文爾雅，絕對是女孩子追求的對象。但他不喜歡和女同學在一起，卻喜歡和男同學參加足球隊，或者玩其他遊戲。我們彼此感情相當好。

在學期中，幾天不見徐同學上課，查問之下，才知道他已經退學。他不辭而別，事前未曾表示過，也沒有一點跡象。大家都猜想他是家境發生了變化？或者是遷居外地？失去了一位好友，心中十分難過。過了一段日子，有人說他是參加了左派的組織，不願和昔日同學見面。這一段友誼無疾而終，只留下一張合照的相片。

另一位姓曾的同學，是九龍荔枝角九華徑村的客家原居民。有一天，他們家族在九華徑一處山頭祭祖，邀請我和楊廣田同學，去參加那次盛大拜祭祖墓的儀式。姓曾的子孫齊集，依次拜祭完畢，烈日當空下，在預先砌好的爐灶，煮好飯菜後，便圍着在地上進午餐。這種祭墳儀式，在故鄉時有所聞，在香港卻是第一次所見。

曾同學身體健碩，平日少說話，為人沉實但不愛運動，和我們班中同學還合得來。他讀了不久，又是不動聲色的，悄悄地返回大陸，投考空軍去了，事後才有人告知，自此我們都沒有他的消息了。大概過了好幾年，有人知道他回到香港，說他情緒極為低落，不知是否受到挫折，情緒起了變化，還是有其他事故，更不想與我們相見了。

這一年代，香港是左派活躍發展的温床，英國人統治香港，在政府嚴禁下，共黨的活動，仍然不斷發展。雖然許多人說，香港人對政治麻木，但思想激進的年輕人，對祖國的嚮往，暗中參加左派的行列，都大有人在，在政府管制下，難怪他們的行動閃縮，也不肯透露自己的政治思想傾向，寧願避開同學交情，不多接觸而疏遠。

檢視昔日單純的友誼，一同攝得的相片，是純真的，又是深厚的，我真的有點懷疑，是否有不同政治理念的，就不能相容？

陳老師所說的二、三事

從小學到中學，對國文和歷史科的興趣最為濃厚，因此對教國文和歷史的老師印象也較深，他們說的話記憶得亦特別深刻。

中學時有位陳老師，名靜波（如果沒記錯）是教國文的，他講課時，經常會加插些題外話。我覺得他所講的，並非無聊之說，卻可以給學生作為人生經驗的借鏡。

一次陳老師說到自己，是「少年得志」，當時父親在社會上有點地位。大學畢業後，便介紹他到一位世伯的公司工作，月薪五百多元。那時候有這樣的薪酬，並非一般人可以獲得。有這樣高的薪金，便縱情作樂，相聚同道的朋友，放肆飲酒，把聲帶都弄壞了。至今說話，聲音低沉而沙啞，說時仍然帶着後悔。他告誡同學說：「許多人都希望少年得志，而『少年得志』，並非一種福氣。」其後家境中落，自己又拿不到以前那樣豐厚薪金，意志日趨消沉，做事也失去動力和信心。

一次，他談到人的「親情」，自認對自己的一位親姪如自己的兒子一樣愛護。其後姪子得了重病，他焦急非常，但晚上躺在床尚能入睡。一次兒子也得了重病，卻整夜不能入睡。他說經過這次的經驗，考驗出自己對姪子和兒子的親情，始終是有點分別了。陳老師的感受是個人的，坦白地吐出自己的心聲，也是肺腑之言。

陳老師在抗日戰爭期間，參加抗戰的救亡工作。日本投降，被派去接收日軍投降任務。他說有一天接收日軍的軍營，發現一張地圖，仔細一看，原來所繪的地圖，就是他的故鄉。家鄉裏只有三塊長麻石鋪成的小石橋，他以前在故鄉走過的，如此細小的石橋，在日軍的軍用地圖裏，也被繪上，使他十分驚訝。可以說明一件事，日本侵略中國，是處心積慮，有長久的計劃，更可證明日本間諜工作，十分細密。

由此使我想起在故鄉時，有鄉中父老常說，在抗戰前，經常有些衣衫襤褸的乞丐，背着一個布袋，沿村行乞。這些乞丐，都不像鄰近村莊的人，樣貌非常陌生。村人一看見背着布袋的都視為是個偷雞賊，厲聲斥喝他離開。老師這段話，啟發我聯想到這件事，也許這些乞丐，就是為日本做間諜工作，到各處鄉村、市鎮勘察各地形勢、橋樑等的間諜人員，否則日人何能連這樣微小的小橋都繪上？

陳老師所說的話，雖然是與課程無關的瑣事，都使人深省。至於說及投降的日軍所繪的地圖，足以說明日本發動侵略中國前，是有周密的部署。

和談

香港的報章和電台，不斷報道國內局勢的變化。淮海戰役，國軍節節敗退。總統蔣介石宣佈下野，總統職務由副總統李宗仁主持。這一消息，港報刊登後，震撼人心。隨即報章又刊登特大篇報道，國共又再度進行和談，這又給予國人極大希望。許多時事評論家，以為和談最大的阻力，是來自蔣介石，今次蔣下野，大家總覺得會舒緩了和談的障礙。

其實，當日的和談，國府大勢已去。記得我在報章上看見一則消息，說國府某一位和談代表，稱國軍實力有多少多少，而周恩來卻瞭如指掌，即時指出國軍的數字，國方代表黯然無語。實則是國府的高層，主和派與主戰派進行政治鬥爭，主和派取得優勢，要採取和談，對軍事力量的懸殊，彼此心中有數，主和派要中共和談，只是一廂情願而已。

在和談時，國府有一位谷正綱（不記得他是甚麼職位）在報章上發表他的言論。我記得其中有：「寧為史可法，不為洪承疇。」這兩句話，一是對夷夏而言（以前對清朝而言），而現在是一國家內爭，雖有點不相應，但可看出這是他對和談的一種表態。

不久和談宣佈決裂，解放軍大舉渡江。國內局勢急劇變化，報販拿着「號外」在街上大聲叫喊，市上又頓然緊張起來，至今我還留着當天那份的「號外」，可算是一個歷史的記錄。解放軍渡江，國府一度遷到廣東，輾轉再遷台灣，想不到國府倉卒、狼狽退守台灣，至今仍然是國、共並存的局面。中國人希望統一，以後能否有再度和談來結束長久以來的分裂局面，又要拭目以待了。

國府遷台以後，我又曾在報刊上見到一則消息，是以前擔任過上海市長的吳國楨（如果沒有記錯），在台灣赴美作寓公時的談話，認為國府的失敗，「不是我的責任」。看了這則言論使人極為反感。他身為當日的政要，多少也有些責任，怎能推得如此乾淨，國府有這樣的官員，怎能不敗？反而覺得谷正綱那句話，有人會說他是頑固派，最少他對自己所作，還有點承擔，像一個人。無論以後歷史如何對他評價，他那種肯承擔責任的「人格」，反而使人尊敬。與吳國楨相比，相差得更遠了。

李宗仁和白崇禧將軍，是抗日的民族英雄，在「台兒莊」一役，我對他們極為崇拜。記得在香港淪陷前，在旺角戲院看一輯《台兒莊戰役》的紀錄專輯時，國軍戰勝日寇那一刻，熱淚像泉水般掉下。腦海中的印象至今猶新。想不到由他主導的和談失敗之後，由於政見不同，遂遠至美國作寓公去。

最後李宗仁返回大陸，我在電視熒光幕上，看見中國政府派了代表去迎接他，其中一位是清末宣統皇帝——溥儀。看了這輯新聞的人，相信心裏自然明白。我那時真的替李宗仁難過，昔日崇拜的抗日英雄，結果如此下場，被人戲弄尚不自知，政治是如此殘酷，也如此滑稽！

北角山上一座豪宅

沿着一條斜坡，步行約十多分鐘，便到達一個小山丘，這裏環境幽雅清靜，在我們學校旁邊，有一座頗為豪華的大宅，四周有高高的圍牆。屋內養有幾隻大惡犬，聽聞人聲，便大聲吠過不停，使人生畏。

屋外經常有人在大閘門前徘徊，都是男子漢，當中還有穿着破舊的軍服，不時的叫喊，說的多是夾雜方言的國語。那時候我聽不懂普通話，不知他們在說甚麼？只覺得像吵罵聲，有人拿着石塊向屋內擲去，發出玻璃碎片的聲響。他們久候不見有人，悻悻然離去。

起初，我不知道是甚麼一回事，這種情況屢見不鮮。有一天在報章上，看見一則新聞，說以前在東北主持接收日軍投降的那位將軍熊式輝，是住在北角山上某座豪宅，我才恍然大悟，原來這座豪宅主人，是一位顯赫人物。其後又有報章刊登，國軍勝利時，軍隊復員，熊氏曾向國府提出，不要輕易復員，須作好善後工作，政府未有接納建議，東北軍隊接收工作，受蘇聯多方阻撓，又未有妥善處理，致使解放軍在東北壯大，直接影響大陸軍事形勢。

熊式輝住宅受到流亡人士的騷擾，大概是他昔日的舊部，認為他在此作寓公，有豪奢享受，而舊部卻流落街頭，希望能獲得一點接濟，在失望之餘，才作出粗暴行為，作為洩憤。當時的流亡軍人，尚能沉得住氣，不致衝門而入，只在四周喧嘩叫囂而止，算是相當抑制的了。

不時憶起，昔日奮勇抗日的無名英雄，不死於戰場，卻流落香港街頭，生計無着，如何度日，不禁使人感慨萬千。

住在祠堂和樓閣的解放軍

廣東每個時期的動亂，我們家裏的祖屋，都逃不了被徵用的命運。如國民政府時代，南方軍閥混戰，日軍進佔大亞灣，甚至解放軍南下，房屋都被軍隊強佔作為營房。但今次解放軍到來，只徵用宗祠和樓閣，其他地方仍可自用。

恰巧那年的舊曆新年，學校有十多天假期，父親老朋友孫文寬伯伯，送給我和弟弟兩張來回惠港直通車票，於是我們興高采烈地回鄉和母親過新年。

返抵故鄉，進入東門，門庭都是穿着淺藍色棉襖的解放軍，說的都是普通話。舊曆新年是故鄉隆重熱鬧的節日。那時候，民間依然保存舊有習俗，可以張貼對聯和揮春。不過揮春的內容文字，都增添了新意。這顯示出在新形勢下，要迎接新時代的開始。

新年家家戶戶歡樂團聚，但看見那些解放軍，沒有休息，吃的也不見有特別菜式，連新年初一那天，一早如常到海壩上斬樹，整天的工作，黃昏回來，吃過晚飯，還要圍坐在門庭，聆聽長官訓話，然後各自倒在地上睡覺。明天起來，又重複日常的例行工作。偶然看見有些士兵，一有空便坐在牆邊角落，擦去流下的淚水。他們也許看到各家各戶新年的歡樂氣氛，觸景生情，懷念自己家中親人。正如唐詩中「每逢佳節倍思親」，可見王維寫盡古今人性的親情。那時候我想，此時又不是戰爭時期，解放軍的長官為甚麼不給予士兵一點歡樂時刻？是否軍人生活必須如此，或許免得他們在休閒時間去思家？

解放軍住的地方是祠堂上下兩廳，還有部分住在東西兩座樓閣，他們紀律甚嚴，絕不打擾我們所居住的範圍，而且態度極為友善。正因如此，一次好玩頑皮的我，在門庭看見一位士兵棉褸背後穿了一個小洞。我正在燃燒爆竹，順手把一個小爆竹，輕輕放在棉褸的小洞，隨後用香枝點着，突然硼的一聲，把他嚇了一跳，棉褸洞口裂得更大。他回過頭來，不但沒有生氣，還露出微笑。

新年過後，我和弟弟返回香港。相隔一天，解放軍便宣佈封鎖邊界，不許任何人離開國境。這次真的幸運，倘若遲走一天，便會被留在故鄉，前途必然有很大改變，或許日後的偷渡潮，我會是其中一個，亦有可能被大魚吃掉。一個人的命運，究竟是偶然還是必然？

階級鬥爭

抗戰勝利後的香港，共黨勢力日益壯大。香港的左派人士也活躍起來，滲入各工商業的機構中。

九龍油麻地的新新怡樂餐室，在該區算是頗有規模的，員工也不少。餐室最大股東是酒店業鉅子許讓成和陳耀衡先生。經理是陳耀衡，我父親任副經理，他們三人都是同鄉，也是年輕已認識的老朋友。

陳世伯的家鄉距離我們故鄉最近，大概只有七八里路程。中國人的傳統觀念，到海外謀生，若有能力時，對家鄉的子弟，便多加照顧。當香港光復後，許多年輕人不願長年過農耕生活的，陳世伯當了經理，便一一安排在自己管理的餐室工作。當初，在餐室工作的子弟，在陌生的環境，自己又沒有專長，加上有些言語不通，獲得棲身之所，已相當滿意。其後參加了「華洋工會」，工會是左派活動的溫床。餐室職工，多是較低薪的勞工，正好是工會吸納的好對象。在工會的推動下，以老闆為資本家，工人是勞動階級，勞資不兩立，實行「階級鬥爭」。

陳世伯僱用鄉親子姪，原來是善意的，為他們脫離農村生活、出外謀生的橋樑，沒想到自己子姪會向他批鬥。於是店內經常出現大字報、小傳單，批鬥在上的管理層。我父親任副經理，自然也是他們要鬥爭的對象。

起初，只是用文字攻擊，其後行動再升級。不斷地煽動員工，影響店中正常工作，陳世伯不能再忍受了，想將其中一位攬事子姪辭退。於是和父親相議，決定預先警告，若屢勸不改，才採取辭退辦法。那一位員工獲悉之後，也許有工會背後支持，進行暴力的鬥爭了。

也許陳世伯那位子姪，尚有點念及親情，明知主要是經理作出的決策，但把矛頭轉向父親。一天父親晚上當值，近深夜二時，坐着一向預定的東洋車回家。車停在門前，那位姓陳的員工，預早潛伏在梯間閃出，父親落車之際，拿出一包胡椒粉末，撒向父親的眼睛，便飛奔逃走。幸好有眼鏡遮擋，不致受到傷害，雖然黑暗的街道上，仍可認出是那位姓陳的所為。為了安全，隨即到旺角警署報案，這是我陪伴父親第一次上差館（警署）。自此之後，有一段頗長的時間，為了安全起見，我在每晚父親回家的時刻，便站在門口等候。

餐室員工，在左派工會的支援下，經常鬧事，生意大受打擊，最後終於結業。這樣的事，在當時的香港，只是冰山一角！

「地主」與「富農」

解放軍揮兵南下，軍隊號稱解放軍，是標幟着要為人民服務，解放百姓的痛苦。故鄉中的人，都以為從此翻身，想不到政局略定，隨即進行各項的政治運動。

開始進行「三反」、「五反」。我們家人在故鄉的，只有二嫂。家中唯一的產業，是母親畢生辛勞節儉得來的一點積蓄，買了鄰村一塊稻田（可種一升穀種的，村人買賣稻田不是以畝計，而是以田可種多少種子為計數單位）和兩塊菜園地，僅此而已。但卻被村中幹部評為「富農」，並捏造以前他是小童時，到我家求乞，被弟弟將牛糞放在他碗上的荒唐事。二嫂被監管，失去自由，不能離鄉到香港和家人相聚。

堂大嫂的家境稍為好一點，也不外是可以自給自足，更被幹部評為「地主階級」，受到嚴厲的清算，我們聽聞家中傳來的消息說，以前大伯娘準備身後事的一副棺材，被清算搬走，眼見由兒子（堂大哥）預製的壽木被群眾打鑼打鼓的抬走時，哭得死去活來（我年幼時也曾看過那幾塊大木材，聽說是祖父從老遠出產木材地方選購運回來的。後來堂大哥把木料造成「棺材」，放置在閣樓，我的膽子小，每逢經過那裏，一看見那棺材，便急腳的跑過去）。一個「地主階級」，連一副棺材都被清算搬走，其他可想而知了。

堂大嫂兒子崇德雖然早已加入共黨，因母親卻被評為「地主階級」，於是不得已，要母子劃清界線，脫離關係，才得保住工作。堂大嫂在長年痛苦、抑鬱下，喉嚨沙啞了，進而失聲，說不出話來。她只有一個獨生兒子，一切都寄望在他身上，要脫離母子關係，可以理解是何等哀傷。在不斷的鬥爭下，終於致死。

我想起解放軍南下那一年的農曆新年。我和弟弟從香港回鄉過年。貼揮春的時候，我知道堂大嫂兒子參加了東江縱隊，我便把一張新思想又前進的揮春「歡迎解放軍」貼在她房間的門楣上。大嫂看見了，我以為她會高興的，想不到要我馬上撕去，再換一張傳統吉祥語的「四季平安」。幸好這件事我沒有向別人說過，如果當日被清算時，知道這件事，更會罪加一等。

堂大嫂被評為「地主階級」，不知道憑甚麼標準？而我家被評為「富農階級」，委實是極其荒謬的事。

祖業

祖父所經營的產業，除了一座祖屋之外，還有許多田業和商業。商業在祖父去世後，很快給二伯敗去了，只剩下田地。田地還能保留的原因，是祖父把所有田契交給四姑母保存，縱使日軍侵佔香港，四姑母到處避難，逃到甚麼地方，都把田契帶在身邊。四姑母謹慎保存，二伯父無法取得田契去變賣。到四姑母去世前，又把田契移交父親，所以田契能保存下來。

解放軍席捲大陸之際，故鄉的一些子姪，認為田業將會被「共產」去了，建議要將所有田產分家，各家隨時賣掉，可以免被「共產」或沒收，他們將建議寫信告訴父親。我記得父親覆信中有一句「寧為玉碎」，斷然拒絕。那時候父親在族中輩分最高，最受尊敬，田契在手裏，其他人不能作主賣掉，所以祖父的田業，能完整保存着。

解放軍南下，政治改革運動中，「三反」、「五反」，雷厲風行，所有的田業無論多少，都被清算。祖父的田地由於沒有分家，都歸在祖父名下「祥源堂」，因此要清算的只有已謝世的祖父。其他各房人都避免受「地主階級」清算之苦，只有大伯父一房，由於自己私人有一點薄田，被打成「地主階級」。想不到父親的堅持，拒絕分家，有些姪子不滿，卻救了幾房人子孫，免受「地主階級」清算。

如今，故鄉的田地，通通都被收為國有。回到故鄉站在西門外，遙望昔日在秋天時節，大片金黃色禾穗，已變為一片荒土，沒有人耕種，以後又不知怎樣變化？不禁懷念舊日祖父艱難所創之業，子孫敗不了，今天被公家收歸國有，卻變為荒土。更想不到的是父親當日被視為頑固不靈和不識時務，卻成為日後的救星。但有誰能了解他為了保持祖業的苦心，造成一件意外的收穫？

一個人的「得」與「失」，怎樣計算？

父親老朋友——鼎勳伯

陳鼎勳是父親幼年時認識的老朋友，也是我熟稔的世伯之一。他比父親年長十歲，他的家鄉是鄰村，名叫「土灣村」。抗戰結束後，父親回鄉祭祖時，鼎勳伯同時亦返鄉，父親遂帶我去探他的舊居「雍雅山房」，是他早年教學的私塾，彼此在舊日的私塾相敘。私塾庭前有很多蒼勁老樹，四周牆邊仍長着花草，屋內寬敞整潔，環境幽雅清靜，可以想像是昔日村童讀書的好地方。

鼎勳伯在私塾教書時，課餘愛閱讀醫書和勘輿學書籍。到了中年，新的學制在鄉村興起，私塾式微，於是前往香港謀生。到了香港，不能重執教鞭，便在九龍大角咀一間中藥店當主診中醫師。聽說當時有一位病人求診。他跟病人按過脈後，便對病人說：「你的病是老病。」由於他說本地話說得不正確，把「老病」說成「攞命」，病人聽了嚇得面無血色，在惶恐中又問：「這病是不是沒法醫治的？」後來藥局掌櫃先生替他翻譯說：「你的病是『老病』，不是『攞命』。」病人才鬆了一口氣。由於鼎勳伯年紀大了才到香港，廣府話發音不正確，遂鬧笑話。

鼎勳伯除了行醫之外，還兼職替人看風水，擇吉日。而且還不時替老朋友算命，不收酬金的。或許他看風水，要經常在崎嶇山頭野嶺行走，有足夠運動，七十多歲年紀，仍然紅顏白髮，健步如飛。

父親在年輕時，有位相士替他批命，批命紙中只到六十歲就沒批了。父親年近六十時，不時拿出批命紙細看，很不開心，又半信半疑的說：「也許壽命將盡了。」我為此事曾請教鼎勳伯，若批命紙僅批到六十，是否壽命就是至此而止。他說：「一般批命，是按照時辰八字來計算的。以你父親的時辰八字，確是只能批到六十為止。」但他又補充說一句：「一個人的命，並不能單看這一點，有好心腸是可以延壽的。」我聽了他所說的話，希望真的如此，但當時我卻有一種感覺，他也許是安慰我罷了。

之後，我細心思考，好心腸是否真會延壽？處世為善，不可為非作歹，當然有種因果關係。從命理上說似乎有些玄妙。不過父親為人，絕不做傷天害理的事，而且又肯幫助別人，如果他認為誠實可靠的人向他求職或者代介紹工作，他無不竭盡所能。對自己眾多的姪兒，都盡心盡力照顧、協助，除非力有不逮，這是我深深知道的事實。說到好心腸可延壽，是極玄妙不可知的事，就我父親來說，活到七十五歲，超出那張批命書多十五年，這卻是事實。

鼎勳伯是一位好好先生，樸素而老實。他半生替人看風水，不少顧客是殷商巨賈，如果不是他本着誠實秉性，像一些江湖術士，說得天花亂墜，多賺金錢絕對沒有問題，但他至臨終時還是一貧如洗。

聽大哥說，當鼎勳伯臨終前，對他說希望能見我一面，不知是甚麼原因，可惜未能找到我，始終未能達到他的期望。想起此事，心裏就有說不出的歉意。

衣上的兩個袋

香港淪陷，父親取道澳門，避難到廣州灣。

父親返港後，說起在廣州灣過的是逃難生活，許多時沒有工作，加上天氣炎熱，聚集在一棵大樹下乘涼。那裏的人大都是從香港逃難來的，偶然的機會，遇見曾在香港認識的朋友，是先施百貨公司的始創人馬應彪先生。

與馬先生在樹下聊天，閒談之際，馬先生提及他創辦先施公司的艱難時刻。他說百貨公司開張了，久久都未見有人光顧，職員非常擔憂，他總是安慰職員要耐心一些，切勿灰心。公司內的一條長廊，他在末端裝了一個特大的玻璃鏡子，偶然有三兩顧客，走到長廊的盡頭，不知是鏡，經常碰着頭顱。職員便請他把鏡拆去，他不同意，堅持要安置在那裏。認為如果顧客碰過頭之後，卻會牢牢記得，是在某公司碰的。這是一個替公司作宣傳的絕好方法。因為在當時，百貨公司是新興行業，尚未有宣傳設計的廣告公司出現，而他已經明白到廣告的效益。不灰心，堅持信念，先施百貨公司終於冒出頭來，成為香港百貨公司的領導地位。

父親還說了有關馬先生一段話。有一天，馬先生忽然問父親：「老蘇，你知道衫的兩個袋，是有甚麼用的？」父親聽他問得奇怪，順口隨便回答：「是裝零碎物品的。」他說：「錯了！你知道不知道，衫的兩個袋，一個是『袋錢』的；一個是用作『袋氣』的。無論你是做職員也好；做老闆也好，都要受氣的。把氣袋了便可用另一個袋『袋錢』。」父親極讚賞馬先生的目光敏銳，累積人生經驗，尤其是商業上處理人事，要沉得住氣，才是營商的首要條件。

香港光復後，他的子弟大都是公司董事，其中一位是馬文輝先生，不知道怎的喜歡推動社會文化事業，他舉辦了一個講座，有一天，他親自打電話給我（其實我與他並不認識）邀請我在他的講座中作一次講演，由於我的工作很忙，婉拒了他的好意。馬文輝先生是商業世家，卻能專注社會文化事業，是難能可貴的事。我未能相助，心裏有點歉意。

下編

在新亞書院四十年

第六章

入讀新亞書院的四年

——生命中的轉捩點

中國大陸政局的變化，不僅帶給香港工商業繁榮；同時為香港是「文化沙漠」除名，使它成為具有傳統文化氣息的城市。

在國內的政局不可逆轉情況下，不斷有大量資金流入香港，亦有不少工商業專才流入。同時還有國內部分知識份子和教育專業人士，紛紛逃到香港。香港原有英國殖民地色彩的高等教育，又慢慢地醞釀出具有中國傳統文化特色的專上教育，與百多年來英國殖民地高等教育同步發展。

新亞書院的創立，正是香港現代教育發展史上一個最具代表性的例子。我進入新亞這一階段，不僅是香港教育新發的醞釀時期，又是我生命歷程中一個重要轉捩點。

入讀新亞的緣由

從小學到中學，我對歷史科的興趣始終較為濃厚。特別是中國歷史，所以上中國史課，老師講課我總是聚精會神地聆聽。

在中學時，何格恩老師教中國史，所用的課本，是國內世界書局印行，由余遜所編寫的《高中本國史》。何老師沒有介紹余遜是甚麼人（後來才知道他是著名學者余嘉錫的兒子），卻介紹我們參考錢穆著的《國史大綱》。何老師說：「作者錢穆先生，是近代一位著名的史學家。他沒有進過大學，年輕時從事教學工作，由小學教師到中學教師。多年刻苦自學，其後，一躍而為大學教授。」跟着又說：「錢先生是我在北京燕京大學研究院的導師。」當時我們讀的只是高中本國史，而何老師介紹我們閱讀、參考的，是一本國內「部定大學用書」，也許是要我們進一步加強中史的知識和識見。聽了何老師介紹錢先生的簡介，產生了仰慕之情，便將錢先生的名字牢牢記在心上。

其後，事隔多時在一個早上，偶然拿起報紙，在港聞版中刊載一則很小的特訊：今天晚上七時卅分，深水埗桂林街新亞書院舉行文化講座，由錢穆先生主講，題目為「老莊與中庸」。看後，我馬上想起何老師曾介紹過的錢穆先生，竟出現在香港，十分高興，晚上按時跑到桂林街，找到新亞書院校舍，聆聽演講。

上到四樓，走進講室，見坐滿了聽眾。除了部分也許是書院的學生外，其他不少是中年人或年老人。我想這些聽眾，若不是熱心學術，怎會走上四樓在極其簡陋的課室聽講？當晚，我非常留心地聽了一個多鐘頭，錢先生講些甚麼？都沒有聽懂，全不明白。只能看着黑板上所寫的有關幾個字。錢先生個子不高，穿着一件藍色長衫，講話時總是面帶笑容，一邊講，一邊在講台上踱來踱去，態度從容。內容雖然聽不懂，卻被他的抑揚頓挫的聲音和風度吸引着。

日後，我之所以考進新亞，是先經何老師介紹錢穆先生，再親自前往桂林街「新亞」聽錢先生的講演，這是啟導我進「新亞」攻讀中國歷史，以及日後研教中史所走那條漫長道路的緣由。

港大教授林仰山

新亞書院在桂林街時，請了香港大學林仰山教授講演，講題已經記不起了。他講話的口音，是很地道的普通話，如果不是親眼見他是一位西方人，還以為講者是中國的外省籍學者。後來才知悉他是英國人，又是香港大學中文系的系主任。

林仰山教授，曾在中國大陸山東濟南大學任教。當時王書林先生在教育部擔任督察，大概是考察評估教授的工作。聞說他當時評估林教授的報告是頗有意見，想不到今天林教授身在香港，又是香港大學的中文系主任，而王書林先生，則在新亞書院哲學系任教，二人又得重見，不知會面時有何感想？

抗日戰爭爆發，日軍佔領山東。由於林教授是英國人，被日軍關進集中營。他在集中營內的幾年，只有一本書，是錢穆著的《先秦諸子繫年》。他經年熟讀此書，極為欽佩。二次大戰結束後，林教授到了香港，擔任港大中文系主任。知道錢師在港創辦新亞書院，親自前往新亞書院拜訪，並邀請錢師到香港大學中文系兼課。錢師以新亞事忙不容分身為推辭，遂推薦劉百閔、羅香林教授，其後二人轉為專任。同時，錢師所著《先秦諸子繫年》一書，亦在香港大學增訂重印，相信與林仰山教授頗有關係。

從林仰山教授與錢師一段交往來看，可以體會到錢師創辦新亞書院，是具有一種文化使命，不惜任何艱苦支撐下去，絕不是為了名利，他曾自謂：「雖或名利當前，未嘗敢動其心。」如果要為個人的名利，此時垂手可得，何必推辭而轉介別人。

友聯出版社

友聯出版社，是香港五十年代創立的，事業發展相當迅速。團體的主要成員，大都是來自祖國大陸的流亡大學生和年輕的知識份子，只有一兩位年紀較大的文化界人士，亦可說是具有英氣勃勃的年輕人匯集的機構。

友聯出版社在五十年代，所出版的刊物，適合兒童的有《兒童樂園》；迎合中小學生的有《中國學生周報》；適宜大專學生和知識份子的有《祖國周刊》；更有對象是中學生的《活葉文選》。所出版的刊物，可說囊括不同年齡的讀者，成為香港這一時代極有生氣、至為活躍的出版機構。

在新亞第一年的暑假，許多同學都到友聯出版社做暑期工，我亦通過友聯出版社主持人之一史誠之先生介紹，到友聯做暑期工作。所做的，是幫助《活葉文選》主編趙聰先生。當年趙先生覺得香港一般中學生，只在國文課本中讀幾篇中國文學的文章是不夠的，也不全面。他重新精選一些中國歷代文學中不朽作品，再加分析、注釋。對象是讀中學的學生，輔助他們多了解中國文學的精華，加強學生對文學的修養。

趙先生選了幾篇文章，要我先撰寫作者介紹和內容分析。我記得其中一篇是李斯的〈諫逐客書〉。我介紹文章的作者李斯時，說李斯是秦代一位「偉大的政治家」。最後送給趙聽先生審訂時，他不同意我的說法，把這句刪去了。後來我才明白，當時大陸正醞釀一場「政治運動」，就是「揚秦」，推崇法家思想、宣揚秦的專制政治。我曾經閱讀過大陸一位極端激進的學者文章，更加說成秦代由於不夠專制，才導致滅亡的論調。友聯出版社的成員，都是從大陸流亡到香港的，不滿共黨的專制統治，是很自然的事。而我認為李斯是一位「偉大的政治家」，他們當然不以為然了。

友聯雖然是一個出版社，我總覺得這一群知識青年，對國家、民族的災難，以及對政治都是熱衷的。所以對祖國大陸的動態非常關心，並收集不少國內的報章。將各報章影印一份後，把它剪貼分類，作為研究國內政治、經濟、文化、教育種種資料。當時《祖國》刊物中許多文章，都是從這些資料分析出來的。難怪當時有人說友聯是「第三勢力」了。

後來不知怎的，這一群知識份子，卻各散東西。聽說友聯研究室所剪貼下來的大陸報紙資料，賣給浸會學院（現改為大學）。那時候大陸報章上的消息是否可信，頗成問題，但無論如何，這批資料，亦不失為研究中國共產黨建立政權初期，相當有價值的材料。

趙聽原名崔樂生，他研究近代中國文學頗有造詣。他所寫的白話文，文筆簡潔、流暢，我以前看過近人曾虛白先生的白話文非常欣賞，趙先生寫的可以和他相比。我經常看見有些在《祖國》發表文章的作者，是友聯研究室的研究員，文章發表前，常坐在趙先生旁邊，唸給趙先生聽，他坐在搖椅上，一面搖着椅子，一面閉着眼睛，聽作者一字一句的唸着，字句稍有不妥善的，毫不苟且，要作者刪改。

當年，趙聰先生年紀已不小，和年輕人聊天，總是感情真摯，風趣橫生，真可與他的名字「樂生」相符。趙先生已去世多年，想起「友聯」這名字，必然引起我懷念這位老先生。

幾位政要之後

新亞書院早期，教職員和學生，人數雖然不多，而所匯集的師生中，不少是清末、民國政要人物的後人。我不知道的，相信還有不少。

文史系中一位女同學名李家淑，聽說她是清末李鴻章的孫女（有人說是曾孫女），她為人溫文、隨和，與男女同學都極為友善。我們一同修讀中國近代史課程時，講到「中日甲午之戰」，她邀請我們到她的家裏，參閱有關的資料和圖片，這些均是李鴻章所留下來的珍貴史料。可惜我們尚未擬定前往的日期和時間，她卻中途轉學前往美國就讀了，錯失了參考第一手歷史材料的好機會。

有一位是翁凌宇（舲雨）老師，是清末翁同龢的孫子。我在研究所時，他擔任我們英文科老師。翁老師雖然是兼課，其他的工作也很忙，但他的教學和批改習作是非常認真的。可惜他只任教了一年，便去了美國。

還有一位是藝術系的老師曾堉先生，也聽說是清末曾國藩的後人。我與他不認識，但藝術系的教室離研究所很近，所以和他常有見面的機會，不久曾先生亦離校，到了別的地方。

其後，新亞書院加入為中文大學的成員，聘請了一位總務長袁家麟先生，聽說他是清末袁世凱姪孫。那位總務長，由於在事務上，我和他爭辯過，所以特別留下深刻印象。

此外，還有一位是中文大學的英文系系主任袁鶴翔，聽說也是袁世凱的子孫，據說甚得英文系學生敬重。

在清末，曾國藩、李鴻章、翁同龢與袁世凱，都是中國近代史上的顯赫人物，而他們的子孫，在動盪時局中，各散東西，恰似唐詩所說：「昔日王謝堂前燕，飛入尋常百姓家。」而新亞書院卻能匯聚昔日一些叱咤風雲人物的後裔，也是一時的風雲際會。

雙十的聚會

記得有一年的雙十節，同時又是新亞的校慶。師生舉行慶祝會後，晚上有部分同學，又轉到友聯《中國學生周報》社舉行雙十座談會。座談會邀請了一位特別嘉賓講話。

講話的嘉賓原來是一位昔日叱咤風雲人物的張國燾先生。我讀現代史中有關中共的黨史，知道張國燾先生在共產黨的地位，當年與毛澤東不僅是並駕齊驅，甚至有時還凌駕在毛澤東之上。但在共產黨的鬥爭中，張國燾被鬥垮了。五十年代流亡到了香港，這時他和香港普通市民沒有甚麼分別，那會想到他是與毛澤東爭雄的顯赫人物？我在座談會上見他的時候，已經是一位老人家了，臉上卻顯露出慈祥、和藹可親的樣子。怎似是在政治場上角逐的鬥士？

張國燾先生當晚的講話內容，已經記得不很清楚，但他講話的神情，還留下深刻印象。當晚我聯想起，今天在大陸的毛主席，可呼風喚雨受到千萬人的崇拜歌頌；而張國燾則在一報社座談會中，只有一百幾十位學生聆聽他講話。兩個人的成功與失敗，真有天淵之別。難怪有些共產黨中人，不求爭利，而拼命的爭權為尚了。

新亞校歌

早期新亞書院，是沒有校歌的，在第二屆畢業典禮上，才開始唱校歌。

記得有一天中午，經濟系王健武同學，從張丕介老師辦公室拿了一張，錢穆院長撰寫新亞校歌的歌詞，準備拿去給當時香港著名音樂家黃友棣先生配曲。歌詞上，有一句寫的是「四億五千萬神明子孫」。錢院長撰寫時再把原稿刪改為「五萬萬」。當時我們一向都說，中國有四萬萬五千同胞，而錢院長也注意到當今中國人口與時俱增，人口數字亦跟之而加增為五萬萬了。想不到距今僅半個世紀，中國人口已增加至近十三億了。中國人口增加的速度確實驚人。

新亞校歌歌詞，王健武同學拿去給黃友棣先生配曲前，在場的幾位同學首先朗誦一遍，讀到第三部分：「手空空，無一物，路遙遙，無止境。亂離中，流浪裏，餓我體膚勞我精，艱險我奮進，困乏我多情。千斤擔子兩肩挑，趁青春，結隊向前行。珍重珍重，這是我新亞精神。」彼此間環顧當日學校的環境和師生的心情，正是如此，感同身受。歌詞又像督促我們，要負起傳統文化使命的千斤擔子，趁青春結隊向前行。配曲完成了，同學為了要在第二屆畢業同學典禮上唱出，我們便開始一次一次地練習唱起來，唱得非常興奮。

第二屆畢業典禮，是在九龍青山道一所俱樂部舉行。新亞校歌是第一次學生集體正式開始唱出。校歌有鋼琴伴奏，同學們唱起來格外起勁。而今我們在校內各刊物上所看到校歌歌詞的那一張紙，就是當日拿去給黃友棣先生的原稿，想不到那一張校歌的原稿，便成為新亞校史上的一幅珍貴資料。

唱完校歌，由錢院長致辭。當晚錢院長在致辭中，情緒非常高漲，對於中國文化的前途，說得慷慨激昂。又說到「新亞書院絕不會關門」時，更使我激動地流下熱淚。覺得錢院長不但對中國的前途，而且對中國傳統文化具有無限的堅定信心；對新亞書院在艱苦中要繼續辦下去的決心是如此堅定，當時師生間和諧的氣氛情景，在我的腦海中，永不磨滅。歌詞中「千斤擔子兩肩挑」任重道遠的文化使命，在錢院長所撰的歌詞上，確實是他心坎裏所蘊藏的真話。

商學院昔日老師

新亞的前身是亞洲文商學院，後來才改為新亞書院。新亞書院仍設有經濟系和會計系。經濟系系主任是張丕介老師；會計系系主任是楊汝梅老師。現今許多同學都知道創辦人是錢、唐、張三位，其實新亞初期在桂林街時代，楊汝梅老師是重要的成員。楊老師在大陸金融界是頗負盛名的，不過為人低調，許多同學除了會計、經濟系早年畢業的校友外，大都忘記他了。

楊汝梅老師在大陸雖負盛名，但他為人謙遜、温雅，說話時聲調低沉，又不喜歡交際應酬，在學校除了一些經濟系、會計系修讀他課程的同學和他接近外，其他文、史、哲的同學很少與他接觸。楊老師在香港只有夫婦兩人，在大陸有沒有兒女，卻不太清楚了。楊師母是纏足的，也有一定年紀，極少到外邊活動。他們生活非常樸素，簡單儉樸到難以使人相信。在桂林街時期的新亞，教授的薪酬微薄，節儉固然有此需要，後來薪酬都改善了，他們仍然沒有改變過，十年如一日。香港的社會不斷的改變，他們夫婦生活似乎感覺不到，在現今的社會中，確難找到這樣的學者。

桂林街時代，商學院的學生較少，學生上課偶然遲到，授課老師只有坐在課室等候，其中卓如來和高君湘老師的課，經常出現這種情況。

卓如來老師後來的去向，很少人提及，也許昔日修讀過他課程的會知道。高君湘老師在新亞遷到沙田後，回過香港探望兒子。原來他的兒子就是香港中文大學第三任校長高錕。許多同學都不知道高錕校長的父親是高君湘老師，曾經是新亞書院早年的元老教授。我想高君湘老師怎樣會想到新亞會發展成為中文大學的書院成員之一，而自己的兒子又會當上這所大學的校長。別後數十年，有此機緣得以見面，而高老師亦垂垂老矣。

高錕校長在任時，雖然擁有「光纖之父」的美譽，但與同仁會面，從沒有高高在上傲氣，平易近人。治校有民主作風，在任內頗有學生對他不滿。他所推行的學生問卷，被認為是改進教育的一種途徑；也有師生對他本人的評卷在合格線之下，而他亦處之泰然。可說是一位真正具有民主風範、值得敬佩的校長。

講授「公民」課程的兩位老師

新亞大二的課程，有一科「公民」，講授的是梁寒操（均默）老師。據說梁老師年輕時，當過記者，當年在廣州記錄孫科的講詞，刊登在報上，孫科看了大為讚賞，其後進入仕途。在國民政府時期，擔任過中宣部長。大陸政權轉移，到了香港，曾經在培正中學任教，不久錢院長聘請為兼任教授。

梁老師個子不高，講課相當風趣、幽默，不像曾當過高官。上課時經常說些小故事，其中一個故事，是他自己的經歷。他說抗戰期間，到了韶關，當地人士邀請他在農村作一次演講，講題是「三民主義」。他接到邀請後，覺得聽眾大部分是農村人，文化水平不高，而講的卻是三民主義的複雜問題，怎樣才能使他們聽得明白。其後靈機一觸，想起廣東農村舊曆新年家家戶戶都喜吃的糕餅。於是走到講枱上，解釋甚麼是三民主義，開始便說：「你們鄉村過新年，所吃的炒米餅，不是在餅上都印有三個字，一個是『丁』字，一個是『財』字，又一個是『貴』字。今天我講的三民主義，就是講『丁』、『財』、『貴』三個字。丁就是民族主義；財是民生主義；貴就是民權主義。其實三民主義是很顯淺的。三民主義，就是講丁、財、貴。」於是群眾聽了，就明白三民主義所講的是甚麼一回事了。

聽了這個故事，的確使人佩服梁老師的聰明、機智和靈活應變。難怪有人稱譽他為「高要才子」（也許他是高要人）。梁老師不僅是政界中人，也是一位學者、書法家，他的題字，許多地方都可看到。他在教「各體文習作」課程時，在同學的習作簿上所批的評語，都被收藏起來，作為墨寶保存留念。

梁寒操老師講授「公民」課程，上了半個學期，因台灣中央廣播公司急於聘請他就任董事長，不得已便辭教職往台灣。書院中同學舉辦一個盛大的「送別會」。除了梁老師講話之外，錢院長、陳伯莊等老師也相繼致辭。梁老師坐在台上，見他眼眶露出閃閃淚光，不時用手帕抹眼睛。散會時，錢院長對我說：「今天，你們這個會名為『送別會』，應該改為『惜別會』。」錢院長也許體會到師生間的情誼，用「惜別」兩字更為貼切。

梁老師赴台灣後，「公民」課程由陳伯莊老師接替。記得陳老師第一天走上講台，開宗明義地說：「梁寒操先生，是一個三民主義信仰者；而我是一個自由主義信仰者。」開頭兩句，便表明兩人的立場不同，他的意思是向我們表明課程是同一個，而觀點卻有分別。這可說明大學教育自由的可愛，亦見陳老師為人耿直、坦率。同時也使人認識到梁、陳兩位老師的思想與觀點不一樣，但可以「和而不同」，正是前輩老師的可貴處。

夢想成真

早年的新亞同學，多來自中國四面八方。我曾翻閱過同學的籍貫名冊，最少有二十個省市。他們大多數是隻身逃離故鄉的。

新亞的創校目的，是希望能保存中國傳統文化，承傳中國傳統文化的種子，免得被馬、列主義的洪流淹沒。其次也希望流落異鄉的年輕人有求學的機會。所以當時的新亞書院，被視為來自各地的「難民學校」，說得也不錯。

在新亞曾經和幾位不同籍貫的同學閒談，我說：「他日若有機會回到祖國，我們各自也返回故鄉，在各地都有同學，如果去旅遊，都會有同學招待，多麼方便。」談到這方面，大家都有同感，並充滿喜悅之情；同時也憧憬未來真有這一天來臨。但冷靜一點想想，以當時的局勢來說，是渺茫得很，談何容易，似乎近於幻想。

祖國經過數十年不斷鬥爭，又歷十年「文化大革命」的洗劫。時至今日，大陸改革開放了，政策不斷地放寬，國民政府以台灣為反共的基地，也逐漸改變了，兩地的官員也得彼此往還，我們昔日覺得是遙遙無期的願望，是一種夢想，而今都可以說是「夢想成真」了。

雖然機緣已經到來，但早年那批同學，有遠走歐、美，固然久居不返，落地生根；就是留在大陸邊緣的香港，大都已成家立室，子女成群，香港便成為他們的第二故鄉；第二代已成為香港的永久居民了。舊日相聚聊天的，以及其他同學，據我所知，返回故鄉居住的，只有寥寥幾位，留居香港的都已退休，又是白髮蒼蒼，進入古稀之年，垂垂老矣。縱使有些返抵故鄉，目睹一切又是面目全非，自己只能當作探親、觀光而已！

昔日的夢想，雖然能成真，但已時移世易，歲月也不饒人，奈何！

上莊子課

新亞文史系課程，有專書選讀，其中《莊子》這一課程，是由錢院長擔任講授。

《莊子》專書選讀是一學期課程，一共十三週，我們修讀這一科目，錢院長在講授的十三週中，只在《莊子》的內篇講了「逍遙遊」、「齊物論」和「養生主」三篇而已。

錢師講授《莊子》時，也曾撰寫《莊子纂箋》一書，是一本《莊子》的注釋。錢師上課，一開始便說，你們可以參考《莊子纂箋》，但不要只讀此書。自莊子以後，古今注解《莊子》而極具價值的各家著作，很多都應該參考。《莊子》一書難讀，是不爭之論。宋人蘇軾亦曾稱自己只能懂得四成，以東坡的才智，尚且如此，何況是初學的人，非靠注釋輔助難以了解。錢師叮囑同學不要只讀他的著作，必須讀郭象的《莊子》注解。他認為郭象是注《莊子》極重要的學者，千萬不可忽視。而錢師不僅稱譽郭象莊子注，更認為是研讀《莊子》一書的基礎。同時亦勸同學要多參考清人王先謙的《莊子集注》。這書是集各家注《莊子》較完備的著作。一般學者對自己的著作，總覺得比前人好，也比前人完美。而錢師講授《莊子》，有重要注釋的著作，都一一推介，足見錢師的治學胸襟。

錢師講授《莊子》，一字一句都作深入解釋。首先徵引古今各家的注解，然後分析，再提出自己的意見，所以進度非常緩慢，整個學期，只能講授三篇。他教的是一種精讀文章的方法，這三篇只是一種示範作用，去啟發學生的讀書方法。

兩位「旁聽生」

錢賓四老師講授任何課程，都有一位頭髮和鬍子都皓白的老人坐在前排。他的年紀比錢師還要大，總是聚精會神地聆聽。在星期日晚上的文化講座，也少不了他出席。有些同學在背後竊竊私語，認為那位老頭子是附庸風雅。

日子久了，才知悉他是錢老師在文化講座時認識的朋友。他是在大陸時是頗有名氣的沈燕謀先生。他仰慕錢師的學問，同時自己又好文史之學，不辭辛苦，要爬上四樓的課室，旁聽錢師的課。這頓時使那些帶有諷刺性的批評，轉變為敬佩他的好學精神。

據悉，沈先生早年是與胡適之先生同期赴美留學的，歸國後，在張謇的工業機構任職。他與蘇曼殊也是朋友，我曾閱讀蘇曼殊文集，也提過他的名字。他雖然不是讀文史的，但他所交的朋友頗有些文人雅士，難怪他對文史有如此濃厚興趣。

新亞書院遷往農圃道後，有了一座獨立圖書館。圖書經費多了，學校便聘請他為圖書館館長。於是他為了增置古籍，聯絡一些專門收集從大陸流入香港線裝書的書商。那時候適值大陸把那些古線裝書都視為反動的、有封建思想的書籍，沈先生藉此機會購入不少。今天新亞研究所藏有珍貴的線裝書，大都是沈先生經手購買的。據說，沈先生在大陸家裏所藏的書籍，也流散到了香港，他還親自看見過。新亞圖書館能獲得那一批珍貴的線裝古籍，沈先生是功不可沒。

沈先生也確實是一位和藹可親的年長學者。他任圖書館長時，我是研究生，他知道我所寫論文的題目，就把新購的圖書中，有關我論文的資料，親自送到我的研究室。我想這樣的圖書館長，是很少有的。

沈燕謀老先生在同學、朋友中為人隨和，但在家裏卻是一位具有舊家庭式嚴肅的長輩。記得有一年的農曆新年，我們有幾位研究生，到他家中拜年。我們剛剛坐下，門鈴一響，傭人一開門，突然間，一群青少年男女一擁而入，急急走進客廳，不理會客廳中有沒有客人，便立即下跪叩頭，大聲向爺爺拜年請安。像這樣的禮節，在現今時代，已經見不到了，但沈老先生縱使流亡到了香港，在一個洋化的都市，自己更是受過洋人教育的，還堅守着舊的家規。

另一位比錢老師年紀稍輕的，也是錢師授課時的常客。後來知道他曾希望作為旁聽生，不知怎的書院教務處都沒批准，而他仍然在座旁聽。原來他名叫孫鼎宸，在大陸時，曾經是知識青年組成的青年軍的長官，軍階不甚清楚。在抗戰勝利後，又做過江蘇無錫警備司令。他管轄的地方是錢師的故鄉，不曉得是否早認識錢師，或者是仰慕錢師的學問去聽課的。據說孫鼎宸先生妹夫（或姊夫）是當時山東省省長王耀武將軍。其後王耀武在國軍節節敗退時向解放軍投降。而孫先生卻流亡到了香港，過着流亡的生活。他每逢新亞文化講座，必然出席，並且將各位講演者所講的記錄下來的筆記，加上他到處搜羅其他同學所作的筆記資料，再作參考補充，修訂編為《新亞文化講座》一書，所以和我接觸多了，漸漸稔熟起來。

記得有一次，我和趙潛兄在研究所辦公室談話（趙在研究所任總幹事）。孫鼎宸先生忽然走進來，我見趙兄立即肅然起敬，站起來和他講話。事後我問趙：「為甚麼你要肅然起立，站着和孫先生說話？」趙說：「我當年在青年軍時，他是我的長官。」他倆流亡到了香港，已經不是軍旅生活，無上下級隸屬關係，但他們在相處上仍保持着軍人的本色。

許多人批評，國民黨在大陸失敗，貪污是最大原因之一，這種說法並無道理。我所見孫鼎宸先生流亡在港，所居住的地方，是在九龍佐敦道渡船街一座大廈的二樓，用木板間成面積不足百呎的騎樓房。兩夫婦過的是極其清苦的生活，這是我探訪他親眼目睹的事實。

兩位年長的「旁聽生」，都是曾身任要職的人，流亡到了香港，對國家的關懷，仍然是熱熾的。在自己無能為力之中，仍致力於一些文化工作，可見這些早年在五十年代流亡人士生活的一斑。

新亞桂林街時期的困境

新亞書院舊的師生，都知道新亞桂林街艱苦困難的日子。但怎樣困難，現今許多新亞的老師和同學，對實際情況或許不甚了了。當然最清楚的，莫過於當時主管財政的張丕介老師。

桂林街校舍的租金，最初是王岳峰先生捐出的。不久他生意失敗而破產，再無能力支付。當年昂貴的租金，又無法靠學生的學費支付。而創校的老師，大都是從大陸逃難來港的窮書生，學生也多是流亡來香港的，生活有困難，不是全免費，便是繳交半費，而且學生人數不多，學校收支極不平衡，只靠一些老師微薄的稿費支持，或者靠些熱心友人資助。書院當時很難獲得香港政府的資助，或官紳巨賈的支持，錢院長只好到台灣謀求經濟上的援助。

當年需要開支的費用多少，我們都不大清楚，據我所知，每月昂貴的校舍租金，總務長張丕介要四處籌措，都不能準時繳交。不能依時交租，又不想出現業主登門索取的尷尬情況，經常要我預先代張老師到業主家裏，請求通融延期繳付。業主住在鄰近一層樓宇，是一對年輕夫婦，也許是四邑的歸僑，幸好多次都能獲得他們的允許，難關一次一次的渡過。由於這個緣故，彼此都相熟了，每次當我前去敲門時，他們便知道我的來意。

當我讀到《新亞生活雙周刊》，中文系系主任潘重規老師悼念張丕介先生一首詩：「魯國真男子，剛腸似古人，河山蹈海淚，黌舍避秦春。鬻釧艱危際，懸車寂寞辰。最憐匡濟略，鬱鬱到窮塵。」這首詩確實道出新亞書院創校初年在桂林街的艱辛，而張丕介先生的性格，與籌措經費的困難，在這首悼念詩中顯露無遺。就籌措校舍租金艱難這一項，我是親自體驗到的。

舊居五：深水埗桂林街六十一號新亞書院宿舍

新亞書院的宿舍是在四樓，是我第一次入住學生宿舍。

宿舍住了好幾位同學，除了我和胡栻昶、梁崇儉三位是廣東人之外，其中陳建人是遼寧人、錢其瀚是江蘇人、徐子貞是福建人。彼此雖來自不同省份，有不同習慣，卻相處得十分和洽。

三樓住的是錢賓四老師，我們總覺得錢師是極為嚴肅的，一次在露台上往下望，見錢師與余英時下棋，面露笑容，余英時則處之泰然，毫無畏懼之意，十分詫異，原來余英時是余協中老師的兒子，與錢師又有世叔姪的關係。

住在宿舍，與張丕介老師和唐君毅老師見面最多，也了解兩位老師的生活習慣。張老師的教學，和平日生活都是一致，有條理、有規律、有閒情；唐老師上課總是有說不盡的話，特別是夏天，說來滿頭大汗，平日則沉着埋頭看書、寫作，其他事情都要唐師母來安排。兩位老師，都有一特點，特別是對自己系的同學，猶如子弟一般。每逢有大時節的日子，便邀請沒有家室的同學共享佳節，目的是減少他們離鄉背井的傷感。

在宿舍有數位同學居住，自然是嘈雜一點，也許張老師對我上他的經濟學課程成績頗佳，晚上他外出時，便叫我到他的書室做功課。有時還選擇他著作的書籍給我閱讀，我當時有一種感覺，他是希望我轉讀經濟系的，但張老師從沒有提出，正是老一輩老師為人之道。

記得某一年，除夕那天所有同學，若有家庭或有去處的，都離開宿舍。新年初一，我要返宿舍取些東西，開門不見一人，只見陳健人床上的棉被聳起，被面不停的顫動，我把棉被揭開，原來他在新年佳節清晨，思鄉情切，禁不住而淚水縱橫。正顯示流亡者的悲哀！

一次，我要查一個字，見梁崇儉桌上放着一本字典，拿來一用，崇儉卻一手搶回，放入書櫃內，嚴厲的說：「這本書是不能動的，是我哥哥被共黨殺害後留給我唯一的遺物。」崇儉同學平日所作所為，我頗多不以為然，聽了這句話，卻使我肅然起敬。

桂林街時代雖然簡陋，但師生相處有和洽温暖之感，師生間共同展望未來，都抱有美好的願景。

從前的桂林街，沒有甚麼印象，只有附近的北河街，在香港淪陷前，市民義賣捐款救國的熱烈景象，烙下不可磨滅深刻印象。戰前桂林街我沒有到過，而今住了幾年，周圍的環境也較為熟悉了，現時重遊舊地，新亞書院桂林街的校址，亦被拆掉，正興建為其他用途了。

長風社

新亞早期的學生，要辦一些學術活動，非常困難。因為寫好一篇文章，沒有今天那樣有方便的電腦，隨即可以打字印出來。昔日的學生，要出一些簡單刊物，就得用臘紙在鋼版上抄寫，再油印出來。抄臘紙時，力度一定要均勻，這不是每個人都會抄寫的。今天的學生進行學術活動，比以前容易，幸福得多了。

在桂林街時，各系雖有系會組織（系會最先是文史系，是我和胡詠超、楊遠三人創立的），除了幾個系有壁報之外，其他人數較少的系，就未能出版壁報。當時除了一些系別有自己不定時的壁報，還有一些跨系別的，由志同道合的學生所組成的有「縱橫社」，他們着重點是偏於時事評論。此外又有「長風社」的組織，成員亦是跨系別的，出版刊物的內容是綜合性，而較着重文、史、哲方面，當時參加的同學就以文史系、哲教系和經濟系的同學較多。

「長風社」的成員，每月有一、二次集會，討論一些問題，並在「長風社」壁報上撰寫文章，及出版簡訊等。還有不時邀請錢、唐、張等老師出席座談會，講述他自己喜歡談論的任何問題，彼此圍繞坐在一起，老師不像在課堂上那樣嚴肅，師生間談話較輕鬆，算是一種活動的教學。此外還有各種集會、茶會、旅行等活動。會社的組織，不僅有學術交流的一面，而且更重要的，可聯繫各系同學感情，消除同學們在系別上的隔閡。

而今，隨着時代的不停轉變，昔日相聚的一群「長風社」同學，也各散東西，遍佈世界各地，偶然看見以往「長風社」的成員的消息和相片，緬懷舊事，又是半世紀的往事了，但那份濃郁感情，依然留存在心中，沒有消失。

武訓

據報章刊載，大陸當時正在清算武訓。起初我不知道武訓是甚麼人，更不知道為甚麼會被清算。

後來從張丕介老師口中，得悉武訓是山東一個乞丐，把行乞得來的錢儲蓄起來，興辦義學。他是一位傳奇人物，受到省內外人們的敬仰。

張老師隨後又說：「武訓是清末時人，我幼年時，在武訓所辦的義學讀過書的。每天晨早上課前，同學們都會到武訓像前行一個禮，顯示出學生對武訓的尊敬。武訓由於家貧行乞，沒有讀過書，立志要辦一所義學，終於如願以償。武訓辦義學時，四處訪求老師任教。我的父親就是武訓親自上門叩頭跪拜，邀請擔任武訓義學老師的，這也是我在武訓義學讀書的原因。」張老師說起武訓的事，又聽到大陸清算武訓的消息，表現出無限的慨嘆！

張丕介老師在新亞書院擔任總務長，也是主管財務的。當時新亞的教授，都是來自大陸的流亡窮學者，在香港要辦大專，既無憑藉，更無官紳、富豪資助，只靠一些熱心教育的流亡學者與商人，甚至僅拿到微薄的稿費支撐。張老師說起武訓，環顧新亞當前的處境，確有切身的感受。

記得在中文大學任教時，有一位在新亞較後期畢業的同學，後來又成為同事，他在一個文件上寫着「新亞前期的老師，都是帶着流亡的心態」。這句話從他上文的意思來看，是一種貶詞。我看了覺得他不但沒有體會到當時創辦新亞的前輩老師的苦心與精神的可貴處，反而是帶有一種輕佻、諷刺的意味。

桂林街與新亞

最近傳出九龍深水埗桂林街某一座樓宇將會拆除重建的消息。該座樓宇，剛巧有幾個單位是新亞書院早期租用過的校舍。

這次要清拆桂林街那座樓宇的消息傳出後，即引起中文大學新亞書院畢業校友的注意，他們呼籲校友能否想辦法保存新亞的舊址作為紀念。有人覺得這種可能性不大，除非政府有別的用途。因為現今的香港社會，處處講求利益，倘使真的要私人保留，非過億元不可。縱使新亞書院校友有此心意，還會有許多其他問題，恐怕難成事實。但是，校友提出這一構想，卻顯示出校友愛護新亞書院之情，是極其難得的，因為桂林街時期的新亞，正是象徵着「新亞精神」。

提起桂林街新亞的校舍，自然地會聯想起新亞初年租用桂林街這幾層樓宇，租金在當時來說，是相當昂貴的。校舍租金是新亞董事王岳峰先生捐出的，王岳峰先生慷慨捐助，是極不容易的事。

我與王岳峰先生不熟識，只是見過一次面，就是我為《新亞校刊》向各董事、老師募捐作印刷費時，親自到王岳峰先生寓所向他勸捐。他捐得很少，出乎意料之外。那時我心裏覺得，他是一位大企業家，如此吝嗇，有點奇怪。後來才知道那時候，正是他的生意失敗而破產。他從上海逃難到香港，生意與資產已經打了折扣；加上他在沖繩島投資建築機場的失誤，損失慘重以致破產。後來連長年跟着他的一位家庭廚師臧師傅，也委託錢老師代為照顧，其後由錢師安排他在農圃道主理學生膳食部工作。從這一點可見王先生是一位頗重情義的人。

新亞書院既租了桂林街的校舍，但由於王先生破產，無法支持，新亞書院便在極艱難中度過。早期的師生對這段艱苦歷程都有親切感受，後來雖然遷到農圃道，有自建的校舍，師生仍然懷念着。但到了沙田新校舍，新亞的師生也漸漸淡忘了，只從舊照片中看到新亞書院在桂林街幾層樓宇懸掛的校名，和唱校歌時唱出「這是我新亞精神」的句子了。

沒有桂林街的校舍，也許沒有今日的新亞；沒有王岳峰先生的資助，也許沒有桂林街的校舍，桂林街校舍和王岳峰先生的名字應連在一起。而今新一代的新亞書院師生，連桂林街也已忘卻，更遑論王岳峰先生的名字了。

記桂林街四年足跡最後的一刻

在新亞書院四年的寄宿生活中，結束那天，我是最後的一位留宿宿生。清晨一早，我走進課室，空無一人，只見牆上留下的黑板，和一些學生坐過的零散雜亂椅子，心中不禁流露出有一種惘然的感覺。

頃刻，總務長張丕介老師走進來，到各課室巡視了一遍，臉色十分沉重的對我說：「新亞書院在這些年來，雖然經歷了無數的艱辛歲月，但同時亦難得培育有新亞師生的奮鬥精神。如今要遷移到一所有獨立圖書館、演講室、宿舍等等俱備的新校舍，在煥然一新的環境中，我頗擔心新亞書院師生孕育出來那種奮發精神，是否能保存？」語言中我感到張老師說得語重心長，亦極為沉重的一段說話！也許張老師在新亞書院期間，無論在人事上的交往，抑或校舍的所有設備，都是他親手處理的，所以在臨離開前的一刻，總存有一種極難捨的情懷。

隨後我走到樓梯轉角處，除下錢老師掛在牆壁上所寫的「新亞書院大學部」的一塊木板，並叮囑校工，請他好好存放在新校舍，這是新亞校史上最有價值的歷史文物。我想，這塊牌匾，可能要收藏一段日子，期待香港中文大學創立，才能重見光明！

雅禮代表——郎家恆牧師

新亞書院接受美國雅禮協會的資助後，雅禮協會在新亞設一位代表，協助與院方進行有關事宜的商討。

記得有一天下午，我在教務處閱報，同時還有陳伯莊老師在場，忽然來了一位外國人。他首先用國語介紹自己說：「我叫郎家恆，是雅禮的代表。」他所說的是頗為純正的國語。那時，唐君毅和張丕介兩位老師都不在，我只好請在坐的陳伯莊老師來招呼他，因為他是到港後第一次到學校的。而陳老師卻用廣東話對我說：「他是一個年輕小伙子，用不着怎樣去招呼他，讓他好好地坐下便是了。」陳老師說這話時頗帶着冷漠的樣子，且有點傲氣。那時候，我雖然覺得這樣對來客有點不很客氣，但內心上卻又欣賞陳老師表現出堂堂正正中國人的本色，更不以他是負責資助新亞的雅禮代表，便要特別禮待。於是郎家恆牧師便坐在一邊，等候張丕介師下課後，接見他商討一些有關事務。

到了農圃道新校舍啟用後，郎家恆牧師兼任一門大一英文課程。班中的同學有些是基督教徒，郎家恆牧師便向張丕介老師請求，可否在校內成立一個「查經班」。張老師卻斷然婉拒這位雅禮代表的要求，足見新亞的前輩老師，不會因為他是外國教師，又是資助新亞的雅禮代表，而去遷就他改變在校內不容許有任何宗教活動的原則，這也顯示出新亞前一輩老師如陳伯莊是留美的，張丕介是留德的，卻沒有一點崇洋意味。

調景嶺一間小學

今天的調景嶺，已經變成了一個全新的面貌。但回憶起來在五十年代，那裏只是一個難民營，使調景嶺和難民分不開。

在五十年代，現今發展蓬勃的將軍澳地區，昔日仍是一片荒地，也是一個垃圾堆填區。我和兩位同學到調景嶺參觀時，目睹下面的堆填區中，有三五成群小童在那裏拾荒，對這一情景，還留下深刻的印象。

步行幾經辛苦，才走到調景嶺，在難民聚集居住的地方，舉頭一望，到處都是飄揚着青天白日的旗幟。他們大多數是從大陸流亡到香港的軍人或者是政界人士。這批人原本是住在摩星嶺的，後來政府把他們移徙到調景嶺，這塊地方便成為難民的集中地了。我們在各街巷中經過，那些街巷的名字，許多都是大陸都市或省縣名稱，甚至是自己故鄉名字。這些人而今流亡寄居在這裏，依然有心懷「故國」的心情，難怪他們仍然懸掛着青天白日的國旗，和豎起一幅巨大的標語牌，寫着「無忘在莒」的大字，盼望重返家園。

最使我難忘的，不是處處蓋搭的木屋，或者是用鐵皮搭建的小房子，而是一間小學。校舍蓋搭得僅能遮避風雨，書桌也是用泥土凝固而成的泥柱，放上一塊木板，便是課室的桌椅了。而興辦這所小學的，聽他們說是一位比利時（或是荷蘭）的女傳教士。以前讀書時，在許多歷史教科書裏，對外國傳教士的看法，受到近代列強的入侵，國人對西方的傳教士到中國傳教，都有不良印象和反感。而這次參觀那一所簡陋學校，看到那位女傳教士不畏艱苦與困難，在這樣惡劣的環境中為難民辦學，使我對她那種熱情教育這批中國難民子弟的行為，激發起敬重之情。她是一位外國人，為何犧牲自己舒服的生活，要跟中國流亡的難民，過着艱辛日子。世事真的不可以偏蓋全，這是我親眼目睹的一件難忘往事。

對調景嶺那批難民，當日的香港人，有的說他們是「孤臣孽子」；也有人視他們為「貞忠之士」。不管怎樣，日子久了，有部分人逐漸遷移到市區，成為推動建設香港繁榮的一份子；亦有人移居台灣或海外。事實上，現今在台、港兩地的政界、工商界、文化界和歌影界出色人士，不少人曾經居住過這塊難民聚集地——調景嶺。

太學社

前兩天，聽到胡詠超太太說，梁崇儉不久前在台灣去世了。這一消息來得十分突然。去年在一個婚宴上，我和他同坐一桌，覺得他身體仍甚壯健，還是像以往一樣，在任何場所中，總是滿場飛，到處和舊同學、熟識的朋友應酬，打招呼。開席時，仍然滔滔不絕，議論縱橫，神采飛揚，數十年如一日，一點也沒有改變。

聽到他去世的消息，使我想起四十多年前，他要辦一張「太學報」的往事。他要辦「太學報」的原意，是希望承傳東漢時代「太學清議」的遺風，以太學生批評時政為楷模，他的構思是很好的。他本人非常活躍，個性熱愛政治，不知道是否與他的父兄都是軍政界人物，尤其是他有一位兄長是被共產黨所殺有關？所以他在新亞讀書時，對政治興趣極為濃厚，亦經常批評時政。張丕介老師曾對我說過：「梁崇儉同學是最熱衷政治的，他喜談政治與時局。」連老師也知道他的個性。他畢業後在中學任教，銳意組織「太學社」是很自然的事。

梁同學辦太學報，邀請文史系的同學參加，除了胡詠超和我之外，還邀請黃建業和徐子貞，他要我們幾個人作為基本撰稿人。初時，我們以為出版太學報，寫點議論時政的文章，沒有多大關係。其後，他正式向我們提出組織「太學社」的事，要我們幾個人參與其事，大家都沒有心理準備，卻不置可否。其後經過深思熟慮，大家決定婉拒，不參與其事。原因之一是辦社、辦報，經費從何而來？二是這一組織是否一種政治性組織，都沒有清楚說明，沒有交代。此後他組織「太學社」一事怎樣，我們也不太清楚，只知道我曾認識的一位姓郭朋友，曾受他邀請參加而終於退出。

不久，梁同學辭去了在香港中學的教職，前往台灣發展。他是否在台灣任職教師，或是專心籌辦太學社，不得而知。但他曾郵寄一張太學社出版的《太學報》給我，太學報是正式向政府登記，成為批評時政的刊物。他的心志，終於達到了，我衷心祝福他有志者事竟成的剛毅精神。

某一天，他來找我，要我介紹中大副校長金耀基教授給他認識。我知道金副校長，一是工作甚忙，其次金副校長對政治非常敏感、謹慎，不一定肯替他寫文章。後來有沒有為他寫文章，我也不清楚了。

我雖然沒有參與太學社，但總覺得梁同學立志要創辦太學社的堅持，那份熱誠和努力，我是十分佩服的。他那種幹勁，熱愛政治，從讀書時期開始，直到去世，始終如一，可說是矢志不移。只可惜他生在這一年代，沒有時勢的配合，難得充分的發展。

梁同學除了那種堅毅不拔的性格外，最使我留有深刻印象的，是他對失意兄長的生活長年的照顧，毫無怨言；對母親的供養，在日常生活上的照顧，無微不至，的確是能實踐孔夫子所言孝道的最高境界。

信教

李啟祥同學是一位虔誠基督教徒，是新亞最早期的學生。他說當年新亞書院院長錢賓四老師，要到教育司署辦理各種手續，都是由他陪同前往的。他在新亞不久，便往南洋教書。後來還是重回香港，再返新亞完成文史系課程，但已經耽延四五年的光陰了。

李同學回到香港，為了生活，便在九龍城太子道某一座二樓教會的福音堂兼職。有一天星期日晚上，我和他相約在福音堂做完禮拜後，到街上買點東西。

到了相約的時間，我進入福音堂，有數十名信徒坐着，聆聽牧師講道，我便坐在聽眾旁邊等候。待牧師講道完畢，以為可以散會，可是牧師隨即向信眾宣佈說：「信了教在二十年以上的，請起立。」有些聽眾站立起來。他再說：「請信了教十年以上的，亦站起來。」又有些人站立了。牧師繼續說：「請今年才信教的，也站起來。」全場的人除了我之外，全部都站立了。牧師看見只有我一人還坐着，又繼續說：「現在想信教的，亦請站起來。」而我仍然坐着不動，只低着頭，聽聞那位牧師，像祈禱的聲調說：「希望主給他的力量……的話，請那一位想信主耶穌的站起來。」我依然動也不動，垂着頭，牧師又重複的說了幾遍，我都沒有反應，牧師無奈只好宣布散會。這樣我以為可以散會了，但那位牧師隨即走過來，邀請我到一個辦公室坐下，拿了一支可樂給我，詢問我是否有甚麼問題不能解決的；或者是否想去告解之類的話。於是我坦白的對他說：「謝謝你，我沒有甚麼問題，也沒有不能解決的事，更不是想告解，對不起！我亦從沒有想過要信教，到此一刻為止，也沒有想信教的念頭。我來到這裏，只是等候相約好的同學李啟祥而已！」牧師聽後，只說：「請你日後多來聽道，我們非常歡迎你的來臨。」

我認為那位牧師的確夠耐性，對自己的工作也非常盡責。但只覺得他的傳道態度，不是令人真正的想奉信，而是有點強人所難，在不好意思的情況下，去表達出自己的意向，而且顯示自己傳道的成功。用這種傳道的技巧，我覺得絕非一種正確的傳道方式。

我年幼時曾經聽父親說過一個故事：據說英國有一位牧師請人捐獻，有一個人走來，本來想奉獻一個「便士」的，他錯誤拿了一個「斯令」放進了奉獻的布袋。他既然取不回來，再想一想，轉一念頭，向牧師說：「誤投了一個『斯令』，是否上帝一定會保佑我多些？」那牧師即時說：「你既然心中是奉獻一個『便士』的，而誤投一個『斯令』，上帝還是接受你一個『便士』，不會給你更多的祝福。」故事所描述那位牧師的說話，着重「真誠」兩字，這樣傳道確實比較使人信服得多。

農圃道校舍奠基禮

新亞在桂林街時代，校舍極為簡陋，後來獲得美國雅禮協會的資助，首先在九龍城嘉林邊道，臨時租了一座洋房，作為第二校舍。師生要在桂林街和嘉林邊道兩邊上課，十分不便。不過這只是正式接受雅禮資助後的一段過渡時期。

其後，在雅禮的大力資助下，書院當局選定土瓜灣農圃道一個地段建築新校舍。新亞書院的校舍建築費是美國人捐助；土地是港英政府（當時香港仍是英國殖民地）撥出；而辦學的是中國的學者。現今中文大學主事者，高調提倡要大學走向國際化，其實新亞在農圃道時期，便具有國際的色彩了。不過學校的主體，學校的決策權，還是掌握在中國人的手上。

記得農圃道校舍的奠基禮，相當隆重，除了師生和來賓參與外，還邀請港督葛量洪爵士主持奠基典禮。參加典禮的同學無不興奮雀躍，期待新校舍早日完成，免得每天兩地走讀，師生舟車勞頓，且浪費時間與金錢。

奠基那天，使人印象最深刻的，是奠基石下所藏的「鐵函」。鐵函內藏有《中華民國全國地圖》及《香港地圖》兩幅、中華民國國旗、四書五經、《舊約》、耶魯贈書、《新亞學報》、《新亞概況》、錢師所撰《孔子與春秋》、《國史大綱》，以及香港當天的中、英文報紙，香港與美國貨幣各一套。又在《中華民國地圖》背面，有師生題名錄，我很高興在題名錄上也簽上了名字。當時心裏在祈求，希望鐵函內所藏的一切，存在基石下，和新亞書院長存。

農圃道的校舍和設備僅用了十多年，到了新亞與崇基、聯合成為中文大學成員之後，新亞書院遷往沙田，便為永久的校址了。據說新亞書院在農圃道的校舍，大學當局曾建議作其他用途，但新亞董事會取得港英政府的同意，把原有校舍送給「新亞書院文化事業機構」，主辦「新亞中學」和「新亞研究所」。因此，基石仍能保持不動。

原有農圃道新亞校舍，可以由新亞文化事業機構繼續使用，據悉是得力於當時任新亞書院董事長唐炳源先生的力爭。到最後階段，尚未正式簽約時，唐董事長不幸去世，新亞同仁頗為擔心，恐怕事有變化。新董事長李祖法先生，繼續爭取，結果，香港政府仍遵守承諾，使新亞同人期望創辦一間中文中學，經過多年波折，得以落實。自是新亞書院從中學、大學、研究所，終於完成較完整的教育系統。這不能不說是唐、李兩位董事長努力的結果。

舊居六：土瓜灣農圃道六號新亞書院宿舍

新亞書院接受美國雅禮協會的資助，在農圃道興建了三座大樓，一座是圖書館，樓下是教務處及教授的辦公室；一座是圓亭，二樓是演講室，亦可作較大課室之用，下面有許多石椅子，可作同學休憩之所；另一座最大的是教室，地下至三樓是課室，四樓是禮堂，可容四百多人，五樓就是我搬入的宿舍了。

新宿舍較諸桂林街宿舍設備完善，人多了，自然較嘈雜，但社交來說亦較廣寬，我是研究生的身份，住在五樓，研究室就在圖書館旁，晨早六、七時可到研究室，亦可至深夜離開，正是埋首研究的最佳環境。

校園中央的一塊草地，是晚上宿生談說聊天的好地方，要坐的，可在圓亭下面的石椅，要仰臥的可在草地上，彼此可高談闊論，儼然如自由講場。

由於學生人數眾多，設有一飯堂，由學生組織一委員會，監察主辦飯堂的人，原意可給學生練習作監管方法與吸取經驗。記得一次，監管委員會要求開除辦理飯堂的章師傅，他們不知道章師傅是錢院長的好友王岳峰先生的老廚師，王先生是資助租賃桂林街校舍的（如果沒有桂林街的校舍，新亞書院能否存在是一個疑問），其後他生意失敗破產，再不能僱用章師傅，便託錢師照顧（可見王先生對錢師秉性的信任及對一位老廚師的情義並重），而正好書院要辦飯堂，錢師便安排他去主理。學生並無平衡雙方利益，只顧單方面爭取學生的利益，便與章師傅發生磨擦，成為一場飯堂風波，這使錢師極為難堪，亦愧對王先生的委託，這是椿不幸的事故（飯堂風波，我不甚清楚誰是誰非，但我認識章師傅多時，知他確實是一位老實人，難怪王先生對他的信任，否則不會委託一位好友代關照的）。

宿舍的管理極為鬆懈，不僅在校園內，晚上仍可自由活動，雖十時半關上閘門，同學回來，或到外邊宵夜的，都可以攀過鐵閘，從未受到責備。我最難忘的，是與唐端正經常到一間大排檔宵夜，那一碗牛腩河粉的味道，除了在台灣有一間可以相比之外，至今尚未吃過同樣好的味道。

在農圃道宿舍住了五年多，留下深刻的印象，直至結婚時才搬出，卻有依依不捨的感覺！

熱心教育的酒店業鉅子——許讓成先生

人生中有時真的巧合，我啟蒙的小學，名「大中書院」，校監是旅業鉅子許讓成先生；而我從事教學到最後退休的學校，是「香港中文大學」，簡稱「中大」。前者是「大中」，後者「中大」，反過來便是「大中」，這樣說來是有點牽強。但最巧合的，還是中文大學新亞書院，其中一位校董又是許讓成先生。確是一種緣分。

新亞書院誠明館的會議室，重新裝修，費用全由許讓成先生孫許耀君用祖父名義捐助。在會議室啟用禮時，新亞書院院長金耀基教授，邀請許氏家人參加開幕禮，許讓成長子許國浩先生亦到來參加。

金院長同時亦邀請新亞書院院友會成員參加開幕禮，我也在被邀請之列。平時這種活動，我是很少參加的，而這次的捐款人許讓成先生，是先父的老朋友，許國浩也曾是先父的學生，基於這種因緣，我覺得應該出席這一盛事。

早年大中書院的校長是朱克柔；校監許讓成，小時候我們兄弟都稱他許伯伯。先父亦經常談起他，講述他的一些瑣事。根據父親說，許先生年輕時在家鄉只帶了八毛錢前往香港闖天下。起初，在一間鋪子當練習生。店鋪每逢一個月的初二和十六日「做禡」（是昔日香港商鋪的俗例），都準備一頓豐富的飯菜，而店中的「掌櫃」（相當於經理）經常欺負他，開飯時叫他到外邊買這樣那樣。等到買回來時，餸菜差不多吃完了。其後，他知道掌櫃先生有意捉弄他。有一次掌櫃又重施故技，要他到外邊買些醬油回來。他高聲的說：「我已經準備了。」其他的職員豎起大姆指同聲地說：「小子真聰明！」

許伯伯是以勤儉起家，成為香港酒店業的鉅子。有一年，他計劃辦一張街坊報刊，請父親約我（其時我正在新亞讀書）到新樂酒店酒菜部飲茶，目的是希望我協助報刊的編輯工作。當時我以讀書為理由，婉拒不便參與其事。

其後，錢院長邀請他加入新亞董事會。記得一次他參加書院活動時，會場上要移動一些椅子，許先生是以董事身份參加的，而他卻親自動手搬移椅子，有如同學、校工般落力，沒有一點架子。可見他凡事都親力親為的性格，他的成就不是全靠幸運。

許讓成先生出身農村，家境清貧，讀書不多，因此他對教育極為重視。他早年創辦大中書院，其後資助孔聖堂中學，晚年又為中大新亞書院董事，前後數十年，均致力教育工作，可見他熱心教育事業，終生不易其志。

第七章

在新亞研究所

——恬靜平淡的生活

經過在新亞書院四年的生活後，新亞研究所第二屆招生，我毫不遲疑地投考研究所，這是我希望走的道路。

其後修業完畢，受聘為研究助理員，專治中國歷史。自是又度過了十一年。此一階段，都是在研究室從事研究工作。日常生活平靜如水。縱使結婚後有了家庭，生活雖然艱苦，但那種恬澹的生活，亦適合我的個性。

入新亞研究所

在新亞書院結業後，當年港府所辦的羅富國師範學院通知新亞文史系畢業生，可到師範學院修讀師資專業訓練課程一年，然後可到官、津中學任教，每月薪酬有八百多元。訓練一年時間，薪酬相當吸引。據悉，新亞接受雅禮資助時，教授的薪金也只有一千元。倘使只再花一年，可獲如此薪酬，在當年來說，算是相當豐厚的了。若考進研究所，只有二百元的生活津貼，真有天淵之別。但當日我毫不考慮，專心準備投考研究所。認識的親友中，有些人說我沒有生活經驗，在當時的生活環境來說，他們的看法，是不無道理的。

我們這一屆文史系畢業生，沒有一人去羅富國師範學院。我在準備投考研究所時，在農圃道校內，途經校務處，遇見書院的秘書長王書林教授。他詢問我畢業後的出路有何選擇，他聽了我的意向後，肯定地說：「你的抉擇是正確的，我很贊成。」其實，我當時的抉擇，還想到一點，一旦投入中學教書行列，有這樣的薪酬，進去了很難跳出來。眼見有些同學，進了官、津中學任教，他們總是說，這樣只是暫時性的，遲一些才去進修較高級學位，沒有關係！其後事實證明，很多都跳不出來，原因是有了那優厚條件而不願離開。這時候我的確沒想到日後的生活怎樣過。在研究所拿了二百元生活津貼，還要交二十元宿舍費，僅可維持日常生活而已。我一心一意希望繼續進修，有機會作歷史研究工作，追隨各位老師，實現探討中國傳統歷史文化的理想。

在研究所兩年的生活，的確是清苦，特別是有了家室的，像第一屆孫國棟兄，他的生活擔子極重。一次他在街邊向小販買了三元一件的平價恤衫，不知怎的會傳到錢所長的耳邊。偶然一次我和錢師談話，他忽然對我說：「孫國棟的生活真清苦，只能在街邊買三元一件的襯衣。」我聽後，心裏十分奇怪，這樁小小的事情，為甚麼會傳到錢師那裏？難道老師也極關注研究生微薄的生活津貼，不然怎會懸掛在心中？

校醫——黃夢花

新亞獲美國雅禮協會資助之後，經費較為充裕，遷往農圃道，便增設了一間診療所，校醫是一位頗有名氣的肺科專家黃夢花醫生。

學校開課不久，通告所有本科生、研究生、甚至研究助理員，都要接受身體檢查，我當然也要參加。當我進入檢查室時，看見案上放置了一大堆印好的表格，接受檢查的人，須先填寫那張表格。表格上印有各種疾病的名稱，疾病名稱旁印有「有」或「無」的字樣。老實說，一時自己那裏知道自己有甚麼疾病，或者曾患過甚麼病。當時覺得身體尚好，只在表格中都填上「無」字。繼而來了一位女護士，拿了一個木槌，在我腳屈起的膝蓋上敲了幾下，身體檢查便算完畢了。

本來對身體檢查抱有很大的希望，以為藉此可以了解自己是否患上甚麼不知的疾病，若果檢驗出來，便能及早治理。卻想不到只由自己填寫表格，連最起碼的「X光」照肺一項也沒有。對這樣的「檢查身體」，極度失望，其他接受檢查的人，都有同感。

其後，香港政府有部分市政局議員進行民選。有一天，我在研究室外邊的客廳閱報，一位穿着畢挺西裝的人走來，說要找研究所總幹事趙潛。他見了我即轉過頭來自我介紹說：「我是黃夢花醫生。」跟着又很客氣地說：「選舉市政局議員那一天，請你投我一票。」我是第一次看見校醫黃醫生的，如果不是他自我介紹，我也不認識。他這樣客氣，主要是爭取選票。由於以前我對他沒有甚麼好感，再加上我一時沒有心理準備，就不作思索，衝口而出對他說：「對不起，我會選葉錫恩的。」他聽了掉頭便走。其後，覺得自己太不留點情面，沒有需要把自己想選的人說出來，使得彼此都有些尷尬，何必那樣坦率，又感到有些後悔。但在內心上總覺得，一個人對自己專業主診的診室檢查者，如此馬虎、草率，怎樣會盡力為市民服務？想到剛才這樣坦白地向他表態，又感到對得起自己的良心。

「助教」與「教務」

我考進新亞研究所那一年，新亞書院有兩個職位空缺要聘請，一個是「助教」；一個是「教務」職員。在同屆畢業的同學中，只有哲教系和經濟系的同學最適宜申請。

在當年哲教系與經濟系的畢業生中，哲教系一位胡栻昶和經濟系一位陳建人最為適當。姓胡的是廣東人，在哲教系畢業的成績很好，深得系主任唐君毅的稱許；姓陳的是東北遼寧人，流亡到香港，舉目無親，在極度艱苦的環境中，仍堅持入讀新亞，畢業時成績亦佳，也受到系主任張丕介的讚賞。二人都是極適合人選。

經過書院遴選的結果，任助教的是一位哲教系姓陸的；另一位教務職員，也是哲教系的胡同學，而張丕介老師推薦的陳同學卻落空了。也許是胡同學讀書時在教務處協助過工作，教務處的職位，他是最適宜。

經濟系張老師所推薦的陳同學失敗之後，一段時間躲在新界大埔郊外一間房子，埋首讀書。不久，系主任推薦他到德國深造。在遴選助教後不久，唐君毅老師和我見面時，不曉得為甚麼向我提起說：「胡栻昶同學的成績是不錯的，他讀書時又曾協助過教務工作，此職位他是很適宜，所以助教一職，先給陸同學。再過兩年，助教的職位再輪給胡栻昶。」可是，胡同學自此任職教務處，就沒有改變過。

我還記得，有一天晚上和一位早年在哲教系畢業的朱光國同學，坐在校園圓亭邊的草坪上聊天。他談起對書院遴選助教與職員一事，說了一句話：「助教的職位，應該給姓陳或姓胡的，不該兩個空缺都落在哲教系的畢業同學。」他雖然是哲教系的畢業生，但在他的言詞中，也感到不以為然。

其實兩位老師，同樣喜愛自己所欣賞、所了解的學生，希望能栽培他們成材，彼此都持相同的觀點，而兩人待人處事各異。唐師為人處事圓融，張師個性剛烈；圓融容易得人支持，剛烈則較難與人合作。從這件事情的結束來看，正是顯示處事、做人的一個寫照。

最使人惋惜的，是胡同學從書院教務處再轉到大學部教務處，都是任職教務工作，雖然亦升職為主任，直至退休為止。而被選為助教的陸同學，不久卻辭職而從商去了。但唐老師當年所說兩年後為胡同學調任助教一事，始終沒有兌現。倘若當年能實現，胡同學一定能走入教學和研究學術之路。假使陳同學當日能任助教，亦不致遠走德國，而客死異邦，思之令人感到人事之變化無常！

大學生抄書

新亞書院在桂林街時，文史系聘請一位黃華表老師。他是廣西人，在大陸時曾在政府機構擔任過要職和大學教授。

黃老師在桂林街上課時，引起不少人注意。他的聲音宏亮而又帶點吵啞；同時在講台上，手舞足蹈，動作甚大，是眾多教授在講台上講課態度最為獨特的一位。有一次，我與張丕介老師和師母談起黃華表老師，在課堂上的講課情形。我說：「不知道怎樣來形容黃老師講課的神態。」張師母聽了，微笑地說：「最好用你們廣東話『好生鬼』三個字。」我和張老師也覺得這三個字極為傳神，確是恰當的形容詞。他這樣的年紀，能有這樣的活力，委實難得。

書院搬到農圃道不久，文史系分家。牟潤孫老師任歷史系主任；中文系主任則由黃華表老師擔當，並兼任大一國文課程。修讀大一國文的學生，指定課外功課一定要抄書，而且還要用毛筆書寫。

我的研究室在圖書館旁，中間休息，通常走到圓亭的石椅上舒緩一下身心，經常聽聞在這裏匯聚的中文系學生，議論紛紛說：「我們都是大學生了，教授還要我們抄書，簡直是侮辱。」有些又說：「這樣的教授可說是教育的倒退。」有些更激烈地批評：「老師是食古不化的老頑固。」種種不滿的聲音傳來，都是對抄書的不滿，認為中學抄書已經不存在了，何況進了大學。難怪眾多同學都覺得，修讀大一國文時要抄書，這樣做是一種莫大的恥辱。

抄書的功課日子久了，學生慢慢覺得有許多好處，對於中國文字結構，增加深一層的認識。平時有些學生對文字的部首不甚注意，尤其現今書本上所印出來的文字，已經有些變化。經過抄書的畢業學生，到中學教書時，才覺得昔日的抄書不無裨益，最少可以減低寫錯字、別字的情況。這是新亞中文系分家後掀起的一陣「新風尚」。

民國以來已經有人建議，把中國的漢字改為拉丁化，提倡廢漢文。中華人民共和國建立後，大力推行文字改革運動，由於進行漢文拉丁化的方向有許多問題，難以解決文字的改革，便將繁體字改為簡體字，定為官方的文字。國內所流行簡體字，在香港一直有些抗拒，仍然慣用繁體（除了市場上的需要，特別在許多食肆中的菜飯名稱，比簡體字更為簡化，同音字而筆劃最少的便是，不得作準），一筆一劃都以繁體字為準。

可是到了今天香港，簡體字已為常見的文字。要講求繁體，又不合時宜了。有趣的是，國內小學生和香港小學生交流，朗誦同一篇文章，已經不能交換互讀了。所以往日所寫的繁體字，每一劃都極為謹慎，而今卻是多餘的了。難怪武漢大學有位歷史研究生，導師要他到圖書館借一部《後漢書》，研究生回來說找不到。因為圖書館把「後漢書」編目改為「后汉书」了。這樣，古籍上都是繁體字，如果不經過把文字大翻新，大批古籍便會成為廢物了。昔日黃老師所提倡「抄書」，豈非多此一舉？

上韓文課

新亞研究所第一年研究生，必須選讀幾個學分課程，其中一科是「韓文」，即韓文公文章選讀，擔任此課程的是錢所長。

錢師在大學本部上課時，曾經和我們說過，他在小學時，某天老師對他說：「你的文章似韓文公。」稱讚時還用手撫摩着他的頭頂。錢師獲得老師稱讚過，也許對韓文公文章的興趣更為濃厚，對韓文公更為崇敬。

有一次上「韓文」課時，錢師拿出上次的作業，一開口便說：「你們讀書，還未能深入了解作者文章的意思，動輒喜歡去作批評，只學會了做學問要有一套批判精神，而忽略了一個人讀書，首先要清楚了解作者文章的本義，這是對作者應有的敬意。到了有深入了解，然後才去作出評論。而今，你們動不動就斷章取義，去找一點點無關弘旨的問題，就恣意去大作文章，這都是今天年輕人讀書的通病。」原來那天錢師是看過黃開華同學的習作，因為他批評韓文公一篇文章而引起的。錢師一方面看見黃同學對韓文批評的不恰當，不滿他讀書的輕率；其次錢師又認為韓文公是「文起八代之衰」，古今世人莫不稱譽他文章的造詣，怎能稍讀一遍，便隨意去批評。除非有確實的問題出現，以及自己有新的見解，否則就是狂妄！

錢師在這堂課上，很激動地給予我們一次嚴厲的教訓。他又繼續說：「讀韓文應該細心去領略，不能只憑一時粗淺的認識，便以為找到了古人的把柄，憑個人的主觀見解，任意指摘、評論與攻擊，來顯示自己的真知灼見。」錢師的話，正如清人章學誠批評評點派所說：「以古人無窮之文，而拘於一時之心手。」錢師再繼續說：「我讀韓文公的文章，通常都讀好幾遍。例如讀韓文公的〈送孟東野序〉一文，在不同時期，讀了不少於百次。而每一時期閱讀，都有不同的領會和心得。」我想，錢師對韓文公的尊敬是真切的，並不是盲目地崇拜古人，否則不會如此生氣、傷神。錢師除了教訓我們之外，亦可說是教導一般年輕人讀書不盡心、不深入，又輕率掠過，不能沉潛深思下功夫的弊病。

這兩節課程，是由上午十時半至十二時半的。錢師在堂上沒有涉及課程內容，而且更超出上課時間，到了下午一點才下課。錢師以史學著稱，但他對重要文學著作亦十分重視，讀書態度嚴謹，有人說錢師學問的根柢是從文學開始的，這是有根據的。

這次上韓文課，其實是指點我們讀書的態度和心態，要細心研讀，仔細思考，精密分析。他不是講韓文，而是給我們上了一堂「讀書與研究態度」的課。

錢賓四師與新亞研究所

錢師講學，旨在傳承中國傳統歷史文化，逃亡香港之後，心中仍寄望於此。但香港不脫「文化沙漠」，難於推展傳統文化，遂與南逃之學者創立新亞書院。其後大專院校紛紛建立，如雨後春筍，香港政府不能不審度時勢，創立香港中文大學。在新亞書院創建後，錢師不以建立大專院校為滿足，更進一步設立研究所，一方面作研究傳統歷史文化的工作，一方面培訓研究生接班。研究生畢業後即可從事研究工作。

我進研究所，一開始錢師便囑咐整理《清史稿》，在美國基金支持下展開了工作，歷經數年，其後經費中斷，改而進行其他專題研究。錢師對研究所的重視，有鑑於中文大學，自新亞書院參加之時，要致力宣揚中國傳統文化，已遭遇頗多阻力，在加入中文大學之後這種現象呈現得更為明顯。

要順利傳揚中國歷史文化，就只可寄望研究所。錢師辭去新亞院長職務時，仍存有辭職之後依舊可以擔任指導研究員之意，藉此積極推動工作。他給嚴耕望先生的信中說：

「穆已決意辭職，惟仍留港，仍在研究所作名義之導師。弟來正可多獲從容商討之機會。」由此可見其意。惟辭職之後，新亞人事隨之驟變，錢師即計劃前往台灣定居。

錢師致余英時之函件中亦云：「穆之離去新亞乃早所決定，然不是謂其演變驟至於此。至研究所之將來則更覺可惜。實則穆自耶魯歸去，即無多餘力放在研究所方面，然終能成一局面。此下極難設想……留在研究所諸人中亦尚有可希望者。然自中文大學成立，研究員補助金相形之下，較之在學校有課程者，報酬相差過遠。又兼在上之人，各以私心為好惡，漸有奔競趨媚之風，日增抑鬱不平之氣，不僅學問不長進，而性情志趣亦日以汙下，此最可悲。若循此心性，恐不過一二年，以前成績即將掃地而盡。穆自離去，心中最感不安者惟此一事，然亦無可為計……。」

至於錢師原意留教研究所，於短短時間而有所改變，自有其不得已之情。惟其對研究所之將來變化極具關懷，有見其對時下研究人員研究金之不平，產生不良影響，關注極為懇切。錢師其後對研究所不再過問，其實仍心繫不已，在其函件中吐露無遺！

錢師平生對於勢位，極不熱衷，亦不眷戀，惟面對身為學者應有之職責，則異常重視，以其對研究所之存亡，關切之深可見一斑矣！

余感之至深，惟冀當日錢師交付《清史稿全史人名索引》一書能完竣，以報錢師願望於萬一而已。

研究所的月會

新亞研究所研究生，可申請生活津貼費，但規定不能在外間工作，以便專心作研究。除了一星期有幾節上課之外，研究室旁邊，又是圖書館和藏書庫，找尋資料十分方便，可說是作研究工作的極好環境。

研究生除專心讀書外，每月要參與研究所舉辦的月會。研究生在每月的月會上，輪流作報告。作報告的人首先把文章用臘紙抄寫（通常由研究室職員代為抄寫油印），印好後，在月會舉行前一星期，分發給各導師和研究生。

月會舉行時，各組的導師、老師都出席，其中有文學組潘重規、史學組牟潤孫、哲學組唐君毅、教務長張葆恆（後改為謝幼偉）、主持月會的是錢所長。在月會報告的研究生，先行宣讀準備好的論文或讀書報告。讀畢，各研究生首先提出問題，或質疑，互相辯論，經過一番論戰，其他組別的導師覺得有問題的，亦不時提出自己的意見。其後，自己導師會作出較全面的評論及指正。到最後，則由錢所長作評論、總結。無論宣讀論文的研究生是文學組的、史學組的，或者是哲學組的，他都能發表自己的意見，而且評論極為精闢，並指出報告文章的錯處，和要改正的地方。這又說明錢師對報告文章都仔細閱讀過。我見過的許多學者，都認為錢師是當代的國學大師，從月會上見到，無論經、史、子、集，錢師都能博通。我們在多年的月會中的體會，都可以說明，這一稱譽並非虛言。

月會舉行時間多在下午，有時在晚飯後，若在晚飯之後，經過多時討論，研究所還準備些小食、茶點或者是粉麵之類。記得有一次在晚上舉行，所供應的是粉麵。在場的人中我吃得最多，錢師見我有這樣的胃口，開玩笑地對我說：「在清朝有位學者收門生，先與他吃飯，看看他的飯量如何才收他。你能吃，若在清朝那位學者收門徒，你一定合格了。」在嚴肅的月會過後，師生間還有輕鬆的一面。

掛旗風波

新亞書院創校，以十月十日雙十節為校慶。校慶那天，總是懸掛青天白日旗幟。從桂林街到農圃道初期都是如此，沒有間斷。

可是，遷到農圃道後不久，新亞接受香港政府的資助，情況開始變化。在接受資助後某一年雙十節，懸掛青天白日旗幟，便掀起一場風波。

在雙十節和校慶日的早上，農圃道校門大堂的報告版，貼上了一張佈告，大意是說本校此後不再懸掛青天白日旗。我看過後，很想把這張佈告攝下來，覺得這是新亞的一件大事。將來要寫新亞書院校史，這應該是新亞的一重要蛻變期的表徵。可惜當時隨身沒有攝影機而錯失機會。我心裏深信這一張佈告，必然是新亞校史中一件重要文件。

過了不久，聽聞有位同學，是讀藝術系的，名叫黎光，為了除下已升起的青天白日旗幟，和校方工作人員爭執，堅持要將旗再行懸掛。而校方既接受政府的資助，決不能懸掛青天白日旗，因為政府的政策規定，凡接受政府資助機構都是如此。繼黎光同學之後，還有一批同學，亦高叫要掛旗，陣陣喧嘩聲把事情鬧得頗大。幸好那一天是假期，參與的同學不多，校方終於把事件平息下來。

新亞書院創立是定雙十為校慶日，錢師曾在〈我和新亞書院〉一文說得很清楚。錢師說：

> 我堅定信仰中國文化有價值，它決不會使我們無價值。同時，我還堅信我們必將重回大陸，這一信念從那裏得來？乃是從我一輩子努力在要求了解中國歷史和中國文化價值的過程中得來。我們為了準備迎接行將來臨的光明，必須懂得「藏器待時」。我們辦學校就是要為國家民族「藏器」，將來必有一日可以用上。總而言之，我們新亞書院的意義和價值，即是寄託在對國家民族前途的信仰上。因此，我們的校慶也與「雙十」國慶日同在一天。這就是堅信：終有一天，光明將會在大家的共同努力來臨，那一天才是我們的國家，學校一期待的日子。

新亞書院的創立，很明顯是一群學者在大陸提倡馬、列主義，摧殘中國固有文化時，從大陸流亡到香港來，他們希望在香港這塊較自由的土壤上，建立書院，保存中國傳統文化。正如錢師所說：「為國家民族『藏器』。」南來的學者又紛紛建立書院，到了六十年代，各書院的成績日見成果，對香港的高等教育有顯著影響，政府也不能忽視，因此政府選擇部分書院組成為大學成員，籌辦香港中文大學。於是首先資助成員書院。新亞接受政府資助後，便不能在雙十節與校慶再懸掛青天白日旗幟了。

對於掛旗所引起的風波，書院也召開會議。結果，主流的意見認為，為了學校日後的發展，也為了學生畢業後的出路着想，從長遠考慮，繼續接受資助是唯一的方向。

自是新亞的校慶日，由「十月十日」改為「九月廿八日」，即孔子誕辰。新亞原有的校慶是帶有「政治」意義的，從此便轉變具有濃厚的「文化」意味，亦符合新亞的創校精神。不管怎樣，這是新亞校史上一個轉折。

無妄之災

在研究所工作的同事，除了大多數是留所的畢業同學之外，還聘請了一位非本所畢業生徐君，職務是助理研究員（或許是副研究員）。據悉徐君是跟隨過國學大師章太炎先生治學的。他的年紀較大些，國學根柢不錯，他同時亦在聯合書院兼任一些課程。

每當錢師在授課時，徐君便到課室聽課。在未上課前，經常站在課室外的長走廊和研究生聊天。不久，他被聯合書院解聘了。有人說解僱原因，是聯合書院的學生向院方投訴，謂除某是新亞的學生，在晚間卻做我們的教授，表示非常不滿。院方於是解除徐君兼任的教職。

其實，這件事情是否如此，我有點懷疑。我跟徐先生見面時談話，追問此事，他只是微笑又風趣地說：「我被聯合書院『炒魷魚』了。」說時滿不在乎，並沒有解釋是甚麼原因。我覺得所傳出的理由——也很可能因為徐君那種滿不在乎的態度——是很滑稽又可笑的事。若然真的如此，委實是有點冤枉。他不是新亞本部學生，亦非研究生，只是一位好學者，仰慕錢師的學問，偷閒去聽錢師的課而已，想不到有人不明事實的真相，使這位好學的學者招來無妄之災。

徐君在聯合書院教授甚麼課程，我也不很清楚。有一次在研究室和他討論到「國文」

的教學問題，他隨手在我窗邊上放着的一套《古文辭類纂》拿了韓昌黎贈序類〈送孟東野序〉這篇文章，作為教學的示例。他示範得極為精采，講解也非常精闢，非一般國文教師所能及。如果他是在聯合書院教授大一國文，確勝任有餘。若聯合書院當局只憑這一理由而喪失一位好老師，則十分可惜。

老人又來了

新亞訓導處（後來改為輔導處）曾經有位職員，每逢有一位老人行經訓導處，便在一本簿子上用英文記錄：「老人又來了。」那位老人是前去研究所的。這件事是由另一位職員（同學）告訴我的。

我在新亞，無論讀書時期，或者在研究所做研究工作，甚少活動，亦不善與人交往。風聞有些人視我平日沉默寡言，似是潛伏幹特務的工作者。難怪那位職員見老人不時到研究室，認為是傳遞訊息的。

登記「老人又來」的職員，是懷疑那位老人到來的動機，不然為甚麼每次都要記錄；是否要向別人報告，我不知道。他幹這樣的工作，真是荒天下之大謬。也許他本人就是潛伏在校內幹特工的，要找些事情來表現自己的工作，不然為甚麼要注意那位老人？

其實，那位老人到研究所，是來找和我同時進入研究所的胡詠超同學。老人是胡同學的中學國文老師，姓張。晚年經濟情況欠佳，加上失業，便經常來到研究室向舊日的學生借錢度日（其實是沒有歸還的），每次只能拿到十元或二十元不等，一星期大概來一次或兩次。我坐在胡同學的隔鄰，因此也和那位老人相熟了，倘使胡詠超不在，他又急於要走，便請我替胡詠超先代支。這樣少的數目，我也不好推卻。如是者多年，但訓導處職員知道那陌生老人前來，既不知他是誰人，又很快匆匆的走，便以為是和我作聯絡的，每次都作記錄，就把一些人對我的傳言拉上關係。

這件事真使我既憤慨，又好笑，如果作記錄的職員是真的幹特務的，如此糊塗無能，國民黨焉有不敗之理！事情雖是荒謬，但也許是後來我被人扣上「紅帽子」的蛛絲馬跡。

市政局議員——葉錫恩

我認識葉錫恩女士和杜學魁先生是同時的。當時葉錫恩是慕光英文中學的校監，杜學魁當校長。

葉錫恩女士尚未參加市政局議員選舉前，為市民做了不少事。當上了市政局議員，更替貧窮弱小的市民伸張正義，贏得市民的愛戴、擁護。尤其是在天星小輪的「伍仙事件」上，更獲得市民的尊敬，她的名字市民無不知曉。

所謂「伍仙事件」，是天星小輪公司增加船費「伍仙」，引起市民反對。因此，市民連群結隊舉行集會遊行示威，導致一場政治風波。市民蘇守忠是一位熱血青年，坐在尖沙咀碼頭地上，絕食抗議。這使蘇守忠一時名聲大噪，無人不識。葉錫恩除支持蘇守忠的行動外，更支援遊行示威，使反加價的行動陣容擴大，更引起警察當局不滿。她不怕警察的指責、鎮壓，抗爭到底。警察顧慮到大批市民對她的支持，而且她又原是一位英國的傳教士，對她多少也有點顧忌。在「伍仙事件」發生時，我正在她的學校每週兼教幾節中史的會考班課程，因事到校監辦公室，才知道這事件，葉錫恩的行動、策略，有許多是獲得杜學魁先生在背後協助的。在葉錫恩的事業上，杜先生亦功不可沒。

葉錫恩有市民大眾的支持，確實也為小市民爭取不少權益。但往往與警察有不少磨擦，結下了恩怨。政府也許要平衡兩方面，或多或少有意採取一種「安撫」政策。其後，葉錫恩獲得政府的資助，在新蒲崗興建一所頗具規模的校舍，慕光中學也從太子道租來的校舍搬到新址，同時改為津貼中學。據悉，獲得興建新校舍，是透過具有社會地位的某紳士促成的。

葉錫恩以正義勇於為弱小市民服務，更以無所畏懼精神替市民爭取權利。近年雖間中也聽聞有為市民請命的表現，卻沒有以前的激烈行動和尖銳的批評。不曉得是年紀大了，身體疲弱了，英氣也逐漸失去了，或者做事也較穩健了；或者也許是政府的「安撫」政策無形的收效。但無論怎樣，葉女士的一生，在香港那種敢於為市民爭取權益的無畏精神，是值得香港市民尊敬。

最近聽聞，葉女士自從與司徒華競選立法委員席位落敗後，對於政途已有倦意。亦傳聞她在香港所有活動過程中，有關的文件檔案已贈送給浸會大學。相信這批資料，將來對研究香港社會的轉變，和撰寫香港歷史，應是極具價值的材料。

杜學魁先生將自己的著作贈送給我，從郵局寄來，適逢我前往美國探親，回澳門收到後，即致函道謝。但後來卻收到葉錫恩女士的覆信，信中告知，杜學魁數月前辭世了（此時杜、葉兩人已結為夫婦）。突然而來的噩耗，使人惋惜的是葉女士不僅失去了終身的伴侶，同時失去共同進退的鬥士。

茶敘

記不起，從哪一年開始，舉行茶敘。

新亞畢業的校友中，有從事各行業的，彼此都忙於自己的工作，只有個別零散的敘會。因此，我們幾位校友發起，從我們開始，在每月最後的一個星期六中午十二時半至二時半，相敘一次。最初的地點定於九龍窩打老道「慶相逢酒樓」（酒樓的名稱恰巧和我們相敘宗旨有點相關），歡迎任何系別同學參加。

最初參加的有趙潛（文史）、孫莉蓮（外文）、胡栻昶（哲教）、任文正（哲教）、孫南（會計）、趙黎明（哲教）、李效萃（哲教）、宋敘五（經濟）、高倬雲（文史）、王俊儒（文史）、朱振北（文史）和我（文史）等人。首先由胡栻昶編好名單，按序每月由名單中一人輪流作東主，並負責在到期前通告各人（以防因事忘記日期）。這種茶敘的形式，好處是自由參加，有事的不一定要出席；但輪到自己作東主的月份，如果自己因事不能出席的，不能延期舉行，只可與別人商量調換。茶敘時的食物，每個人都可以去選擇自己愛好的，不必禮讓，沒有任何拘束。只要每人在編定的時間內到來，逾時不候。

參與茶敘的校友，雖然有不同系別的，但彼此談話自由自在，沒有主題，大凡國際大事、國家情懷、社會大事、日常生活瑣事，甚至母校的狀況，都可暢所欲言，高談闊論，表達自己意見。有人雖與別人意見分歧、相左，爭論不休，彼此也絕不會翻臉，純粹是「自由講壇」，抒發自己平日的胸臆而已。

這種茶敘的方式，誰有興趣都可隨時加入，而且在茶敘的成員中，倘若知悉有校友從外地回港，或在港作中途轉站，都可以相約在茶敘時間和各校友見面，這正好給予旅居海外和在港校友匯聚的好橋樑。

茶敘開始，至今已有四十多年了，能夠維持至今，最主要的，是可以自由加入，又可自由離開。現在有些遷離香港，亦有些作古離去，但仍有不少創始者的「老臣子」領帶着後輩的校友加入，承前啟後地把茶敘延續下去。

我雖然離開香港，多年沒有參加茶敘，不時回想這種茶敘維持校友的情誼，是一種極佳方法，心在外地，內心依然懷念當年溫馨的情誼。

富爾敦爵士到訪

香港中文大學成立前，新亞、崇基和聯合書院，先舉行「統一文憑考試」，評估學生的程度，這是大學成立的前奏。其後富爾敦爵士被派來香港考察，對各書院聯合成立大學的條件，作最後的決定。

富爾敦爵士來書院視察，親自參觀書院各部門，新亞研究所也是他要考察的對象。當時，我在研究所任研究助理員，和一位同學作《清史稿》人名索引。研究室設在圖書館上層，樓頂隔熱設備做得不好，在酷熱的天氣下，非常難受。我們曾屢次向書院秘書處伍鎮雄先生申請，希望分配一些電風扇，但申請書送去，總是「石沉大海」，沒有下文。他們辦公室有冷氣設備，卻罔顧別人在炎熱天氣中，在研究室中工作煎熬的苦況。於是大家來到研究室，只好除去外衣。

一天，忽然秘書處派人前來通知，半小時後有客人前來參觀，大家便匆忙中穿回外衣，等候「貴賓」蒞臨。原來參觀的，不是普通一般訪客，而是專程從英國派來考察各書院的富爾敦爵士。他進入研究室，非常客氣，和我們一一握手，態度溫和，也沒有甚麼架子。陪同來的伍鎮雄先生，向他解釋研究人員的各項工作。而穿着筆挺西裝的伍秘書，逗留還沒有多久，兩鬢的汗珠不停流下，拿着手帕不斷地抹汗。

過了一天，伍鎮雄先生派了一位職員，徵詢我們研究室需要多少部風扇。只有幾天，風扇全數都送來了。富爾敦爵士到研究室觀察，對我們工作怎樣評價，不得而知，但當下帶給我們的，是一個意外的「福利」——渴望已久的電風扇。

秘書伍鎮雄先生，是張丕介老師早年在大陸的學生，也許從美國回到香港，張老師推薦他在經濟系任教，其後又擔任秘書的工作。他與張老師的才幹相比較，相去甚遠，他在秘書職務上所處理的好幾件事，極為不當，我是體會到的。這一次，倘使不是陪伴富爾敦爵士前來視察研究室，我們絕不會獲得這一份意外的「福利」。

獲諾貝爾獎有感

楊振寧和李政道兩學者，同獲諾貝爾物理學獎，香港同胞無不興奮歡呼。他倆雖然是美籍，卻是華裔，這是華裔學者首次獲得最高榮譽的科學獎。而更加值得高興的，是給予中國學者的激勵。

楊振寧先生得獎的時候，中國大陸仍然是封閉的。楊氏被邀請來港作一次公開演講，名義上是講學，背後是有許多事情不便公開的，不然，以一個純粹學人的身份，何需港府要花如此嚴密的保護措施？當時有許多記者連楊氏所居住的地方，都不得而知，予人一種神秘人物的感覺。

講演當天，前往聽講人龍之長，保安之密，也許破香港歷史的紀錄。所講的是一些尖端科學的問題，非一般市民所能了解。但聽眾之踴躍，也許有些人是希望一睹國人崇拜的偶像而已。

楊振寧先生成為舉世知名的科學家，又是中國人，固然是值得高興的事。他成名的背後，也有許多因素。最少有一點使我想起，在抗日國難當前的時候，各地有許多青年學生，就是與楊振寧一同在西南聯大的學生，亦紛紛走上戰場，抵抗日寇的侵略。不幸的死在戰場上，留得生命的，勝利復員歸來，已喪失求學的寶貴光陰。

而今，大家只見頌揚楊振寧先生今日的成就，為國人爭光，誰人又會想到他能在大後方苦讀，會不會緬懷在前線阻擋敵人的千千萬萬的有為青年，喪失寶貴生命於戰場上，長埋荒土。我隨便舉個例子，在中大歷史系一位姓孫的同事，他曾經對我說：「抗戰開始不久，走到大後方在大學讀書時，思量了好幾天，終於毅然決定棄學參軍，加入抗日的行列。」此後，他經歷無數艱險，千辛萬苦，僥倖可保得生命，到了勝利復員回來，光陰不再，又逢內戰迭起，避居香港，幸得機緣，始作史學研究。若以他的才智，猶如楊振寧先生，能在大後方埋首從事學問研究，成就定難以估量。

社會大眾只有歌頌成功者，有誰還記得當年萬千青年菁英，為保衛疆土，免家國淪亡，而埋葬在戰場上，成為無名英雄！

中國歷史教科書

香港重光後，中學所採用的中國歷史教科書，大都沿用在大陸出版的，如中華書局、世界書局的《本國史》。其後大陸政權易手，政治上觀點和香港的社會不相適應，使中學課程的中國歷史教學也開始變化。因此，中學的歷史教師，亦開始編寫適宜香港情況的歷史教學課本。

當時，在香港出版的中國歷史課本，只有極少數。不久，香港人人書局出版公司余鑑明先生有鑑於此，遂積極編印中學應用的各種科目教科書。其中第一部出版的，是一套中學用的《中國歷史》，這套教科書，初級中學的是由孫國棟編寫；高級中學的是由我和胡詠超編寫，全套都是由錢賓四（穆）師校訂。香港人人書局出版了《中國歷史》教科書後，獲得大部分香港中學的採用。

我們接受邀請編寫這套中史教科書時，心情極為沉重，因為課本會影響中國歷史的教學，而且又是由錢師校訂，所以心裏總是戰戰兢兢，謹慎地一再參照教育司署的指引。首先列出書中的章節，與錢師商議，並獲得錢師的認可，然後展開編寫工作。

在編寫前，有許多問題都要慎重考慮處理，例如中國的封建問題。近代的學者，特別是鼓吹革命的人士，為了要加強推翻滿清政權的宣傳口號，強調要打倒中國數千年的「封建制度」、「封建思想」。這種說法已深入人心。而錢師對這樣不符合歷史的妄下論斷，極為反對，認為應該細心探討歷史的真正意義，編寫教科書時，要加以注意。

又例如以往的中史教科書，戰國時代的「合縱連橫」一事，所載都認為主其事者是蘇秦與張儀（所說是根據太史公《史記》的說法）。我們讀錢師所著《先秦諸子繫年》一書中有「蘇秦考」一文。錢師考證甚詳，文中所載：「所謂蘇秦、張儀一縱一橫，其說皆子虛，由後之好事者附會為之。」我們對於一般所說的「合縱連橫」的記載應如何處理？徵詢錢師，錢師則認為既非史實，當可省去，不能以附會之說，流傳以貽害學子。於此，既可見錢師考證《史記》所稱蘇秦與張儀主合縱連橫之誤，至今仍堅信不移，更覺得錢師對編寫教科書的認真態度。我們在教科書上遣詞用字，稍有欠妥，錢師無不斟酌糾正。當我在錢師院長室取回校訂稿時，他經常叮囑：「有甚麼問題，不要以我有事繁忙為辭，定必前來商議。」

我們編寫中國歷史教科書時，雖然仍在英國的殖民統治時期，但對鴉片戰爭這樣敏感的問題，不見有任何干預。可是，香港回歸祖國之後，教育統籌局卻諸多挑剔，更甚的還提出要將中國歷史課程份量減少，或者將中國歷史科與世界歷史合併之建議。回歸前，我總以為香港回歸祖國後，中國歷史科會被重視，加強國人對中國歷史的認識，怎知道中國歷史教學在質量上比回歸前削弱了，這是令人感到極遺憾的事。

被扣上「紅帽子」

在新亞研究所工作多年，適逢在書院歷史系增設一講師職位。院方把一專任職位改為兩個兼任，由我和一位姓金的同學分別兼任。如此維持了兩三年沒有改變。

其後院方又改變計劃，擬將二個兼任改作為一專任。那時候，我才知道被人扣上了「紅帽子」，那頂「紅帽子」戴了多久，我卻懵然不知。

當院方要將兼任改為一專任時，英文系系主任張葆恆教授兼文學院長，推薦我由兼任改為專任。他請歷史系主任孫國棟推薦，再由他批後呈校長吳俊升。正值此時吳校長休假赴美，張老師代行校長職務。但吳校長臨行前囑咐，對歷史系改專任講師一事，留待他回來才作決定。吳校長來新亞前，是台灣國府的教育部次長，與國民黨關係密切，是很自然的事。有人利用吳校長的關係，把我扣上「紅帽子」，否則吳校長對那樁小事，怎麼還要鄭重吩咐。吳校長如此慎重其事，明顯是我被人在背後射了暗箭而受影響，其後我才知道事情確是如此。為了免得文學院長兼代行校長與歷史系主任的推薦，會影響與吳校長的關係，我便把申請的事取消。

為了這件事，我卻非常氣憤，憤慨的不是為了轉為專任能否成功的問題，而是感到人心如此險惡，把莫須有的事，在背後中傷，更見世途之險惡。在心灰意冷的時候，寫了一封信給在台灣大學任教的逯耀東，說我想放棄在歷史系兼任，到外邊另謀出路。他即時覆信，要我絕對不可放棄；同時我亦曾向嚴耕望老師提及此事，嚴師聽後，亦極力勸阻我說：「你千萬不要放棄兼任的事，應繼續留在書院。」在兩位師友相勸下，才打消了離開的念頭，而書院方面也把專任一事拖延下去。

到了梅貽寶校長上任，我才被聘為專任。那時候，也許那頂「紅色帽子」也隨人事和時間的變遷而褪色了。

新亞學生的大字報

中國大陸「文化大革命」的風暴進行得如火如荼的時候，這一股風暴也吹進香港。首先掀起這風暴的，是中文大學的新亞書院。

由於新亞老一輩的教授，多在大陸政權易手時流亡到來的，因此，雖然有些人認為新亞是要保存中國的傳統文化，但又有些人認為他們是封建思想的頑固份子，正正和大陸的紅衛兵高喊要「破舊立新」的行動相違背。「文化大革命」的狂風吹到香港之後，思想左傾的學生也和國內各大學一樣，張貼起大字報來。

新亞在廣場一邊設有「自由論壇」的壁報牆，好讓學生自由抒發個人意見。到了「文化大革命」的旋風吹起，自由論壇的牆壁正好成了學生張貼大字報的地方。

記得一天中午，到餐廳吃午飯，途經自由論壇，看見一張又大又長的大字報，很多地方用紅色筆又圈又點，引人注目。詳情記不很清楚，只記得主要是批評、清算錢穆（其時，錢先生已辭職前往台灣定居）。大字報指斥錢穆是地主，剝削階級，寫上種種清算、鬥爭的文字。恰巧錢老師在台灣八十歲生辰時，到天祥避靜，居住了幾天，寫成一篇頗長的文章，為《八十憶雙親》，這時出版了（後改為小冊子印行）。錢師憶述他小時候，家境窮困。而那位寫大字報的學生，既未讀過那篇文章，也沒有去考究錢師的家境，就瞎指他是大地主階級，剝削窮人，胡亂給他戴上帽子，確是大陸「文化大革命」的樣版。過了不久，那張大學報就不見了，可能被一些明白錢師家境的人，把那大字報撕掉了。

文化大革命過後，鄧小平主政，採取開放政策。嚴家其的著作《中國「文革」十年史》一書，上下兩冊，描述中國在文化大革命期間許多悲慘、冤枉的事實；巴金高喊「要講真話」的文集，也給予海外人士耳目一新。新亞學生批鬥錢穆，比起國內紅衛兵算是溫和的了。

做了「和事佬」

新亞研究所的研究室遷到農圃道時，原先是設在圖書館上層，後來天光道的一座新校舍落成，又遷往六樓。分配研究室，是由研究所教務長謝幼偉和總幹事趙潛負責。謝教務長和趙潛的分配辦法，是研究生和助理研究員分開，每四人共一室，一位職名編纂的李聖五先生，和另一位研究員羅夢冊教授，則兩人共用一室。

李聖五先生和羅夢冊教授，在學術上都是頗有盛名的，兩人都是上了年紀的人。一天下午，在我的鄰室發出陣陣的吵鬧聲，聲音愈來愈大，我過去看看究竟發生甚麼事。原來李聖五和羅夢冊教授，是為了共用一室不滿而引起，因一些很小問題而爭執。吵鬧得至為激烈時，彼此互相指摘，李聖五先生指羅夢冊是「共產黨」；而羅夢冊教授亦回敬指李聖五是「漢奸」。我聽了恐怕吵鬧得厲害，彼此失去了方寸，雖然我是晚輩，也管不了做一次「和事佬」，把兩人拉開，以免有更難聽的說話。

李聖五先生可說是少年得志，很早已經有極高的學術地位。抗戰前的「部定大學用書」編審委員會名單，就有李聖五的名字。在抗日期間，汪精衛組織「偽政府」，把李聖五拉攏入組織中，出任「偽政府」的教育部長。據一位同學左光煊（是左舜生先生姪兒還是姪孫記不清楚）說過：抗戰勝利後，李聖五因曾在「偽政府」任高職，本該被處決的，但由於他是有名的國際法學者，政府赦免了他。我知道李先生在汪精衛的「偽政府」當過官，也曾經問過他汪精衛的事，他僅僅說了一句：「汪精衛人是好的。」其他都不願作答，我也不好意思追問下去。而羅夢冊先生在抗戰時是中央政治大學的有名教授，而且又是非常活躍的學者，他對政治有一套理想。我也曾讀過他所著的《社會福利宣言》。他對政治是熱衷的，聽說曾返大陸，親見總理周恩來，提出他的政見，結果還是失落而回。羅先生原是新亞早期的老師，後來才回到新亞研究所任研究員，此時他已沉默寡言，專做研究工作，不願與人交往。我對他是尊敬的，有時和他交談，他對世間之事的憤慨和不平，仍然顯露在眉目之間。

兩位老先生都有一段顯赫光輝的日子，錢所長只愛他們的才能，不問他們的遭遇。研究所聘請他們在所裏工作，雖然有「用人唯才」的胸襟，但教務長謝幼偉教授，卻有點瞧不起他倆，且帶些歧視態度。所以分配辦公室時，將兩人擠在一室，很顯明給予冷落。研究室的安排不妥善，引發兩人吵鬧起來。

其後，我將此事告知趙潛，建議把兩位老先生分配各用一室，事情便解決了。錢師有容人的胸襟，但其他人未能接受，奈何！

民俗學的學者——李獻璋

李獻璋先生是研究民俗學的學者，他撰寫許多關於民俗學的文章，自資出版，經常慷慨贈送友人。

我認識李先生是在新亞研究所。他居住日本，由研究所所長唐君毅老師請來研究所作短期訪問。李先生到研究所的第一天晚上，唐所長邀約所中導師和研究所部分校友，設宴招待。唐所長介紹畢，李先生致謝後，又繼續敘述自己一樁極為幸運的事。他說在二次世界大戰之後，在日本購買了一幅荒地，想不到後來日本政府在他的荒地上的中央，闢建一條馬路。自此馬路兩旁的土地頓時大為增值。他的財富突然增加，使他一生不用擔心經濟問題。因此，在富裕的生活中，可以專注研究學問，自資出版刊物，亦可以獨來獨往，不受任何拘束。他說得有點自豪和帶點自滿。

晚宴後，唐所長要我送李先生返回窩打老道青年會所屬酒店住宿。坐在的士上，李先生不停地說話，車到了青年會餐廳門口，我以為送到此為止，誰知他高談闊論餘興未了，還要拉我進去，叫了兩杯咖啡，繼續講下去。

兩人坐下來，李先生轉了話題，訴說與他在港相交的朋友。首先說的，是饒宗頤先生。他說：「饒宗頤先生每次到日本，和我見面，我是以上賓之禮招待他。但我到了香港，他卻請我到崇基飯堂，吃一頓廉價午飯，而且匆匆吃罷，便說要去圖書館，不能再陪我，急急的走了。」說時仍顯露不悅之色。

第二位要說的，是牟潤孫先生。他說：「牟先生一到日本，我都親自款待他，可說無微不至。而我到了香港，他對我非常冷淡，至今我心裏仍然感到極不舒服。」

第三位說到羅香林先生，他說：「我對羅先生是非常尊敬的，但羅先生教子無方，不識禮儀。羅先生囑咐他兒子送我一份禮物，是用一張舊報紙包裹的，簡直不成樣子！又一次，他的兒子來到日本探我，我親自駕車送他回家，那位年輕小子，一落車也不給我打招呼，頭也不回便走，像乘坐的士似的，如此年輕人，如此無禮。我當時忍不住氣，大聲一喝，站住！讓我開車後，你才走！我是他父親的老朋友，而他竟然當我是司機，全不當我是一位長輩。」李先生滔滔說個不休，說時仍帶着氣憤。李先生所批評的，都是我的老師輩，我不能插嘴說一句話，只有默默地聽他說個不停。

其後，李獻璋先生又說：「唐君毅先生，無論哪一方面，算是不錯的好人。」我心裏覺得他這樣稱讚唐老師，是否他來到研究所訪問，是唐老師邀請的，因此才給他一點好評？我卻有點存疑。再聽他說下去，肯定認為絕對是好人的，只有嚴耕望先生一人。他說：「嚴耕望先生無論治學與做人，都是一位好好先生。」我坐在餐廳做了一個多小時的聆聽者，只聽他說嚴先生是個「完美」學者。其他的都諸多批評，甚不滿意。餐廳要關門，只餘下我倆，侍應前來結賬，非走不可了，否則李先生還要說下去。

走出餐廳，李獻璋先生託我幫他一件事情，要我在農曆新年初三那天，陪他到新界農村，採訪香港在中國舊曆新年，在新界農村的傳統習俗。他的研究是相當認真的，不辭勞苦，舟車辛勞（特別當時香港舊曆新年幾天的交通），親自考察，足見他研究民俗學的精神。

李獻璋先生的言辭，是坦率還是狂妄？我只是第一次和他見面，而他評論的雖然不是各老師的學術方面，但總覺得不免有點「過火」。這也是我第一次遇到這樣作風的學人。

與嶺南校友談嶺南學院

一九六七年，香港發生了一次在英國人統治以來最嚴重最激烈的「暴動」，群眾已經衝到港督府。據稱，當時英國人幾乎有放棄香港的意圖，恰巧中國處在國際形勢的微妙關係上，英國人在香港得再持續幾十年統治權。在動盪不安的艱難環境中，嶺南學院卻在香港誕生。

嶺南大學在國民政府時代，是廣州最著名的學府之一，培育了不少出色人才。到了國內政權易手的時候，大學的師生有些流亡到了香港，創立崇基學院，其後還有些熱心教育的校友，決心恢復昔日在廣州的大學名稱，但礙於香港的法例，只得命名為「嶺南學院」，不得稱為大學。

在許多大專院校，經費的由來，都是從不同的渠道籌集。而嶺南學院的經費來源，卻有獨特之處。我曾經和一位嶺南學院的有關人士，談論學院的經費問題，他對我說：「嶺南學院的經費，是以每年所需經費若干，由各董事（多是校友）攤分維持。」我覺得，學院資源既然從那些具有豐厚經濟能力的校友支撐，比諸其他大專院校沒有固定的財源及穩固基礎，確是優勝得多了。

其後，和嶺南舊日的校友聊天時，又談起嶺南學院的經費問題。我便對那位校友說：「嶺南既有如此雄厚財力的支持，何必如此，要每年作一計算？為甚麼不改用每人一次捐出多些金錢，滙集為龐大的教育基金，作長久發展計劃，卻要每年去攤分？」那位校友聽後，微笑地說：「你的說話太簡單了，也太天真了。」他當時並沒有清晰的解說，但從他後來的談論中，背後有些暗示。一般商人，不願將一筆巨額資金一次捐出，而寧願將資金在商場上運用，把賺來的金錢去資助學校。我恍然覺悟商人對資金的概念，和那些只希望為長久教育事業的人，想法有所不同，商人辦教育固然願意拿出金錢支持，不過仍然還離不了「在商言商」的根本意念。

舊居七：土瓜灣北帝街十六號七樓

一九六三年，剛剛結婚，北帝街的新樓尚未辦理收樓，便在公眾四方街舖的樓上，租了一間房作新房，過了兩個月，辦理好收樓手續後，才搬往居住。這裏也是我三個兒女美璐、崇尹和美璇誕生的地方。

北帝街的新樓，是與橋弟合購的，在銀行分期付款合供，是我第一次分期付款供樓，也是第一次住自己購買的樓宇。樓宇高八層沒有電梯，據當年樓宇的法例，樓宇高至九層才需設有電梯，建築商取巧只建至第八層，樓價可便宜些，而我選擇七樓，亦是樓價較平的關係，那時年輕力壯，上落七樓沒有問題。哪想到結婚後有了孩子，卻害了淑珍，抱着或背着孩子，上落極為辛苦。購買樓宇時，只考慮樓價，沒有考慮其他問題，真是極度的疏忽。

樓宇是每月供款的，為了供樓，便將最大的一個房間，租給唐端正同學，稍細的租給羅炳綿同學，最細的一間便自住。由於我們三人都是在研究所工作，更由於制水期間，為節省用水，三家合伙煮食，每天由三位太太輪流煮飯，更可省些人力。那時候正如諺語說是「同撈同煲」了。

新入伙的樓宇，各家均不熟悉，盜賊看準這一點，我們家裏便曾遭光顧（那時羅炳綿同學還未遷入），端正同學說他們的新婚首飾全被偷去，而我並無值錢的貴重物件，只有無意間鎖了一個衣櫃門，都被撬爛，損失並不大，以後永不鎖上衣櫃，免得要修理的麻煩。後來與隔鄰三家人合商，在顯眼同一通道的出口處，加上一鐵閘，從此三家的門口可以常開了。

鄰居是一位富豪姨太太，我們稱她「招太」，有三位女兒，都入讀中學了。她為人善良，家雖富有，沒有傲慢之氣，且愛小孩，所以美璐小時候，經常到她家裏玩耍，她亦照顧周到，幫了淑珍不少忙。現在家裏的人還常懷念她。另一家是賣海鮮的商人，生活極為節儉，經濟應無問題，但晚飯時傳出來的魚味，知道是不新鮮，是賣剩留下自己食，正如諺語所說「賣花之人插竹葉」的寫照。他們是潮州人，生下七個都是女兒，所以特別渴望有個男孩，後來我們搬了，不知他們是否如願？

我們住在北帝街時，發生了兩件大事：一是天災，那時候，天旱不雨，最初只是一級制水，後來最嚴重時四天供水一次，每次只供四小時。由於每家都等着供水時盛載食水，還要留作四日之用，住在樓層高的，經常沒有水到，樓上的人只有高呼「樓下請閂水喉」，高呼之聲，源源不絕，可想當時市民缺水的慘況。後與廣州簽訂長期供應東江水予香港，才結束了香港長期缺水，及解決了民生的一個大問題。

二是人禍，一九六六年大陸文化大革命狂風吹到香港，左派人士，隨之而發動抗英行動，街道常常發現土製菠蘿（即是土製炸彈，港人稱之為菠蘿）。警察經常戒嚴，我們住在珠江戲院附近，有一左派工會，據說是左派發動抗英的大本營。不管是否確實，但戒嚴以此地區最為頻密。此一抗英行動，擾攘多時，群眾亦將衝至港督府，中國政府要維持國家基本政策，高唱要在適當時候才收回香港（據國內一位有份量的研究學者指出，是時中國東南沿岸，被美國勢力包圍，北面又與蘇聯交惡，必須有港、澳兩鼻孔出氣）。一場大動亂才慢慢停下來，給予英國統治香港，再延長了三十一年。

住在北帝街的時候，街口轉角便是一個小型街市，其間有一粥店，名叫「國記」，出品的肉丸粥，味道之美，在我的感受中，以後從未吃過，至今仍回味無窮。對面馬頭圍道，是較寬闊的大街，有一間檀香茶室，香濃的咖啡，芳香出爐的蛋撻、雞尾包、菠蘿包，……至今不忘。

後來唐、羅兩位，自己買了房屋，搬往自己樓宇自住，為了津貼供樓，再由王先生介紹一位同事林水湛先生居住在我們原來小房間，我們則轉住唐端正兄的大房間，橋弟結婚後也搬來，一同居住。想不到以前和其他人同住，相安無事，但兄弟同居，卻發生了許多不如意事情，經這次教訓，有感絕不能與親人共同置業！

一天晚上，顧寶珍同學的母親，顧伯母走來探我，說她移民加拿大，問我可否搬到美善同道她居住的房屋（這房屋是寶珍在伊利沙伯醫院任護士長時，政府資助公務員置業供的房屋），我毫不猶豫一口答應了。因此又搬到附近的美善同道居住了，離開這住了五年之久，也是美璐、崇尹、美璇誕生值得留念的地方。

舊居八：土瓜灣美善同道一一四號四樓

美善同道整條街，大都是公務員供款購買的房子，所以街道比較潔淨、寧靜。我們住的是四樓，樓梯較寬闊，頓時感到比北帝街的樓宇上落輕鬆多了。房屋面積一千餘呎，除了工人房，以前顧伯母租給一位同學趙效宣居住，及保留一房間暫時放置她留下的家具外，其他由我使用。住的房間甚大，廳有三、四百呎，廚房又大，住得較北帝街舒服得多了。

寶珍是舊同學，在她母親離港時，她大可以租給親人，而要我搬去，是樁好意，極為難得的。

房屋不只寬敞，廳中家具齊全，還有電視機，更是小孩子的心愛物，從收聽電台播音，到麗的有線收音，再演變為有線電視，再變為無線電視。一次美璇在天台玩耍回來說：天台有人「放慢鏡」，當時不知她說甚麼，走上天台一看，見隣居一男子在耍太極拳。

美璇說他放慢鏡，真有趣。她是從電視看到的畫面，令小孩子的生活想像力，更為豐富了。一天傍晚，端正與李杜，覺得我返家經常走不同方向，尾隨我回家，見我住在如此寬敞地方，羨慕不已。

從居所直行只數百步路程，便到研究所。附近一間上海食肆，賣的葱油餅，鹹、甜飯卷，豆漿……淑珍及小童頗為心愛。不遠便是美璐、崇尹、美璇所念的幼稚園嘉麗佩，接送上學極為方便。

其後，德祥四誼兄又搬到靠背壟道，彼此往還更為頻密了。

由於我把美孚新邨所供的一個單位賣掉，有一筆可觀的意外收穫，在窩打老道看見一層樓宇，甚適合自己居住，購買之後，又搬往自己購置的物業了。

住在美善同道，美璐、崇尹、美璇年歲稍長，或許仍有些回憶，此處卻是崇修誕生之地，對他來說，年紀太小，相信不會留下深刻印象。

父母在美孚的居所：荔枝角美孚新邨百老匯街一期二樓二座B室

在美善同道居住期間，偶然一次走到荔枝角，看見偌大的一座屋邨，一座座的新樓，在售樓廣告看見，間隔完美，是未曾見過的，此屋邨是香港首個大型私人屋邨，名為「美孚新邨」。

想起若把父親從澳門搬回香港商鋪居住，一定會住得不舒適，於是便計劃在「美孚新邨」分期供一單位，以備父母回港居住。此屋邨有廣闊休憩平台，可供散步，亦方便購物，誠為年老，走動不大方便的雙親理想居所。

美孚單位有三房二廳，足夠父母居住。屋邨內居民有足夠日常所需的商鋪，父母晚年住在此種環境，且在海邊，空氣又較清新，在香港來說，堪稱理想的環境了。

祖父母住在美孚，是各孫兒每週必到的地方，有時爺爺中午攜往飲下午茶，吃雲吞麵，或嫲嫲帶他們去買剛出爐的提子包，其樂融融，他們至今仍有深刻印象。

崇修剛三歲時，一次飯後，爺爺、秋伯和我均坐在一起，爺爺問崇修：「你留在爺爺處住一晚好不好？」崇修卻說：「我家裏有位了。」便不多說。我再問崇修：「爺爺、秋伯和爸爸，你最愛那一個？」崇修思量了一會說：「我最愛是自己。」他那種不想得罪別人的性格，至今如此。有一次，爺爺書桌上留下一個煙斗，美璐隨手畫在一張紙上。爺爺回來，看見後問是誰畫的，我說：「是璐璐。」爺爺即說：「這個煙斗，畫得如此蒼勁有力，他日定可學畫畫的。」他倆可說是三歲定八十了，而今美璐成為插圖師，可說應了爺爺的這句話。倘使祖父現在仍在生，知道她成為頗具聲名的插圖師，定必十分高興。

美璐最愛吃麵包皮，有次她見麵包店切下的麵包皮，向店員買了一包，店員見她可憐，不收她的錢；之後她到補習老師家裏，卻忘記把麵包皮攜帶回家。見她忐忑不安的樣子，我問她甚麼事情？她說：「我留下了一包麵包皮在補習老師家裏，十分可惜。」原來如此，至今她吃麵包，永不切皮，始終不變。

父母在美孚新邨居住，地方較寬敞，每年時節，或爺爺和嫲嫲生日，一眾子孫必到美孚新邨慶祝，那時兄弟子姪都相聚在一起，十分熱鬧，父母更為開心。

父母在美孚住了多年，最不幸的是母親晚年身罹糖尿病，最後癱瘓至不能起床。淑珍雖居別處，仍經常用高麗參煲竹絲雞湯給她進補，幫助她沐浴。雖然辛苦，卻盡了作媳婦的責任。母親縱使長臥床上，而腦筋卻清醒，與人談話，十分清楚，是不幸中之大幸了。

家中有祖父母同居，應該是幸福的，現今時代漸變，人們着重小家庭生活，爺孫相隔，難得有此樂趣了。

舊居九：旺角窩打老道六十八號二樓

窩打老道這個單位也是以供樓形式購買的，是我們結婚後所住最繁盛的地區，房屋編號雖是列入窩打老道，但入屋卻在是何文田街。這條街極清靜，又是較多富有人家及警務人員聚居之地。

單位全層八百呎，三房一廳，另有一小工人房，工人房內有一個小廁所，雖然比美善同道的較小，但佈置得頗為幽雅，可說是麻雀雖小，五臟俱全，生活得亦算舒服。崇修的啟蒙學校是諸聖堂小學附屬的幼稚園，街市又在附近，淑珍接送崇修上學，亦甚方便。

這裏的環境，四通八達，窩打老道右方通往九龍城，而左方則往彌敦道，附近是繁盛的旺角區。窩打老道商店林立，其中大酒樓，就有「慶相逢」、「飛龍」、「年華」；西餐廳有「紅寶石」、「雅閣」；還有其他小食肆。我們最常到的是「飛龍」和「年華」，而美璐四兄弟姊妹，則喜歡「紅寶石」和「雅閣」。美璐等年紀漸長大，可以自由到附近走動，相信此地是他們童年最懷念的居所了。

房子最不好的地方，就是附近跨過窩打老道的一條鐵路天橋，除了火車經過「隆隆」的巨大響聲外，若有運送生畜的火車經過，一陣陣的豬、牛臭味，十分難聞，崇修聞了這種味道，幾乎連豬肉也不敢吃。可是經過一段日子，甚麼聲音、臭味亦不覺，正如古語說

「入鮑魚之肆，久而不聞其臭」了。

住了好幾年，最後的一年，澳門胡先生的兒子胡源和，在香港浸會書院讀書，寄住在這裏，也是璐璐姊弟四人在澳門最熟識的一位朋友。

及後在中文大學任教，有了房屋津貼，於是搬往太子道。

二〇一四年重返舊地一遊，變化很大，而變化較大的有培正中學，校內增加不少建築物，連昔日門前種植的大樹，及入校園寬闊的園地也不見了，「慶相逢」、「飛龍」、「年華」等酒樓，以及「紅寶石」、「雅閣」等餐廳亦不見，其他商鋪有些仍在，但多已改易主人了。

第八章

香港中文大學教學生涯

——生命中最重要時期

雖然自小對中國歷史有濃厚興趣，但從沒有想到會在大學的講台上站了三十多年。

三十多年來，生活於學校教研工作，沒有涉足外界複雜社會，目睹各種社會世態。但在人事關係上，生活於大學寧靜校園中，未嘗不能體驗到許多世事的複雜與變化無常。在學術界的圈子中，仍是有不少洶湧的暗流。不管怎樣，也許較諸在外界環境的奸險好得多，所以我還是喜歡選擇教學職業。我撫心自問，亦沒有後悔過多年的教學生涯。在教學上不敢說有甚麼貢獻，但持着自己的誠意，去鼓勵年輕人，不要隨便放棄絲毫有求學的機會，打好基礎，成為有用之材。而今所見年復一年離開大學的畢業生，融入社會，均有所貢獻，內心上不期然有一種莫名的喜悅之情，和滿足之感。

舊居十：九龍太子道三〇四號二樓

在中文大學工作，當有了租賃樓宇津貼的時候，我選擇了太子道一座舊式洋房的二樓（隔離二樓剛巧是新亞研究所創辦時的所址）。這房子的業主是一位姓鄧的商人，其人頗覺有點尖酸刻薄，租約條件亦甚苛刻。他們自住了相當長時候，兒子已做了律師，現移居美國，把僱用了數十年的老僕人，安排在從小由她侍奉至大的兒子家中，如此濃厚人情味，又是我想像不到的，所以對他的印象有點改觀。房子雖有點舊，但內部裝修卻是相當華麗。

從八百呎搬到二千餘呎的房子，而且有華麗的裝飾，住得更加舒服。同學來探訪的，皆羨慕我們能租到如此房子，尤其孫述宇，讚不絕口。整座房子，除了四個寬敞的房間之外，有一個大工人房，還有客廳及獨立的飯廳，露台亦甚寬闊，可種植許多各式花卉。近主人房後院種的一棵葡萄樹，提子味道太酸，沒有人採摘，在棚架上看來雖美觀，熟了卻引來大批蚊蠅，較為討厭，後請示業主，把它連根拔起除掉。屋前二旁，種有數株椰子樹，孩子們經過，常怕椰果會掉下來，打在頭上。門前種有一大棵蓮霧樹，果子成熟時滿樹通紅，甚為美觀。蓮霧鮮甜多汁，由於盛產，許多掉在地上，十分可惜，市上是很少出售，而價錢也是相當昂貴，我們把熟了的蓮霧，摘來送給親友。

由太子道轉到窩打老道，有一間「咖啡屋」，幽雅清淨，聽說是許多作家和劇作家留連的地方，這裏的咖啡我不大識欣賞。鄰近的一間「藍天餐廳」的海南雞飯、牛腩飯卻是一流，我們全家是該餐廳的常客。

每日下午近學校放學的時候，有一位沿街叫賣「臭豆腐」的老人，經過附近時，滿街臭氣衝天，美璐、崇尹、美璇三姊弟都極為討厭，獨崇修反而最喜愛，他以後喜歡吃臭豆腐，是從這時開始的。曾聽那位老人說，自己一生都是在街頭做小販，兒子到外國留學，在當地已有工作，言之面露喜色。不久便不見他蹤影，不知他是老來從子？還是遽然去世？想到他，可見中國人是如何重視子女的教育，他確是一位典型人物，使人敬佩不已！

四位小孩逐漸長大了，最小的亦進了培正讀幼稚園，各人有各人的天地，淑珍要往街市，可到九龍城街市，市場甚大，只須步行約二十分鐘，任何食物，都能買到，十分便利。

靠近九龍城，算是旺地，許多商鋪都是舊式的，大的酒樓記得有「新圖」和著名潮州菜館「樂口福」，是我常到的。另一間西餐廳叫「龍城」，是他們四兄弟姊妹最喜歡的餐廳，特別是兒童餐，是他們生日必到的。

太子道鄰近的九龍城花園，地方頗大，是當地住客晨運的好去處。我每天早上八時半要到沙田中大上早課，所以和淑珍每天五時起床，便往公園散步，當時在公園經常碰面的廣田和李杜，都是患病的，橋弟同時亦患病，他們年紀相差不遠，想不到三人中，廣田辭世最先，其次是橋弟，再其次是李杜，想起九龍城公園，不期然懷念三人。

住在太子道最方便的地方，是附近的啟德機場，雖然時有頗大的飛機聲打擾，但住久了也習慣了。我們只須步行二十分鐘便可到達，十分方便。美璐和崇修回英國，在機場辦理好手續後，仍可到九龍城機場附近的麥當勞吃雪糕……倘若有親戚朋友來回機場，擔任接送是少不了。

住在這層樓宇，曾發生幾樁至今解不開的謎：一次，是崇尹兄弟住的一間房間，窗戶是關上的，忽然一陣大風，把靠近房門的衣櫃門（門鑲有長身鏡面）吹倒，平放在轉彎二邊房門通道上，而鏡面竟然不碎，亦無損裂。又一次，晨早起來，看見飯廳窗前長櫃面，原來放置的一個頗大微波爐，也完整的倒放在地上（奇的是窗戶沒打開，晚上也無大風，半夜亦不聞聲響），亦無破爛，完整無缺，只是爐口玻璃門打開。更有一次，在浴室地上，大清早發現一堆用紙燒了的火燼。這幾件事情的發生，至今尚未能找出合理解釋。不過，當時雖找不到原因，卻沒有懼怕之意，既是相安無事，也沒有深究了。

意想不到住在這座房屋，竟度過了十年之久，是兒女成長的地方。父母都是在此期間在家中附近的聖德肋撒醫院辭世，留下悲痛的回憶。其後美璐與崇修相繼前往英國就讀中學，而崇尹及美璇先後都入了中文大學讀書，中大校園內宿舍有了空位，我們便申請，搬到中大校園宿舍了。

舊居十一：沙田香港中文大學宿舍第七苑五樓

我們從九龍區太子道搬到新界中文大學校園宿舍了。

我們居住的是第七苑大學宿舍，近二千呎，一大廳、三大房、書房及工人房、工作間俱備。面向吐霧港、八仙嶺，背山面海，風景幽美。若天氣晴朗，旭日初升，面對海港，會有一片彩虹，極為美觀；晚上月亮高照，又是一景。搬遷多次，可說是最佳的環境。回校上課，只需步行約十分鐘，亦有校車接送，到火車站連等候亦不過二十分鐘而已。

校園內設有銀行、小型超市、餐廳、飯堂、戲院（可作禮堂）、理髮室、運動場、游泳池……等色色俱全，可供住宿校內教職員日常所需。

住在校園，卻缺乏茶樓，我慣常晨早飲早茶的，一早往沙田飲完早茶後，仍可以趕上八時半的早課。沙田初時只是一個小市鎮，此時已變成一幢幢高樓大廈，繁盛的商業都市。回想戰後返回香港時，沙田仍是學生旅行的勝地，附近的西林寺，並不清靜幽雅，卻是各種小販擺賣食物的集中地，特別是油炸的蘿蔔糕，香味誘人。想不到今日卻成為一個人頭湧湧的鬧市。不僅高級旅館林立，中西酒樓餐館，各式名牌商舖，到處可見，是住中大校園的人，不可缺少的好去處。

從大學北行，便到大埔，市場較沙田遜色，仍保持一些農村的風味，最難忘的有一間印度餐廳，名叫「高士模」，它的牛腩飯、咖喱角，香味及口感在別處找不到的。尤其逯耀東兄，嗜好辣咖喱，對此處的咖喱，更讚不絕口。家中小孩，對那間餐廳，仍留有深刻印象。除此之外，街市中央一間賣蔥油餅店舖，淑珍認為他們做的厚厚蔥油餅是最具中國傳統式的，也是最喜愛的。

沙田中大校園宿舍的環境很美，在中大校園居住的全是教職員，可能日間經常見面，所以日常在宿舍中，彼此很少互相往還。在新年期間，連中國人最熱鬧的日子，仍是冷清清的，正如鄺健行說：「住在校園宿舍，新年時候，連一點餸菜香味都聞不到。」由此可知了。可說，住在沙田宿舍，外邊的親朋戚友，也疏遠了。

記得美璐從英國回來，在宿舍開設了一個兒童學畫畫班，其中有一小童突然說：「我是用錢學畫的，所以我最大。」美璐聽了，很不高興，她認為這些話，是不應出於如此高級文化宿舍的兒童口中，可見現在的兒童是如何難教導！

在宿舍居住，親朋很少到訪，我們兄弟四人，父母過身後，甚少齊聚，某一天兄弟和嫂嫂們卻齊集在宿舍，留下幾張難得的寶貴照片。又有一天，數十年不見面的月明堂家姐，忽然從海南島來香港，她自知患重病，時日不多，想見我最後一面，使我留下一段悲痛的回憶。

不久，中大又有資助自購房屋計劃，我又搬到港島區的太古城了。

中大改制

香港中文大學在一九六三年，由三間書院組成。在初期，各書院是獨立的。在這種情況下，行政機構有重疊現象，大學的校長似被架空了，不久便提出將大學改制。趨向集權中央的理據，既可簡化行政機構，又可節省市民的納稅金錢。於是展開推動改制，研討各種可行的體制。在大學推行改制之際，各書院的原有權力自然會有所變動。

中文大學推行改制，反對最烈的，是新亞書院。由於新亞書院的辦學理念不同，新亞董事會便提出辭職，以示反對。而新亞許多校友也同情董事會的做法，引起了一陣波瀾。

為了推動改制，大學校長便從各書院中挑選一批菁英，委任為「大學改制委員」，進行研討改制事宜。委員會的主席，由大學副校長擔任。當時副校長規定由三院院長輪流擔任，適逢副校長由新亞院長余英時擔任。改制委員會的主席，便落在反對改制最強烈的新亞書院院長身上。大學也許認為，余英時教授是從美國哈佛大學回來，是最適合人選；或者是正好用「以子之矛擊子之盾」的方法去進行改革措施。

當時改革委員進行過頗深入的研討，也希望找出一項改制方案，能獲得各書院的接納。但許多方案，都得不到新亞老一輩老師和校董會的同意。那些反對改制的人，不是余英時教授的老師就是他的長輩。所以由他擔任改制委員會的主席，有相當難度。余教授深知大學的改制，是事在必行，不會在反對的聲音中改變。在這種環境下，他構想將大學的文、理、商三個學院，分配為新亞主理文學院，崇基主持理學院，聯合則管理商學院。他認為新亞主管文學院是最好而最有利的，這也是最符合當時客觀實際環境，因為新亞的文科最強。可是，這一方案亦未能實現。進行多時的改制方案，始終沒有取得大家一致贊同，結果就只有改革成今日所實施的中央集權制了。中央集權能取得成功，最有力的理據，是提出可節省資源，可以減少納稅市民的金錢，是最符合市民願望的；其次是背後有政府的力量支持。

余教授經過改制一事後，心中感受良深，一直耿耿於懷。記得有一年，我們與幾位同學到台灣旅遊，適逢錢賓四師壽辰，逯耀東在台北的六福酒家訂了一席。這次難得集合了台、港、美三地校友與錢師祝壽。湊巧當天台灣遇上颱風襲境，酒家老闆與耀東的關係很好，特別於颱風中獨開一席。師生難得相聚一起，酒量好的，飲得大醉，特別是余英時和何佑森兄，醉得很厲害，余英時醉得還要人扶持，才能進入的士返回旅店。他在醉中仍喃喃細語說：「唐先生（這是我們對老師慣常的稱呼）我是尊敬的。」他重複說了好幾次，可知他在改制時與唐君毅老師意見分歧，仍然是停留在心中揮之不去的內心感受。

中大的改制是利是弊，將來必有定論。但有一點很明顯，昔日推行改制的那些委員，卻成為日後大學高層核心，掌管大學的重要部門，形成了一個「管校集團」。難怪有一次大學舉行一個講演會，有特設貴賓席的安排，由一位歷史系學生負責招待，對退了休的王德昭（昔日改制委員會成員）老師說：「這個座位不是你坐的，你坐在後面。」王德昭老師聽了，心裏很不高興，悻悻然走開。他似乎還好像在學校時，從未聽過這種帶有不禮貌的待遇。

雲起軒夜話

新亞書院從農圃道遷到沙田，適逢新亞校友余英時教授返回母校，出任新亞書院院長，兼中文大學副校長。在余院長建議下，在雲起軒舉行不定期的晚上座談會。

當時參加的多數是任職中大，而屬新亞書院不同系別的同事。其中有金耀基（社會系）、孫國棟（歷史系）、劉述先（哲學系）、喬健（人類學系）、唐端正（哲學系）、李杜（哲學系）、郭子加（數學系）、李弘祺（歷史系）和我（歷史系）等等。或許還有其他同事，一時記不起來，大抵都是較年輕的一群。

座談的主題沒有規定，形式是自由的、輕鬆的。話題總是有關國際的、國家民族的，是大家所關心的事情。記得其中一次，剛從大陸到香港任職數學系的郭子加教授參加座談會，大家便邀請他講述個人返回祖國的經歷和感受。

郭子加教授首先介紹自己原是在歐、美大學任教數學的。他說：為甚麼要回祖國？在當時認為新中國建立，最需要的是「人才」，他一腔熱誠，毅然攜帶妻兒，舉家從法國乘飛機返回祖國，一心一意地希望為祖國、為人民服務。

可是返回祖國，被分配到湖南一間初級師範學校任教數學。當時正值進行文化大革命，有「讀書無用」之論，學生的程度既低且劣。他原在大學教的是大學生和研究生，此時已有些不適應，開始感到失望。在進行「文化大革命」的狂潮中，各地年輕的紅衛兵，到處抄家清算，無日無之。人民把毛澤東主席捧上天，毛主席都被「神化」了，凡是毛澤東的，都動不得。他說：「有一天，鄰居的一個孩子在玩耍時，把毛主席的肖像用墨筆劃了兩撇鬍子，他的父親回家看見，驚恐萬分，立即跪在地上，唸唸有詞，祈求毛主席寬恕，像犯上了天條似的。」郭教授親眼看見這一幕情景，覺得十分可怕。想到如果有一天自己的兒子無知，把毛主席肖像塗污或撕毀，那還了得！他那種在國外的熱愛祖國情懷，開始冷卻一半。

郭教授再憶述，平日在街上所見許多店鋪，都沒有甚麼貨品出售。在醫院所見的情況亦甚惡劣。忽然有一天，街上突然熱鬧起來，店鋪出售的貨物，可說琳瑯滿目。醫院打掃得極為清潔，各部門亦井井有條。原來是國外有一個訪問團到訪。他更感到眼前所見一切，都是臨時充當的佈景，內心已開始動搖。

他說在失望之餘，還經幾番思索，覺得自己既然是自願回歸的，一心要為祖國，要為人民，不能就此放棄。後來又再深深的思考，回國是個人的事，都可以自己去承擔。但想到政府的頒令，凡是小資產階級的人，子女不能升讀大學。為了這一點，內心又經幾番掙扎，過不了自己的這一關。他再補充地說：「留在祖國，我個人都可以犧牲一切，任何事情都可以忍受，唯獨有了這小資產階級的身份，永遠不能讓子女入讀大學，剝奪了子女受教育的權利，是我絕對不能擔當的。」於是經過深切的思量，他堅決舉家離開祖國。他直接向周總理申請，同時又獲得從國外到訪的朋友協助，獲周總理的批准，這樣才得離開祖國到了香港。

郭教授這一番話，是他投身祖國後所見、所聞，和他親身的經歷與感受。在座的人，對於國內情況雖亦時有所聞，但沒有像這次能親身聆聽一位學者，而又是學科學的人，憶述親身的感受，因此大家對祖國的「文化大革命」更加深了認識。

郭教授到了香港，在中大有頗為安定的生活。不久又辭職往澳洲去。我想也許他在祖國邊緣的香港仍有餘悸，要跑到更遠的地方去！

牧師與張師母之死

自張丕介老師辭世後，師母過着孤苦零仃，形單隻影的日子。她經常把張老師衣物放在窗前晾曬，其悲痛之情，不言而喻。其後，讀到師母在《新亞生活》悼念張師一篇〈我的心聲〉一文，自謂：「三十年夫妻，情深似海。」那篇情文並茂，感人肺腑的文章，更見師母悲痛之情不易忘懷。據我所知，以往張師所撰寫文稿，恐文字、辭句或有不妥，定會先給師母過目，間有疑問之處，必指出與張師商榷，可見師母在文學上的修養，和張師寫作的謹慎。

某一天，我與內子淑珍前往探望張師母。在她家裏，有幾位上了年紀的女士，師母介紹說是教會的教友。我心裏有點奇怪，平日從沒有聽聞張老師夫婦是信教的，或者星期日前往教堂做禮拜的事。而今師母卻與教友在一起，也許是師母在悲痛、無聊和空虛心靈之中，到教堂去結識一些教友。其後師母對我說：「自己有空，可以幫助一些文化水平低的教友，既可消磨時間，又可做些對別人有益的事。」

我只知道師母在張老師辭世後，過着寂寞的生活，沒有聽過她健康有甚麼毛病。有一天突然接獲一位校友的電話，說張師母進了九龍法國醫院，我和淑珍立即前往醫院探望。那時她在病房裏還能自行走動，談笑自如的。再過兩天，我們買了一束鮮花，走進病房，推門一望，床是空空的，心裏感到有點不妙，走到辦事處查問，心裏仍期望只是更換了病房。結果查看之後，護士肯定的說：「那位病人，昨天已經去世。」突然而來的噩耗，如晴天霹靂似的，心裏一片茫然，不知所措，看見淑珍手裏還拿着那束鮮花，只好要她掉進長廊的垃圾桶中，悲痛地離去。

回到家裏，馬上致電一位經濟系校友徵詢詳情。他說：「張師母患的是肝癌，醫生檢查後，不敢直接告訴病人，只告知送她入院的人。幾位校友也沒有直接告知師母，商議暫時保密，因為師母從不知道自己所患的是不治之症，恐怕她一時受不了，須研究用甚麼方法告知她的病情。不幸師母驟然聽了一位牧師的說話後，昨天已經去世了。」

或許師母平日去教會，認識那位牧師，他得悉病人的病情嚴重，而師母又無兒女在身邊，也許他希望病人臨死前將一些遺產捐獻給教會。想不到一說出是不治之症，師母聽了即時倒下去，自此昏迷不醒人事，過了一天，便與世長辭了。經濟系的校友都極為憤怒，認為牧師的做法不當，一位性格剛烈的校友，激動得幾乎要揮拳打他。

張師母的病雖然嚴重，尚可支持延長一段時間，突然暈倒而去世，沒有一句留言，也沒有機會寫下遺囑。喪事過後，處理遺產的事遂增添不少麻煩。

張老師晚年，生活雖較為改善，依然十分節儉。供了大小兩層房子，以作退休養老之用。在張老師去世後，師母曾對我說過，把一層小的房子自住；一層較大的打算作為「張丕介紀念館」，把他的衣物、書籍和著作都放在紀念館。如果自己又去世，自住的房子賣掉，所得款項留作紀念館的經費。現在師母的構想還未實現，因那位牧師的一句話，便被毀滅了。

由於張老師夫婦沒有正式立下遺囑（曾有一張沒有律師和見證人的遺囑草稿，而且又沒有簽名和日期，不能作為遺囑），所以她的遺產問題，經濟系校友和律師與政府幾經交涉，拖延多年都不能解決。最近獲校友告知，房子的問題解決了。將所得的金錢，送返山東張師故鄉，開設丕介紀念中小學兩間。經濟系校友處理老師的遺產，既能還了師母的心願，更切合老師終身貢獻教育的精神。張老師平素愛護學生，在泉下有知，學生這樣安排，必然會感到安慰。

一個嚴寒的元旦

我從小都是住在南方，稍寒冷的地方都沒有到過。在一九七七年休假，前往英國牛津，卻遇上一場大雪。落雪在英國是很平常的事。但這一年，據報章上說，是英國十六年來一次最大的風雪，這給我度過一個頗嚴寒的冬天。

正如「夏蟲不可語冰」，我驟然看見一層厚厚的白雪，覆蓋着整個大地和屋頂，一片白茫茫的雪景，真的美極了。在大雪過後，天上襯着幾片白雲，互相映照，覺得整個天地，是明亮的、潔淨的。地上軟綿綿的白雪，踏上去，只留下自己的足跡印在路上，猶如踏在海灘的幼沙上，心中從沒有感覺過像這樣寧靜、安逸的感受。

在這一年的冬天，也是我和父母、妻兒分開最長的時間。在這裏最多的時間是躲在圖書館，有時疲倦了，就獨自到外邊走動。看見平日有人在湖邊垂釣的大湖，整個給結成了一個堅硬的冰地。有些小童就在冰上滑雪，喜氣洋洋地玩各種遊戲。

元旦那一天，又經過一夜大雪，公園都鋪滿了一片白雪。偌大的公園，只見稀疏三兩的人影，點綴在白雪之中。往年在香港，每逢元旦，日間都和妻兒在外面走動，晚上則和家中各人吃一頓大餐，感到家庭的温暖與歡樂。而今只有獨自一人，坐在公園的椅子上，眼見三兩行人經過，手牽着小孩子，心境更顯得寂寞、淒涼。懷着這種孤獨的心情，只有在平滑的白雪上，寫着惦掛的妻兒名字，聊作和他們在這裏漫步，又把這情景攝錄下來，作為他日追憶的記錄。

下午不到四點鐘，已到傍晚時刻，寂靜的新年元旦又快過去了。返回家裏躺在床上，扭開錄音機，次女美璇靜靜地放入我帶來英國行李袋的一盒錄音帶，放出中國悅耳的歌曲，又引起我在寂靜時刻思念家人的情懷，聽來有深刻的感受。現在我每次播放這一盒錄音帶，依稀仍像在牛津過的那一年寒冷的元旦。

牛津大學一所學院的圖書館

在中文大學任教，每五年就有一年假期。我任教第一個五年的假期，是選擇前往英國牛津，可以利用大學及各書院的圖書館，做些研究工作；而且那裏有認識多年，任教牛津大學中文系的杜德橋博士夫婦，他又是 WOLFSON 學院的院友。

英國，是我首次去歐洲的地方。在希斯魯機場下機後，杜德橋已到機場接我。那時候是秋天中午，但太陽卻偏斜在西邊，天色很像香港的傍晚黃昏。那時才體會東、西方環境的差異。

住了一天，杜德橋首先帶我到警察局報到，要辦理一項進入英國境內的手續。填寫國籍，不能填中國籍，因為所持的不是中華人民共和國護照；又不是台灣的中華民國護照，只能填寫「香港」人。沒想到當日來到這裏，才知道自己是「沒有國籍」的人，頓時內心上感到一陣辛酸與難過。

隨後，杜德橋帶我到 WOLFSON 學院，介紹一些中國人給我認識。當時一位曾經在中國北京擔任過英國大使的先生，正在這學院任博士班的導師。曾經是金耀基教授碩士研究生的黃紹倫，也在這兒作博士研究生。還有好幾位是畢業後在中大任教的「香港人」。

杜德橋安排我在學院的圖書館看書、借書。那裏離開匯聚各書院的中心稍為偏遠，環境清靜幽雅，建築物是新式的，只創立了五十多年，是新增的書院，與牛津那些古老書院相比算是最「年輕」的學院了。

在香港的圖書館，借書和還書，都要經過各種手續。但在這所圖書館，是採取一種「誠信制度」。如果要借書，把書拿到枱面上，填寫好借書單放入一木箱中。還書時就把書拿回放在枱上，便完成借、還的手續了。若然要帶自己的書去圖書館，亦可自由進出，不用檢查，方便得很。一切真的全靠個人的誠信了。

這種「誠信制度」並非牛津大學每間書院都採用的，例如大學圖書館，就不是如此。我總覺得那種制度，不僅自由、方便，而最重要的，是具有濃厚「人格教育」的意義。

牛津的學生

讀中學的時候，知道英國的牛津大學，是世界上最古老和最著名的學府之一。第一次到牛津，走到市中心的一座高樓陽台上望下去，到處都是書院林立。三十多間書院相聚一起，可說是一座名副其實的大學城。

各書院的校舍，都是數百年的古老建築。牆壁也許原是咖啡色的，而今卻蒙上了一層暗灰的顏色。在校內雖然保存一些古舊的設備，但非常整潔。最使人留戀的，就是每間書院校園內，都有一大片綠草如茵的草坪，和一些古老的大樹，確是讀書的極佳環境。我平日在報章上經常看到英國的首相和其他政要人物，許多都是出身於牛津和劍橋兩所大學，也許是有原因的。

在一個聖誕節前後的早上，我冒着紛飛的雪花，走過幾間書院校園，那裏大概是一些學生宿舍。天色仍然是暗淡的，看見樓下窗前，有些學生開着枱燈，低着頭，在看書或寫作。我覺得這種情況也許是個別書院的現象，再走遍幾間書院，都有類似的情形。在寒冷的天氣下，一早便在窗下用功，難怪會有許多在學術上、政壇上的尖端人物出現。我以為或許這是我偶然所見現象，但經過好幾天的漫步所見都是如此，不能說是偶然的了。

牛津的學生，都是歸屬各書院，有些課程是大學開授，書院也有小班的導讀課，學生對書院都有濃厚的歸屬感。每年的畢業典禮，才由大學集中各系頒發學位。

據知許多熱心捐款的人，都喜歡捐到書院去，這與香港中文大學的捐款人多捐到大學去的心態有別，正顯示出兩地的不同之處。

在巴富的聯想

在英國一段時間，參觀過一些名勝，多是由杜德橋兄介紹並帶領我去的。他選擇的地方，多是與歷史有關，也許是因為他知道我研讀歷史的關係，到巴富（Bath）是其中一例。

巴富的建築物，有獨特風格。而最著名的，是羅馬人統治英國時，在此地建造的浴池。所見到的浴池，在屋內中央，池底下舖着有顏色的小磚，像今日香港房屋地板舖的「紙皮石」磚相似（不知道這是浴室原始小磚的顏色，或者是後人重修所加上的）。浴池有些貯着水，有些是乾涸的。浴室建築如此講究，正顯示出當時羅馬人喜歡沐浴的習慣。

參觀時，遊客要輪候購票才得進去，票價並不便宜。有人說我們中國人是重視歷史的民族，但參觀過後，覺得英國人對歷史的保存，重視程度實不遜於中國。羅馬人留下的浴池，是羅馬帝國時代的文物，英國並不以為是「羅馬帝國主義」侵略者的殘餘，仍然保存原始文物，供後人欣賞，實在難能可貴。

我曾前往國內西安等地旅遊區，參觀唐代玄宗寵愛的楊貴妃在華清池沐浴的地方。一進去，一幅告示寫着「不准遊客照相」的字樣。而這個浴池，在唐人詩句中的描寫傳誦千古，但所見的，非常簡陋，並非詩句中所描述那樣豪華奢侈。或許是歷代沒有好好的保存，變成今日所見的樣貌。中國唐代遠比歐洲羅馬帝國時代為近，但歷史文物的保存，卻遜色得多了。

英國人的歷史名勝，供遊人參觀，既有教育意義，政府亦可增加收益，以作文物的維修、護理費用。外國人的確有商業頭腦，比諸國人靈活，像這樣的名勝，中國何止千百，只要國人珍惜，妥善保存，都是國家之寶。

文化的差異

新亞英文系畢業的校友羅鳳陽，和杜德橋博士結婚後居住牛津。她是一位虔誠教徒，為了教友相聚的方便，遂籌建了一座小教堂。到我來英國時，教友已經發展到七八十人了。教友有白種人、黃種人和黑種人，彼此都和睦相處，時有聚會，像個溫暖家庭。

她的教友中，有位獨居的黑人老婦，以前是一位護士，退休後政府給她一所房子，房子有兩層，後門還有一片草坪，環境清靜、整潔。那位婦人，在英國某一處殖民地結束時，正值英國本土極需護士，便把她移民到牛津。以一個普通移民護士，退休後能獲得如此待遇，不是香港人所能想像的。我到英國，羅鳳陽便介紹我住在她的房子裏。

那位老婦肥胖得行動有些不便，是極虔誠的教徒，為人樂觀，工作時經常唱歌自娛。每逢節日都喜歡招待教友聚會。有一次，她的外孫來到她的家裏，準備開一個生日會。她邀請了教會中的教友，以及和她孫兒年齡相若的兒童參加，並在前一天親自烹飪許多美食。在生日那天，我所見前來的客人，都是一些黑人兒童和家長，只有一位是白人，她也是和黑人結婚的。在生日會過後，我問她為甚麼不見有白人的兒童？她說：「那些白人兒童家長沒有空，來不了。」說時毫不介意。那時候，我心裏在想，是否有種族歧視？還是她習慣了，處之泰然。我再進一步思索，羅鳳陽的教會裏，既能匯集各色族群，又同一宗教信仰，教會中人也許有打破族類隔閡、融和一體的宏願，但仍然免不了存有種族文化的差異。縱使現今的人，高唱要破除種族的歧視，但要真正達到這一境界——世界大同的理想，首先要打破彼此的文化差異。看來，要達到這一目標，還會有更遙遠的道路。

英國白禮頓(Brigton)——暑假探大女兒

長女美璐在白禮頓理工學院攻讀藝術（不久改為理工大學），租住一小屋，與一位愛爾蘭女同學同住，假期探望美璐便居於此。

住所離市區不遠，我可常到各商店購物，到海邊觀望那海上滾滾白浪，或臥在沙灘上，仰望着天空藍天白雲，遠眺一片無際汪洋。清晨到海邊附近的餐廳吃早餐，飲杯咖啡，食件蛋治。黃昏時在堤岸沙灘上漫步，吃我最喜歡的英國魚柳和薯條。在香港、德國、美國是做不出如此好味道的食物，真人生一大快事！

記得，第一次到白禮頓時，才知在兩星期前，英國首相戴卓爾夫人住的那間酒店被炸，意圖謀殺首相，幸未傷及，而酒店被炸之處尚未修復。這亦是當時震撼英國的一件大事，給我看到英國史上一點最新痕跡。

我最喜歡去鄰近「美本頓」的地方，據稱那處是富有人家退休後的最佳選擇。沿途望去有無際的汪洋，岸邊有連綿典雅的房屋，面向茫茫大海，及蔚藍色的天空。我想，居住於此，使人心胸開朗，確是退休人士人生中一大享受。

街上一角，有一間咖啡室，全店工作均只得一人擔任，桌椅食具極為清潔而有條理，見其甚忙，但面上卻常露笑容，有寓工作於娛樂之趣味，如此生活，使人羨慕不已！給我留下深刻印象。

沙灘附近，有一間專賣各式糖果的手信店，其中有仿沙灘細石的糖果，各種糖果形狀、顏色，真可以以假亂真，見之也不敢取食。

國際宋史研討會

香港中文大學歷史系，請了美國密茲根大學張春樹教授擔任系主任後，開始籌辦「國際宋史研討會」。邀請信發出後，張春樹教授因事返回密茲根大學半年，我代行系主任，所以籌備研討會的事務，便落在我和研究宋史的羅球慶身上，我們一起安排研討會有關事宜。

這是國際性的會議，被邀請的有歐、美、澳洲各國的學者；自然也包括中國內地和台灣的學者。在當時，大陸的學者並非如今天可以出入方便。學者申請到海外，甚至來香港，參加學術交流會議，還要審查，仍然不大容易。

到了快將開幕的時候，張教授回港主持會議。記得台灣來的學者，出席會議宣讀論文所用的原稿紙，旁邊印有「中華民國」字樣，從大陸來的學者，有部分也提出反對。就從這一點，可見當日大陸學者，雖然出席參加國際性的會議，對台灣所用的國號都相當敏感。

參加這次會議的學者來自不同區域，大部分是中國人，只有少數是美國、英國、法國、德國的學者，他們都懂中文的，彼此能用普通話溝通。而大陸和台灣的學人，在政治上縱使仍有分歧，但見面時大家都極為融洽，顯示出同一族裔，彼此都是「龍的傳人」，感情仍然是存在的，短暫的政見分歧，戰勝不了同一傳統文化的根源。基於這一點，可遙望不久將來，中國總會有一統的日子。

國內開放政策後

國內自鄧小平重掌政權後，逐漸採取開放政策，大陸許多院校都得以申請到外交流，其中北京的外語系教授到英國牛津大學訪問，適值我休假在牛津。牛津大學中文系杜德橋博士，主持招待訪問團，我也被邀請參加聚會。在茶會上，彼此交談甚歡，他們的言談，雖然比以往開放一些，其中一些學者亦坦率地說，現時確比以前的言論禁忌開放許多了，但從他們的言談，心底下仍存有一個暗影，不敢暢所欲言。最明顯的，是從大陸來牛津攻讀碩士、博士的研究生，一同聚會見過面，後來在商場上相遇，卻借故他去，不敢與來自香港的我交談。

其後開放的尺度愈來愈寬鬆，申請到國外和港、澳的學者日漸加增，其中一位學者錢偉長先生也到香港探親。

錢偉長先生是曾在美國留學的科學家，記得也許是一九七二年左右，科學院院長郭沫若，和外交部副部長喬冠華，設宴招待美國籍中國學者參觀團，還請了錢學森、華羅庚，以及錢偉長一同作陪。可見錢偉長當日是一位頗負盛名而又受重視的學者。在國內開放政策展開後，得來港與叔父錢賓四師共聚，我們也藉此機緣相見和交談。錢偉長先生言談溫雅，是位謙謙君子。記得和他談到在「文化大革命」時，他被批判為地主階級（這罪名未知有沒有記錯），遭受過無數次的清算、批判、遊街示眾等的鬥爭。他說：「當我知道一個運動來的時候，我就自然地把那塊罪狀牌子掛上，每次運動都是如此。」他說這話態度坦率、輕鬆。所以我才敢帶點開玩笑的對他說：「你是正牌的運動員了。」他只點頭微笑，繼續談他被清算的一些回憶。

錢偉長先生在開放後曾多次來港會親。自恢復名譽後，還當上上海工業大學校長。那時和他見面，態度卻較前嚴肅、慬慎了，和以前無職一身輕有很大分別。也許一個人負上了重要職責，說話時必然要慎重些，這是處世的必然規律。

一位難忘的同學

桂林街時代，新亞除了少數香港本地學生之外，大都是從大陸隻身流亡來港的。更有些是來自老遠的東北。他們舉目無親，言語不通，為了要繼續求學，找些兼職維持生計，亦非易事。一位來自東北遼寧的陳建人同學，他為了求學便在荃灣的石場做打石子散工。沒有錢支付每天來往車費，只有步行往返，有時我見他孤獨一人，還陪伴他步行走一段路程。其實我的普通話，許多是跟他學來的。

陳同學是讀經濟系，系主任張丕介，又是總務長，知道他艱苦好學精神，成績又不錯，每月給他五十元津貼，協助會計處工作。拿了五十元，不用到荃灣工作，住在學校宿舍，生活稍作改善。

我和陳同學同住一宿舍，記得有一年，農曆年除夕，宿舍中的廣東同學都回家過新年，沒有家的都留在宿舍。在年初一中午，我偶然因事返回宿舍，宿舍一片寂靜，卻見陳同學仍未起床，把棉被蒙着頭。我在他身旁叫了好幾聲，都沒有反應。我輕輕地把棉被掀開，見他臉上流着滴滴淚水，一聲不發。原來他在寂靜的宿舍裏，在新年的時節，思念故鄉，懷念親人，在不能抑制的情緒下淌下熱淚，我頓時感到非常難過。目睹這一時代的流亡學生，那種辛酸生活，陳同學也許只是其中一位而已！

陳同學在畢業後，工作一度失意，系主任張丕介推薦他前往德國深造，由於德文程度不足，還要加緊進修。他到德國後，我們彼此音訊斷絕，只曉得他忙於攻讀博士學位。

一九七八年，我休假到英國牛津。有一天前往倫敦，在唐人街上，突然碰見陳同學。正是他鄉遇故知，彼此多年各在一方，相見時驚喜若狂，找到一間餐廳，暢談了半天。那時才知道他多年未能完成學業，是因為畢業後便喪失學生居留的身份，所以必須找到職業，才能決定畢業。和他見面時，他剛獲得學位不久，在瑞士一間銀行擔任投資顧問的工作。

幾年後，陳同學返回北京，途經香港，和經濟系校友相聚，我也被邀約參加。他對我說：「這次回北京，是和北京一位女子結婚，現正替她辦理入德國的手續。」至於他婚後生活如何，又不甚清楚了。

最近聽聞接近他的同學說：「建人已經去世了。」聽後內心非常沉重，又難過，一位有志於學的大好青年，一生走不脫坎坷的命運！

陳同學的學業成績不錯，深受系主任的讚賞，不能在校留任助教，老師又再推薦他到德國，苦心栽培他，希望能成為一位學人。可惜，他未能完成老師對他的期待，僅在短短時間，竟身死異國，悲夫！

新亞書院與研究所分離

中華人民共和國在大陸建立後，加強宣揚馬、列主義。國內的學者目睹大陸馬、列主義的風暴，紛紛逃到香港，創立專上學院，因此五十年代是專上學院紛紛創立的蓬勃時期。

錢賓四老師和其他創辦新亞的同仁，並不僅以創立新亞書院為滿足，而有更深遠的期待，便設立研究所。錢師在創辦新亞研究所時曾說：

> 新亞創辦乃因大陸遭劇變促成，余意不僅在辦一學校，實欲提倡新學術，培養新人才，以供他日返大陸之用。故今學校雖僅具雛形，余心極欲再辦一研究所。此非好高騖遠，實感迫切所需……規模不妨簡陋，培養得一人才，他日即得一人才之用。

這就是希望藉着研究所培育一些年輕人，日後可在大學任教；或在文化機構擔任各種工作，甚至到各中學教書，使香港的年輕人不會在英人統治下，僅受西方思想的影響，能多受一點中國歷史文化的薰陶。這是新亞書院前一輩老師的一致願望。

一九六三年，香港中文大學成立，新亞書院是大學成員之一。隨之而來的，是新亞書院與研究所的隸屬問題。書院方面與大學當局產生了歧見。照理研究所原是隸屬於新亞的，理應跟隨由新亞主理。但中大當局要把研究所直接隸屬大學管理，要由新亞書院分出來。新亞的同仁認為創辦研究所的理念和大學的理念也許不大相同，而且新亞研究所是以文、史、哲三科為主幹，新亞文、史、哲的導師亦較多，屬於新亞是順理成章的事。新亞與大學當局各自堅持，結果新亞書院和研究所便分了家。新亞書院遷入沙田，研究所就只有留在農圃道，獨立發展。幸好，新亞書院在農圃道時購置圖書的經費，大都是研究所的。因此，買入的圖書便蓋上了「新亞研究所」的印章。到了分家時，大多數文、史、哲的書籍，都歸入研究所。研究所分出之後，得不到大學的經濟資助，但有大批圖書作為基礎，尚可獨立生存。搬到沙田新亞書院的圖書館，有關文、史、哲方面的書籍，非一時可以補充的。而且珍貴的線裝古籍，多留在農圃道研究所圖書館中。

其後，中文大學當局只好另建一所名為「中國文化研究所」，成為三個書院之外另一研究機構，但不似新亞研究所有研究生的培養，又兼作研究機構。大學要培養碩士、博士生，便放在各院各系別中。

近年來，中國文化研究所的研究成果如何，不甚清楚，或許招聘一些專門學者作為研究員，或者用一些地方作為小型學術研討會、講座的場地。事隔多年，新亞研究所雖然可以獨立生存，長年以來經費來源有限，維持相當困難，實有賴老一輩的教授退休後，以微薄的薪酬，擔任導師指導研究生。經費雖不足，賴第二、三階梯的畢業生亦相繼支撐大局，尚得維持現狀。而大學主辦的中國文化研究所，既有資源，也許有更大的發展。

而今看來，數十年前大學與新亞書院的爭論，問題是隸屬之事。誠如嚴耕望老師所說：「當年中文大學的主事者，不要堅持直接管理，讓新亞書院主理所務；或由中大去管轄研究所，都沒有甚麼大的分別，而今分離的做法，對兩者的發展都沒有好處。」嚴師治學是務實的，站在學術的層面而言，所說也是一種「務實」的意見。

新亞中學創辦前後

要創立一間中文中學，是新亞書院創辦後的另一個目標。這一意念，當年的師生經常提及，其後逐漸獲得有關人士的支持，尤其是一位江浙的富商最有興趣，支持亦較有頭緒，他是水壺製造商董之英先生。

經過錢師與董之英先生的磋商，物色適當的校址，老師率領一群同學，也曾到過荃灣一處地方，勘察是否適宜作校址，這次算是新亞構思創辦中學較有實質的一次。其後不曉得是甚麼原因，計劃又無疾而終。

新亞書院遷往沙田新校舍後，農圃道的校舍，中文大學擬作其他用途。但新亞董事會建議，由「新亞教育文化有限公司」主辦新亞中學。於是新亞書院醞釀多年創辦中學計劃，才得以實現。

有一天我和孫國棟兄同往探望唐君毅老師，談起辦新亞中學一事，我曾向唐師建議說：「香港有需要建立一所私立的，而又具中國傳統文化色彩的中文中學；並且亦可以私立學校所得的盈餘，補助新亞研究所經費的不足。」唐師聽後，默不作聲，亦不置可否。

我所以有此建議，乃有鑑於目前香港的中學教育，都是由教育司統理，同出一模式。若能不違背香港教育條例，創辦一所配合新亞書院教育宗旨，加强「中國傳統文化特色」的中學，是很有必要的，而且更有助脫離了大學的新亞研究所增添經費來源，促進研究所的發展。

新亞中學創立後，又成為一般的津貼中學。其實香港的中學教育，在近幾十年來有很大變化。私立學校經費籌措不易，教師薪酬又低，經過長期努力，才得政府的資助而提高，學校的設備亦得以增添改善，這是艱辛努力所爭取而來的。若要辦私立學校走回頭路，確實困難重重，所以新亞中學始終要走津貼學校的模式。我起初的想法，始終是一個理想，距離現實環境過遠。雖然如此，至今我仍然認為，倘使他日香港環境有所改變，只要存着這一理念，冀望有一天，夢想會成為事實。

「新亞幫」

香港中文大學是由崇基、新亞、聯合三間書院組成的。三間書院的背景各有不同。崇基原是以廣州嶺南大學流亡到香港的師生為基礎，所以名為「崇基」，從校名可見仍帶有濃厚的宗教色彩。聯合書院顧名思義，是由一些從國內流亡到香港的教授各自創立的大專書院，後來由其中五間書院組成的，所以名為聯合書院。聯合書院的背後，是有香港社會具有經濟實力的人士所支持。而新亞書院，則由一群從大陸流亡到香港，為追求自由，希望能延續中國傳統文化的學者所創辦。那些學者都是「手空空、無一物」，憑着一股理想辦學的窮書生。其實三所書院各有不同的背景和理想。

三所書院中，以新亞創校最早，繼而又創立新亞研究所，以研究文學、史學與哲學為主。所以後來在中大擔任文、史、哲課程的三所書院畢業生，亦以新亞的較多。就歷史系的教師而言，也是新亞的居多。因此，在系務會議上，都是新亞人是很自然的事。由於這一緣故，其他的一些同事，也許為了要爭取自己同在美國某一大學的同路人，加入歷史系未被接受，便加諸新亞的同事一個名稱，叫做「新亞幫」。

有一次，文學院院長鄭德坤教授，在他的寓所召開一個座談會，邀約所有歷史系同仁出席。有人又提及「新亞幫」這一名詞。我當時忍不住氣，當面對鄭院長說：「甚麼新亞幫？有甚麼根據？是否在一個會議上成員多，便成為一個『幫派』？在新亞有許多來自台灣的，是否就成一個『幫派』？」我這樣不客氣的質問鄭院長，他卻無言以對。我想，提出這名詞的人，是自己別有用心而已。

其實，一個具有自私心的人，亦以為別人都是如此，因此提出那種莫須有的傳言，散播後別人也信以為真。這樣就會助長一些揑造是非的人，黑白顛倒，我非提出抗議不可，不然只有加增「以非為是」的惡劣風氣！

「辭職」與「退休」

錢賓四老師離開中文大學新亞書院後，住在新界沙田山麓的和風台寓所，不用舟車勞頓，生活恬靜。以往在新亞的一切事務，雖然完全放下，絕不干預，但內心對有關於新亞的事，仍然十分關注的。

創建新亞，是錢師畢生從事教育的歷程中，極為重要的階段。創立新亞初期，由於經費短絀，到台灣四處奔走，希望能獲得經濟上支持，延續新亞，保存中國傳統歷史文化，並加以發揚。他不辭勞苦，也費盡心血，對新亞寄以厚望。但香港中文大學成立以後，與大學校長的教育理想不大相符，所謂「道不同不相為謀」，遂毅然離開中大新亞。而他對新亞的關心，是可以理解的。

一天，當我們在沙田和風台師生相敘時，談及有關新亞的近況，自然又旁及錢師離開中大的事。於是我直接問錢師（我們一直都稱他先生）：「錢先生離開中大，究竟是『辭職』，抑或是『退休』？」錢師即時毫不猶豫，斬釘截鐵，且帶着嚴肅的語氣說：「我是辭職的。」從這一句話的表情，正好說明錢師要離開中大的一種表態。跟着我又再問：「錢先生回到台灣後，是否會再教書？」他臉上頓時露出笑容說：「你說，我是否仍然要教書過活？」

錢師回到台灣，隱居士林外雙溪素書樓。雖然沒有到大學教書，但創辦中國文化大學的張曉峰（其昀）先生是錢師老朋友，怎會喪失機會，堅持要研究生到素書樓聽課。講學是他畢生事業，怎能拒絕？錢師在九十多高齡，在素書樓上最後一課。其後我曾前往素書樓紀念館，在館中所藏的錄影帶播出時，看到錢師講授最後一課，聲音宏亮，神采飛揚，與當年在桂林街時期上課差不多。有點不同的是，前者在講台上一邊踱步，一邊悠然自得地講；後者卻眉髮皓白，坐在椅子上講而已！

要保存和發揚中國固有傳統歷史文化，是錢師畢生最大宏願。今天祖國大陸正掀起一陣陣的反思熱潮，中國傳統文化的新生，又隱隱萌芽了。安葬在無錫太湖邊的錢師，必然會發出微笑。

接受贈書的一刻

一天，研究生黎明釗到我辦公室對我說，由於太太的一位親戚，在加拿大申請他們移民，所以要求辦理轉學到美國。

那時候，香港正值九七年期限將至，港人紛紛申請移民到歐、美、加、澳等地。黎同學是博士研究生，縱使香港九七年後有甚麼變化，也不會有太大的關係和影響，但他值此機會轉到美國去，可以在學術上擴闊視野，也是一件好事。

過了不久，黎同學再到我家裏來，向我辭別並攜帶兩套書送給我，一套是《金石萃編》，另一套是線裝書《清學齋集》兩函。其實當他向我提出說要轉往美國時，我知道他經濟上頗為拮据，因為他在研究院攻讀，兼任助教工作，薪酬不多，結婚後生活又加重了。使我有點歉意的，是他曾有意在外邊中學找些兼課彌補生活。但我卻不時勸阻他，敦促他最好專心完成高級學位，打消在外兼職這一念頭。這次他臨別時還送給我這些書籍，他大可轉讓給別人，多湊點錢作移民之用。當我接納那兩套書的一刻，內心上頓時產生一種莫名的感受。當時沒有甚麼禮物回贈，只好說些勉勵的話就是了。

這次他到美國，值得高興的是在匹茨堡大學，獲得台灣在海外極受尊重的學者許倬雲教授指導，確實使人欣慰。在美國期間，他不時來信，告知在美研讀的情況。

最後因移民加拿大的關係，黎同學為了方便再轉往加國，入讀多倫多大學，卒完成了博士學位，不負我多年對他的期望。

四十周年特刊

新亞書院建校四十周年，準備編印一本紀念四十周年特刊，原先院方授命一位姓譚的教師負責，他是英文系畢業的校友，在歷史系任教。不知怎的，他卻中途不幹。後來由學長唐端正承接這樁差事，於是重組編輯委員會，我是委員之一。經過多次會議商討，分配各組的工作，進行了一年多，把這本特刊完成。

特刊印好後，分送到各人辦公室。不知為何書院當局突然停止分發，還勒令將印好的特刊全部焚燬。驟然傳來的消息，使我大為驚訝，為甚麼要把特刊銷毀，究竟出現了甚麼問題，原因在那裏？書院當局全無透露，只聽了「路邊社」的小道消息，是有一位在翻譯系的同事，說她已由講師升上高級講師，而特刊上仍記錄她是講師，因此提出反對，只此而已。其他至今依然不知所以然，始終還是一個謎。

至於為甚麼要全毀已印好的特刊，書院當事人應該向編委會解釋，指明問題出在甚麼地方，總要有點交代。在特刊付印時，院長林聰標還特地宴請全體編輯委員吃一頓晚飯作為慰勞，並沒有吐露絲毫跡象。不久，忽然傳來這一消息，頓時使我墜入迷霧中。還有一點，連負責主編的，也惘然不知，院方也從沒有向他提及過此事。此後我經常在想：是不是做人處事，「沉默是金」是一種最佳的「明哲保身」之道？

閒居的牟老師

牟潤孫老師在香港中文大學退休後，住在九龍美孚新邨，很少在外應酬。以往總有許多朋友歡敘，相當熱鬧。而今卻不時獨自悄悄地躲在樂宮樓吃餃子，顯示出晚年生活的閒靜與孤寂。

舊曆新年，我和內子淑珍及小兒崇尹、崇修等，前往老師家中拜年。那時已不像昔日有絡繹不絕的人到來賀年，當年坐下不到十分鐘，門鈴便響。而今坐上幾乎一個多鐘，都不見有來客。牟老師無聊得自動要替我長子崇尹算命，算後稱崇尹的命不錯。又再替次子崇修算，算過之後，卻一聲不響。其實，我對算命是不大相信的，先父早年曾有人為他批命，批命紙上寫到六十歲就不再批，結果他終活到七十五歲。所以老師所談命理一事，我只是聽聽罷了。

到了第二年的農曆新年，老師又提算命的事。於是引起我回憶去年他替崇修算命後，是好是壞，一言不發，又引動我的好奇心，藉此再問老師是甚麼原因？他回答說：「這當然是好的。」我覺得他的話有點牽強。他自動的要替我兒子算命，算崇尹時有話可說，為何算崇修之後卻無下文。以往我知道他對算命、看氣色都很有興趣，甚至曾對一位姓麥的研究生，單看氣色這一項，就認為他很有悟性，頗為讚賞。而今他喜歡主動替人算命，除了興趣之外，也許要打發生活無聊的時間。

牟老師退休住在美孚的幾年，所撰寫的文章，性質與範圍極廣，其中有時事評論和人物憶述等雜文。文稿多刊在各報章、雜誌上（用多種不同筆名），這都是老師在閒靜生活中撰寫的作品。其實老師家中來客稀疏，我想或許是他在中大時突然和王德昭先生飛到北京有關，那時候，是許多人所料想不到的。而當時他與王先生政治思想的轉向，予人耳目一新的感覺。而今時移世易，是時勢所趨，又變成思想開放的先驅了。

牟師退休以後，和我依然保持一向以來的關係，每次見面，除了談論一些學術上問題，聽他喜歡講的掌故，和要我替他在中大圖書館借書外，甚少提及新亞研究所的舊事；也不涉及他晚年政治思想取向轉變。不管怎樣，那是他個人意向的取決，但在當時一般人的意識下，造成他晚年那一段孤寂生活，不無關係。

助人

「助人為快樂之本」這句話我不知甚麼時候才知道，但卻是從童年時就開始懂得奉行遵守的座右銘。

在新亞的時候，有一天和張丕介老師、師母閒談時，提及交友問題。師母頗認真的對我說：「慶彬，你知道肯幫助別人是一件好事，但還會得罪別人的。」聽了師母這句話，雖然沒有證據來證明是否真的如此，心裏卻感到「不以為然」。

對人事閱歷多了，知道世事至為複雜，所謂「人心為危」，許多事情並非你一廂情願。縱使一個人熱心助人，但別人卻有不同猜想，不僅會諸多猜度你的用心，甚至處處防範你。有時回憶起張師母曾經說過那一句話，是經歷人事多了的經驗之談，不無道理。有一次和嚴耕望老師、師母談話時，師母忽然說了一句話：「嚴耕望平生都肯幫助別人，但並不過於積極。」那時候我想到逯耀東兄，以他的個性，若他肯幫助某一個人，他是十分積極和熱心的。而他那種作風，好的朋友固然甚多，但由此開罪別人亦不少。這種助人的態度，與嚴師那種「適可而止」又不相同。嚴師母所說的話，雖不是出於嚴師之口，當亦可信。

我有一位同學楊廣田，曾經幫助另一位姓陳的同學，由於他在職業上受了不少挫折。因此我特地勸廣田幫助那位姓陳的，開設一所小型製膠花、玩具的塑膠工場。由於他經營不善，我曾再三勸廣田繼續支助，亦告失敗，結果工場關閉了。我心中感到十分不安，因為是我為幫助他，向廣田提出的主意，但楊同學對此事不僅從未說過一句怨言，以後亦從沒有提過此事。而陳同學自此卻和我倆絕跡來往。正好說明張師母說那一句話，是有道理的。楊同學盛年而逝，想到助人一事，更引起我懷念故友對朋友樂於助人的胸襟。

另一位同學顧寶珍，她在醫院任護士長時，只憑和我是同學關係，和我認識的朋友，如果是在她工作的醫院託她關照，從來未推辭過。就是潘師母（潘重規師）臥病伊利沙伯醫院時，我託她下班的時候代為探訪、關注，她都應允。我母親臨終病重不起時，請她丈夫梁順桓醫生上門診病。當時社會治安惡劣，梁醫生的母親曾勸喻兒子，認為晚間出診，是很危險的事，最好推辭。而顧同學卻認為如推辭應診，心感不安。根據慣例，一般醫生上門診病，診金相當昂貴，但他只象徵式收費而已！

所以內子淑珍曾對我說：「你的楊、顧兩位同學，你受他兩人的幫助，甚至惠及你周遭的朋友，這一筆人情是無法償還的了。」這又使我想到也許他們秉性是以「助人為快樂之本」，否則怎能處之泰然。經過多年生活的體驗，張師母昔日的話，始終還是半信半疑。

「小虧」與「大虧」

許多人都怕吃虧，只有前賢鄭燮（板橋）說過：「吃虧是福。」這句話也許不是一般人所能接受的。如果從事商賈的，小虧是可以吃，視為一種「拋磚引玉」技巧，未嘗不可。而大虧則不可吃，這是營商之道。

嚴歸田師和我相聚時，他很少談論做人的道理，只有一次，偶然聽他說了兩句話：「做人和做事，小虧可以吃，大虧千萬不可吃。」我聽了這句話，出自嚴師的口中，覺得相當奇怪。這種話普通人都會知道的，不是經典之言。而由嚴師講出來，又特別強調「大虧千萬不可吃」，明顯是嚴師內心蘊藏着他為人處事的哲理，更是身體力行的座右銘。

嚴師在學術界從來不願擔當任何行政工作，許多人都知道是他為人的堅持。嚴師常自嘲自己愚鈍，不善於任行政工作。新亞研究所極需一位資深學者，擔任所長職務，唐君毅老師數度邀請他出任所長，他每次都婉謝。只有一次所長真空時，在無可奈何，無法推卻的情況下，破例允諾只暫任半年。嚴師推辭任行政事務，連錢師也覺得，他不適宜任行政工作，似乎一般人都有同樣的看法。

據我的了解，嚴師對行政工作，不是不能為。平日與他談話時，他對某某人處事「當」與「不當」，剖析正確，可窺見嚴師洞悉處事道理，亦極為精明，只是有所不為而已。有所不為，就是堅持安心專注的原則，認為一個學者，去擔當行政工作，會妨礙做學問的時間，就是研究學問的大虧。他如此堅拒為行政人員，是不願吃大虧。所以他說的「大虧千萬不可吃」是暗藏這一道理。嚴師在研究學問方面，有卓越的成績，未嘗不是他畢生堅持這個「大虧不可吃」原則的結果。

「大虧不可吃」，對一些從事做研究學問的年輕學者，是一句寶貴的箴言。

「多說話」與「少說話」

香港中文大學聯合書院，聘請了一位由台灣來的教授李定一。李教授曾撰寫《中國近代史》一書，到了中大，又是開授中國近代史課程，所以那一年，選修近代史的學生也特別多。

李教授初到中大，站在講台上，英氣勃勃，講課時議論滔滔，深受學生歡迎。平日交談，總是高談闊論，確是一位健談的學者。

有一次，和幾位同學在錢師家裏，談起李定一教授到聯合書院的事。我知道嚴耕望和李定一教授都是從台灣來，兩人又是頗要好的朋友。但兩人的風格不同。李教授善於交際，又能說話，而嚴師不善交際應酬，沉默寡言。我一時想起他們兩人的性格如此極端，又知道錢師對他們兩人都很熟識，便問錢師：「李定一先生和嚴耕望先生，個性極為不同，為甚麼兩人能成為要好朋友？」錢師面露笑容地說：「嚴耕望不歡喜說話，李定一最喜歡說話，嚴耕望的話，都給李定一說了，李定一當然高興和嚴耕望做好朋友了。」想不到錢師的回答，竟如此風趣。

未能實現的願望

有些老師謝世後，在清明節都有同學、校友結隊前往墓地拜祭。如張丕介老師，以經濟系為主的校友，親往墓地致祭。唐君毅老師安葬在台灣，聽聞也有哲學系和其他校友前往墓地掃墓。而錢賓四老師辭世後，在台灣有沒有校友去拜祭，我卻不很清楚。其後錢師骨灰由台灣運返故鄉無錫太湖邊安葬。在香港的校友，亦非常關注、懷念。

錢師母由台灣經香港前往大陸，新亞研究所和校友設宴招待。在席上，我建議在港校友應組一個拜祭團，前往無錫墓地拜祭錢師。這一建議，獲得席上各校友接納支持，遂推舉學長唐端正在暑假負責組團。其後成團所訂成行日期，適逢我已早購買前往美國的機票，心感不安的，是建議由我提出，卻沒有機會參與，是一樁極遺憾的事。

後來，和嚴耕望老師相敘，談及往大陸拜祭錢師一事，嚴師說：「我久未返過大陸，亦有意前往太湖拜祭錢師。」於是相約選擇一個適當時間，一同前往。不久，嚴師開始感到身體不適，久經醫生診治無效，不便遠行，致使久久未能成行。跟着嚴師病情轉趨惡化，改往台灣治病。不幸一去不返，卒在台灣辭世。

與嚴師相約赴無錫拜祭錢師一事，終未能如願，反而要到台灣參加嚴師的喪禮。世事不可逆料如此，奈何！

知遇之恩

嚴歸田（耕望）老師治學，刻苦勤奮的精神，是中國學術界眾所周知的。他經常說，自己從不在晚上寫作，每天還要抽些時間到外邊散步。這就是他每天工作、休息的習慣，從不間斷的生活規律。所以他自覺身體健康還不錯，對於壽命問題從沒有疑慮；對仍在撰寫的巨著《唐代交通圖考》一書，必能完成，是極具信心的。

嚴師和我談話時，常提及自己在治學方面，深受錢賓四師的影響；而獲得史學研究有絕好環境的，是在台灣中央研究院史語所。他能夠進入史語所，又是傅斯年先生的賞識和推薦。他在史學方面有點成就，是兩位師長、前輩的關係。

嚴師亦曾說，他在晚上絕不寫文章的，只有一次例外，是台灣大學出版《紀念傅斯年文集》時，邀請他寫一篇論文，刊載《紀念傅斯年文集》上。時間所限，要及時完稿，不得不連續多月在晚上撰寫。於是身體開始感到有些變化，但身體還可支撐而仍具信心。在連續晚上的辛勞工作，構成身體日走下坡，健康卻敲起響號了。

提起撰寫紀念文集論文的事，我曾問嚴師：「平生許多重要論文的寫作，未嘗不是要花費許多心血與辛勞，何以現在寫這一篇文章，卻要花那麼多精神？」他說：「這一篇文章，並非一般的，我要加倍用心。」我聽到他說「要加倍用心」一語，領悟他話中所指，不是隨便作為一種應酬，意思是要答謝那位有「知遇之恩」的已逝前輩傅斯年先生，曾給他在史語所中有極佳研究史學環境，有此環境才有今天的成績。「要加倍用心」一語，是嚴師隱藏在心底的說話，並帶有深感前輩推賞之意。古道之風猶存，嚴師的處世為人，是值得年輕人景仰的。

「慎終追遠」

一個人去世後，靈魂的歸宿，各種宗教有各自的解說。而中國人有些住在鄉村的，總會興建一座宗祠，給予家族先人作匯集處。每年時節，或有重大的慶典，眾子孫都會群集，拜祭他們的列代祖先。

社會的結構不斷變化，工商業的發展，居住的地方也不停地轉換。在城市居住的人，縱使是富有人家，亦不大可能建立一個宗祠。如果居住大廈內，傳統觀念較深的人家，還在自己的居所內，安置一座簡單的列代祖先神位，來供奉自己的先人，亦可說是住在城市的人不得已的做法。

我的故鄉，有宗祠的建立。父親在香港謀生，住的地方也不方便，而且故鄉已有宗祠，大可返回故鄉祭祖。母親後來長年居港，未能返回故鄉，年紀老了，她忽然有一天從街上回來，對我們說自己徘徊在街上，頓時感到茫茫然的，一時想起：「如果去世，不知到那裏棲身，那裏是我的最終歸宿？」內子淑珍聽了馬上回答：「那就到我們家裏好了。」母親聽了淑珍所說，便心安理得的，認為去世後就會有寄託、有歸宿了。

所以母親辭世後，我們便在父母居住的地方，首次設置一座祖先神位。待父親辭世，我們便在自己的居處，設置祖先神位了。因為淑珍在母親生前曾許下諾言，不管是否真的如此，必須遵守。所以淑珍每天晨昏必定奉香，擺設鮮果，「視死如視生」的供奉，無一日間斷。我個人自愧不如，真有愧於先人了。

其實，一個人去世後，是否真的要有歸宿的地方？以前的人認為，族人的宗祠，就是一族的先人歸宿的所在地。這種是不可知的事，但後人對謝世的先人，都到祠堂，或到墳地致祭，如果不是有點相信，又何必如此？母親是否能得到歸宿，也是不可知的事。但淑珍心中所許下的諾言，她定必遵守。我也覺得實踐諾言，並非是一種迷信，而是一種虔誠供奉先人的態度，並且多少也有一些教育意義。一次長子崇尹由美返港，不能親到柴灣墳前祭祖父母，他說，飛機經過柴灣時，在機上默默的向祖父母禮拜。長女美璐遠居英國，依然把祖母的遺照放在書架上，日夕相見，以作紀念。這一點心意，也許受他們母親的感染。

世人對先祖的尊敬，世界各地也許有不同方式的表達，但中國傳統的因襲，所謂「慎終追遠」，而今是否已不合時宜？

英女皇加冕五十年感言

報章刊載今年是英女皇加冕五十周年紀念，使我回憶起五十年前英女皇加冕那一天，香港有隆重的慶祝活動。最特別的是有數十部花車巡遊，也是近五十年來，香港最熱鬧的慶祝活動場面。

當年有許多大公司、大工廠的東主，邀請父親替他們設計及裝飾花車，參加慶祝。由於時間的關係，只能答應裝置七部。

加冕的日期將屆，裝飾花車的工作最為緊張，我放學回家也要幫忙。到期前的兩天，工人甚至通宵工作。記得有天晚上，在荷蘭輪船公司「芝利華」客輪當管事（即經理）職務的廣田同學，船到了香港，即來探我，他身體還帶些病，也幫忙工作了整個晚上。而今想起來，已經是五十年前的往事了。這一紀念日，更引起我對故友的懷念。

英女皇伊利沙伯二世登基五十年，國運雖遠比不上以前的伊利沙伯一世的盛世時代，但在位五十年來，堪稱平穩、安定。她在國內外尚頗受尊敬。

但今伊利沙伯一朝中，王室家庭的子女婚姻欠佳，在報章上時有所聞，比起中國歷史上帝王時代的腐化與墮落，相較之下，或許好一些，但亦不失仍有中國帝王家庭的影子。而今女皇經已年過七十，仍不放棄皇位，究竟是自己眷戀，還是繼位無人？這是否要歸咎自己的治家乏術，卻有待史家日後的評論了。

誠明獎

記不起那一年，新亞書院設立一個以書院校訓為名的「誠明獎」，通告各系推薦本系學生申請。那時候歷史系學生陳榮開同學，品學兼優，我便推薦他到該獎學金的遴選委員會。結果，陳榮開同學當選了，成為新亞第一屆「誠明獎」得獎人，我心裏感到十分高興。

陳同學畢業後，在研究院從逯耀東治史學史，其後獲獎學金前往日本留學。當時我聽他說到日本去，由於日軍侵略中國造成的一段慘痛傷痕，記憶猶新，內心上卻有點矛盾。但又認為到彼邦去，認識一些日本文化，也是樁好事。陳同學臨行前向我告辭，我贈送他一對「象牙筷子」的小禮物，有點「毋忘自己中國文化」的寓意。

在日本攻讀博士，是不容易的事，要獲得學位，非經一段長時間的磨練不可。陳同學到那裏，輾轉多年，卒轉往他國。又經多年，結果在加拿大才獲得博士學位。在分別多年期間，平日亦有書信往還，彼此聯絡不斷；每次回港省親，必來探我。

榮開為人，秉性耿直不拔，他這種個性，是人生處世的優點；但亦造成他學業上及職業上很多障礙，所以遭受過不少不愉快不如意之事。雖然如此，我對他那種耿直個性極為欣賞；亦不愧當日我推薦他為「誠明獎」的第一屆得獎人，符合誠明獎的寓意。

與舊生聚談——在抗戰時期的日子

幾天前，有十多位中大歷史系畢業同學，從香港來澳門探我。他們都是在中學從事歷史教學的工作，其中有一位差不多二十年沒有見過面。這次相見，他們樣貌雖然有些蒼老，頭髮也有點花白，而神態卻和三十多年前讀書時代沒有甚麼大分別，頓時使我想起在中大的教學生涯。

彼此坐下，一位同學首先打開話題，問我怎樣會進入新亞書院的。另外一位又問我，抗日戰爭時我在哪裏？於是我先談抗戰時期的往事，我說：在抗日戰爭時，我在香港讀小學，日機第一枚炸彈落在深水埗欽州街英兵軍營附近。初時市民聽到炸彈聲，還以為是軍事演習。後來知道是日寇進攻香港，才如夢初醒。

香港經過三年零八個月的黑暗悲慘生活，我僥倖避過，隨家人返回故鄉。他們聽來，好像我口述當代歷史，也許很少聽聞這些事情，要求我繼續說下去。我說當日軍尚未佔領香港島時，我和家人經荃灣到沙頭角。當時越過一個山頭，不知道是甚麼山。有些同學補充說：「若沿荃灣往沙頭角走，這個山應該是『梧桐山』。多年來報章上都有刊登，有些大陸偷渡客是越過梧桐山而來的。」我們回鄉也許是經過這一山頭。步行了四天，經歷不知多少次大小匪徒的洗劫，才返抵故鄉——惠陽縣。

又一位同學追問：「返抵故鄉後，又怎生活？」我指向廳中懸掛的一幅故鄉祖屋的相片說：「這座屋是我祖父在清末光緒、宣統年間興建的，至今已逾百年。返回故鄉後，便靠祖蔭的大屋，和祖父遺留的田地所收若干田租，以及母親辛勞工作來維持生活。」我又說：「這一段日子，也許是我有生以來所過的最悲慘的生活了。」

同學們除了愛聽我在淪陷時期的生活外，又問我在淪陷區時，日軍的情況怎樣？我說：「在淪陷區中，日軍只佔據大城市和重要地區，或者交通重要樞紐，其他村落，大都是游擊隊活動範圍。而游擊隊中，有一部分是當地土豪糾集的，勢力最大的是曾生領導的，稱為東江縱隊。聽說，曾生和我的堂兄是同學，曾邀請他參加游擊隊工作，但他婉拒後，便到印度辦報。因此，留在故鄉的妻子兒女，被評為「地主階級」吃盡不少苦頭。

談到游擊隊，我又繼續說：「在區內活動的游擊隊，最善於號召村中的青少年。加入隊伍的青少年，年紀小的，都被稱為「小鬼隊」，他們大都是在農村替人家作牧童的。他們在軍中，既有飯吃，又佩着槍，比牧牛、務農神氣得多。所以我們村中的青少年幾乎都投入游擊隊行列。而村裏沒有參加小鬼隊的，只有兩個人，其中一位是姓曾的，年紀比我大些。他是一位養子，他的一位族兄參加游擊隊後，回家游說他參加，而他的父親以極其巧妙的方法，打消了那位說客的計劃。另外一個就是我。當時，我唯一的寄望，是能夠早日結束戰爭，再回到香港繼續正常求學生活。希望繼續讀書，是我第一個堅持，這一堅持是我一個重要的決定，其他都不能吸引我。幸好，不久抗戰勝利了，我能如願地繼續完成中學階段。

如何會進入新亞，我也說及這一段因緣。在新亞畢業時，本來有一個機會，經過一年的師資訓練課程，可到官立及津貼中學教書，可有一份頗佳的薪酬。我又放棄這一極具吸引力的就業機會，再投考新亞研究所，希望作研究工作。這又是我第二個重要決定，使我走上漫長的教學生涯。

我對這批探我的同學說：「回想我以往的生命過程中，沒有第一個決定與堅持，就沒有第二個的決定與心願。兩個都是我至今最重要的決定。因此，我才有認識你們的機緣，我們才有今天相聚的機會。」

老師的藏書

研讀文史的人，書籍最為重要。以前國內的學者，喜歡購書，也許居屋較寬敞，家裏的藏書極為豐富。但中國近百多年來，不斷經戰火洗禮，書籍遂隨之而流失。尤其是在中國新政權建立後，舊的典籍流失更甚。我曾在報章上，見過一則報道，著名學者馮友蘭和一位學者（記不起名字）談話時，馮說家裏的藏書被清算了，心裏十分傷痛；那位學者卻說，生命尚且難保，何況是書籍。足見這一年代的轉變，書籍的流失更加難免。

香港在勝利後已有數十年的安定生活。讀書人的家裏，如果喜歡購置書籍的，雖然沒有戰亂，但要保存下來，仍有許多客觀因素。我曾聽說，在香港有位姓黃的教授逝世後，家裏有批藏書，較好的被人挑選之後，其他剩下的，整批像垃圾般賤價出售。聽後覺得有點心酸！

牟潤孫老師藏書不算多，但仍有些善本書籍。師母在老師去世後，生活亦有些困難，留下的書籍有出售之意。當時我向師母建議，無論任何人，要索取老師書籍的，都不要答應。先着人編出書目，日後捐贈給學術機構也好，將它們出售也好，要保存完整，否則支離破碎，剩下的只好像「垃圾」一般賣到舊書攤去。這一建議，亦得師母和一些同學的贊同。其後獲得在美國大學任教的校友謝正光，以半贈半售式運往美國。謝校友說：「牟師的藏書放在指定的一間圖書館室，書柜上還寫上老師的名字。」

嚴歸田老師，平日相敘閒談時，他言下之意，認為錢師（賓四）能活到九十多歲，自己身體尚佳，生活都很有規律，活到九十歲亦有可能。可是忽然患病，屢醫無效，僅能活到八十。所以從沒有聽他談過自己的藏書，將來作怎樣打算和安排。驟然謝世，他有兒女和師母，必然會有安排，我當然不便去作任何建議。嚴師母只向我說：「嚴耕望的畢生著作，我有完整的一套留下，如果我又去世，就把這套書送給你。」我即時感謝她的好意。此時我心生一念，知道嚴師曾建議台灣藝文印書館編印《石刻史料叢書》，這套書我還沒有購買，在師母尚未作出藏書安排時，希望師母在可能情況下轉送給我。而師母卻說這套書已經送給一位曾替嚴師抄過稿的女士。嚴師有兒女各一，兒子是讀理科，女兒又是讀商科的，嚴師所留下的都是文史典籍，他們都用不着。後來才知道，他們將所有藏書，捐贈給台灣的中正大學。

香港雖然沒有再經戰亂，安定了五六十年，兩位老師家中的藏書，亦難以保存下來。其一，香港是一個商業都市，又是寸金尺土，房屋騰貴，要花相當空間保存書籍，是不易辦到的事。其二，家中子女若非研讀文史的，無可用之處。其三，而今科學發達，各類圖書多被輸入電腦，使用電腦許多資料都可以查到，個人的書籍價值，都大不如前了。幸好兩位老師的藏書，尚能轉移到大學的圖書館，供學子閱讀，較諸國內眾多學者的藏書，在一浪接一浪的政治運動下，認為是「封建思想」的，或者是「反動」的，許多流散到香港，以賤價出售。而老師家中的藏書，尚能整套保存，可以藏在大學圖書館中，不被賤賣到舊書攤，算是幸運的了。

重見大亞灣——澳頭港

經過五十多年，重返故鄉惠陽。

走到大亞灣的澳頭漁港，已經面目全非了。昔日是個繁盛的商業和漁港市場，而今卻不見舊日的商舖，承包漁民海產及供應漁民各類物料的店舖，如今只有寥寥可數的幾間簡陋雜貨店，和一些類似香港式的茶餐廳。

記得祖父生前，也在澳頭極盛時代開設一間頗有規模的雜貨店，並兼營承包漁民的海產，和供應漁民日常的用品。祖父去世後，交由二伯父管理，那時候我只是一個幼童，跟隨二伯父到店中，看見許多顧客購物，如果是付零錢銅幣的，伙計便拿着零錢，拋到一個吊着的錢籃上。拋不中的，都散在地上，掌柜先生也懶得去計算，沒有人去理會。這是我到澳頭店舖所見第一個最深刻的印象。

日軍佔領香港，逃難返抵故鄉。到抗戰勝利，重返香港前，曾到澳頭替舅父看守店舖，住了一個多月，對澳頭的商店經營漁業的情況了解比較多一些。在當時澳頭的港灣，經常泊滿漁船。平日漁民上街購物，準備出海的糧食、用具，和一些魚網種種工具；此外更少不了雞蛋（用蛋白塗在魚網上）。每艘船的漁民，都有自己承包的商號，買的貨物都可以記賬，十分方便。倘若出海捕得魚獲，必須搬到岸上交給自己戶口的商號門前。所以黎明時分，一籮籮的魚抬到街上，一排排的等候商號秤手到場。一人持秤，一人登記數量，以便掌柜或老闆和漁民訂價結賬。扣除平日所賒取物品和魚價比對，結餘的錢才交給漁民。這種形式的買賣，歷年都是如此，很少聽聞有甚麼糾紛爭執。魚獲交給店員，持秤的與登記的人必須誠實，而漁民亦得信任他。這種商貿正是中國以前的商業行為，卻又能持之以久。

曾經在舅父店裏，看見一位漁婦，手裏捧着一頂漁民戴的竹帽，帽裏盛滿大量鈔票。自己不識字，也不會計數錢銀，把鈔票放在掌柜的枱上，購買的一批日用品，任由掌柜先生計算拿錢，剩下來的錢，便退回給那位漁婦。當時的漁民大都是文盲，而今天香港的漁民（或稱為水上人）普遍都能受教育，有許多更受到高等教育，和以往相比有天淵之別。昔日雖然有眾多文盲的水上漁民，幸得仍有殷實的商號。

我對舊日的澳頭漁港，有一份親切情感。而今所見頓成一塊完全陌生的地方。遠眺港灣，近睹岸邊，只擺放一盆盆活魚，和放在地攤上的海鮮叫賣。此情此景，不禁有「物是人非事事休」的感嘆。回想往昔繁盛的澳頭市鎮，而今零落如此，無限的悲傷之情，湧上心頭。

舊居十二：港島太古城太古灣道紫樺閣十四樓A座

搬到港島太古城，是我在香港第一次在港島居住的地方，如果沒有海底隧道的通車方便，我們絕不會考慮到港島區居住的。

當時中大房屋津貼，又轉為自購樓宇津貼，提供十年供款，當時許多教授年薪雖高，津貼也只能買六、七百呎的房屋，超過的供款，則要自付了。想不到兩三年房價急升，如果他們買超過千呎的，到我搬離香港時，除買價之外，確實超過自己工作數十年的退休金，可說是意外的收穫！

太古城以前是一個船塢，後來改變為一個大型屋邨，至今仍然是香港最佳屋邨的典範。我們是住在海邊的一列洋房，超過一千呎，較太子道和中大宿舍，面積卻少一半，許多家具都要重新購置，環境為之一變。

住在近海邊的太古城，可說旺中帶靜，距離不遠，便到區內菜市場，再前行便到乘搭地鐵的大商場，內有許多高級商店、酒樓餐廳、百貨公司、銀行和各式商舖。我們最常到的是「太古酒樓」，早、午、晚都擠滿食客。另外一間名叫「華昌」，是下午茶的最佳去處，牛腩飯至今仍回味無窮，這次返港重遊舊地，華昌已改為高級食肆了。

在太古城的一段時間，淑珍最為方便，街市清潔，夏天還有冷氣，購物回家僅步行數百步；閒時穿梭於銀行之間，結識不少股友，都是家庭主婦，彼此相談甚歡，可不愁寂寞。

此時美璐已搬往南丫島，崇尹、美璇、崇修雖往歐、美、德讀書，但此處仍是他們回家時，特別喜愛的住所，因為較諸中文大學宿舍方便多了。

中學時我雖在北角上學，亦只是匆匆往返，沒有注意及周邊環境，所以地方並不相熟。自搬往太古城居住，很多地方都較熟悉了，以前在長洲和西貢才吃到的美味魚蛋粉，現在灣仔區也找到了，真喜出望外。

太古城雖然環境甚佳，淑珍亦喜歡，但感於兒女多在外國，而自己亦不甚喜歡在外應酬，覺得倆人也不需要居住在這生活指數偏高，如此旺盛地區，遂有退休之後，移居生活指數偏低，居住環境較寧靜——澳門的決定。

第九章

退休生活篇

——悠游自在的生活

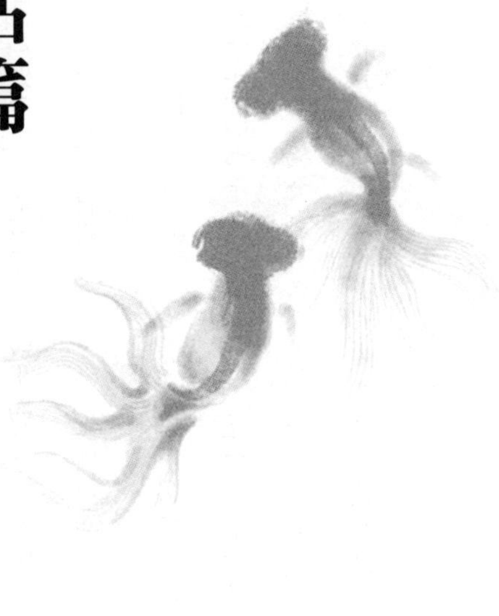

一九九三年暑假，我在中大新亞書院正式退休了。九月遷居澳門氹仔，離開居住了數十年的香港！在澳門生活較為清靜，又少應酬，其後轉到澳門大學任教，自此，又重過教學生涯了好幾年。其間，抽出部分時間整理《清史稿全史人名索引》，並且緬懷往事，逐一記錄雜文成篇。

此間，先後到英國雪倫(Shetland)探望大女兒，德國菲爾堡(Freiburg)探問小女兒，到美國西岸(Arcadia)探訪崇尹，當然也少不了到美國新澤西州勒尼(Nutley)小兒子崇修的家小住，這段日子真是我在中大退休後，生活得最優悠自在的一段時光。

直至淑珍在做完腰椎手術後，我倆決定移民美國，跟小兒子一起，互相照應。所以，崇修在美國新澤西州，新購了一幢連地下室約七千多呎的房屋，並把地下室裝修成跟澳門的書室一模一樣，使我可以專心編撰《清史稿全史人名索引》一書，又或抽閒練習書法，生活更為愜意。二零一一年，我倆移居美國，這又是我人生的一次生活最大的轉變！由澳門又遷移至美國了。

父親的居屋：南灣南灣巷九號地下

一九六五年，父親已進入年邁之年，身體欠佳，每覺勞累，他想起年輕時曾住過澳門，遂有計劃遷往澳門居住。

當時澳門的南灣，是風景區之一，沿海邊一條修長堤岸，旁邊有蒼勁翠綠的大樹，襯托得十分雅觀，是我們選購南灣巷屋宇的最大原因。

南灣巷九號，是一座兩層高西班牙式的新建洋房，房子雖不甚大，但結構頗佳，外形也甚為典雅。父親家中排行第九，見到門牌九號，更加心儀了。回想父親當時焦急的心情，親身到業主的酒店洽商購買，惟恐業主會頓時改變不賣，可見他對該屋的喜愛程度了。

南灣巷附近有一座八角亭，亭後面有一座小型花園，父親每天早餐後，便坐在花園的椅子上休憩。與附近的老人家閒聊，吸吸新鮮空氣，或看看畫報。午餐後，稍小睡，再往花園留連，跟着飲下午茶，生活較在香港輕鬆、舒暢、寫意得多了！所以身體也漸漸好起來。

我住在澳門時間不多，有假期才往探望父親。崇尹尚未入學前，一度送來陪伴爺爺，爺爺不時說崇尹年紀雖細小，每見爺爺上落樓梯時，總會說：「爺爺小心！」讚他精乖、體貼，所以非常疼愛他。

我最喜愛的是南灣銅像附近堤邊擺設的咖啡座，晚上坐在蜆殼形的座椅上，品味着濃郁美味無比的咖啡，特別是夏天，南風吹來，那管人間煩惱事！

在澳門住了不久，於一九六六年，澳門發生了一場大動亂，葡國政府建立的那座騎馬大銅像，也被拆去一半，搖搖欲墜，一個幽雅小鎮，市容頓時為之一變！當時有一店舖，被貼上四個大字「收回澳門」，不久卻被拆去。到澳門時聽到廣東銀行行長說：「聽聞當時葡萄牙政府，有意放棄澳門，大陸卻說，你們統治了幾百年，現在才要放棄？」也許當時沒有收回澳門的打算。但市面的混亂，不少葡人富豪，賤價將房子賣掉，返回葡國。不論情況如何，父母獨居此地，我極不放心，稍後亦將房屋平價出售。一九六八年，把父母接回香港，安置於「美孚新邨」的一座剛新建好的樓宇中。

舊居十三：澳門氹仔潮州街滙景花園十八樓C座

一九九三年暑假，我在中大新亞書院任教二十六年，退休了。九月正值中秋佳節，遷居澳門氹仔，離開居住了數十年的香港！

氹仔是澳門離島一塊很小的地方，由於偏離澳門市區，發展緩慢，我遷居澳門至今，可說百分之八十是新建的樓宇。那時候每天坐車到葡京對面剛開業的德興酒樓飲早茶，侍應知我們是陌生顧客，從氹仔來，大為驚訝，說氹仔是他小學旅行時的旅遊地點。

搬至滙景花園，過了一段時間，鄰近新開了一座酒店，名「君怡大酒店」，二樓是茶樓，是我幾乎每天都去的地方，因此減少到澳門的「德興酒樓」了。當時澳門尚未回歸，氹仔仍保持舊日的風格，居住在這裏，有點像回復香港二十年前的光景。但市面已靜靜地開始準備發展了。

住在澳門滙景花園期間，有一天，嚴耕望老師夫婦來訪，在廳中來回踱步說：「住在這裏，下雨天，在廳中步行，可以不用到外邊了。」可見嚴老師對這居住環境亦表滿意。

在澳門生活較為清靜，又少應酬，抽出部分時間整理《清史稿全史人名索引》，其間緬懷往事，把它逐一記錄成篇。這段日子是我在中大退休後，澳門生活得最優悠自在的一段時間。

平日每天晨早，必往氹仔沿岸堤邊晨運，步行近二小時，那時候沿岸草叢只是一幅海灘濕地，群鳥棲身之所。不到幾年，卻變為一個豪華的賭場，後來更發展為三足鼎立的娛樂場所，儼如一座座龐大輝煌的大賭城了。回憶中，我看見賭城發展的最初一刻，見證了該地填土的第一車泥土，倒入濕地中。

初到澳門，認識的朋友，只有昔年住在南灣巷父親鄰居，天天食品老闆胡先生的一家人，是我們在澳門早期認識的朋友。其後鄧國光教授介紹我到澳門大學任教，人際關係擴闊了許多，有學校同事和眾多的學生。淑珍閒時亦常在各銀行穿梭，也認識很多澳門朋友，與在香港時沒太大分別了。

重上講台

退休後蟄居澳門，正擬整理尚未完成的工作。一日，范家偉同學來澳，轉介在澳門大學教育學院任副院長的鄧國光教授見面，鄧教授是香港中文大學聯合書院中文系畢業的。會面時，他認為我既閒居澳門，且健康尚好，希望我能到教育學院擔任一些歷史課程。盛情難卻，遂重執教鞭。起初只是兼任性質，後來被轉為專任，自此又重過教學生涯好幾年。

澳門大學的體制與香港中文大學有些不同的，教師的聘約，每年一聘，對我已經退休的來說，都沒有關係，但對那些年輕又有家庭的，雖然一年過後不一定會解聘，但是否續任，大權卻操在學校。教師過了一個學年，自然會準備明年的出路。試想如此短暫的聘約，對大學怎能產生歸屬感？當我離開澳大的一年，新任澳大校監謝志偉教授便提到教師的聘約太短的問題，可說是對澳大體制一針見血。我想要改革校政，應從此開始。

在澳大的幾年中情況還好，尚少見有同事被解聘的，有許多年輕的教師，朝氣勃勃，工作相當熱心，是頗有前途的學人。只見原任教育學院院長職的張國祥教授，也許囿於人事上的問題，轉為教職。他退下院長的行政事務，得專注教研工作，卻顯現出研究的成績來。鄧國光教授亦由副院長調往中文部出任院長。不久，也許不善於處理複雜的人事，又退下了行政工作，專注教研，在學術工作上有更佳的表現。兩位學人有同一遭遇，我想他們未嘗不是「塞翁失馬」。

澳門的中學畢業生，由於沒有中學會考制度，學生的成績差異頗大。所以大學取錄的學生，成績頗為參差。在我未進入澳大教育學院前，香港的時尚風氣，澳門定必相若，但想不到竟出乎我意料之外，澳大有不少品行純良，而且還有些積極向學的優秀學生。但亦有些學生認為到社會工作，不在乎一定要讀大學。這種觀念，是受當地社會風氣的影響，他們以為是否有大學畢業的資格，沒有多大問題，只要有「人事關係」便可，缺乏一種競爭的心態。我在澳大這幾年，不斷地鼓勵學生，我總覺得他日澳門回歸祖國，又不斷對外開放，澳門隨之不斷變化，人事上的競爭，自然亦隨着而轉變，有了學位，總比靠人事關係好得多。我覺得他們身處在甚少競爭的環境中，一時尚難改變。我想持續開放中的澳門，年輕人終有一天會醒覺。

在澳門大學重上講台的幾年，無論與同事或學生，相處得頗愉快，給予我一個機會了解澳門教育的一些情況，也給我在中大退休後一份意外的生活體驗。

舊居十四：氹仔布拉干薩街至尊花城麗鑽閣二十一樓A座

由滙景花園搬到至尊花城，是一個偶然的機遇。一天在外食完晚飯後，經過一間地產公司，順眼看看樓盤時，一位經紀出來，殷勤招呼，出示至尊花城的新樓盤，當時只是不好意思推卻，把介紹樓盤的單張，順手拿走。回家後細心觀察，認為極為合意。第二天，又到該地產公司，再詳細查詢，該經紀原意是介紹麗鑽閣二十一樓C座，但價錢要提高，剛好對面A座也在出售，我們便選擇了A座。後來發現A座的方向和景觀都勝過C座，算是有點幸運。訂購之後，原來早已設有示範單位，於是走去一看，樓宇的廣告呎寸與示範單位一樣，間隔亦全無浪費空間，較想像的更為理想。以前經過這座正在建築期間的樓宇時，已覺得所用材料甚好，也沒想到自己會買上這間十分滿意的房屋。

這幢樓宇距離滙景花園，只有數百步之遙，搬居時，書房的書籍我們用行李篋裝好，自行搬運，大概搬運了幾十回，熟悉的街坊，見我們拉着行李篋，總問是否去旅行？其實我自己搬運，既可作運動，又可省卻由搬運公司要全部書籍重新擺放的麻煩，何樂而不為，真是一個好主意。

麗鑽閣的房子有二千多呎，有四間房，面積寬闊，主人房有三百多呎，客廳也近五百呎，是我數十年來居住過最大的房間和客廳，裝修佈置點點滴滴均由自己設計，難怪淑珍對該層樓宇留戀不已！這裏的周遭環境與滙景相同，唯一不同的是樓下街道寬闊而潔淨，商店大都是銀行、大餐廳和較高級的商店，在街道上行走舒暢多了。

鄰近的公園，是這地區的心臟，給與區內住客散步，或晨運客做柔軟體操的場所。附近有兩間超級市場，百佳超市貨品較為西化，另一間新苗超市，貨品比較中式了。附近的麥當勞，經常放置四、五份報紙，我每早喜歡光顧它，主要是看當日報紙上的新聞後便回家。那時經常與鄧國光教授見面，他吃完早餐便匆匆趕着回學校，也很少詳談。鄰近一間新開業的書局，陳列許多新書，任人閱覽，淑珍是該書局的常客，忍不住亦購買了不少新書。

在這幾年，以前寫的雜憶篇幅積聚也不少，當時只隨手寫下，本意是想給兒孫們知道我這一生和生活點滴。後來同學們知道後，勸我編撰出版，也許有助人們知道這數十年香港的變化。《七十雜憶》出版之後，我更全力整理《清史稿全史人名索引》，期望能早日完成。

淑珍在做完腰椎手術後，也同意我們移民美國，跟小兒子一起，也好互相照應。所以，崇修在美國新澤西州，新購了一幢連地下室約七千多呎的房屋，是準備我們移民來美國，一同居住的。

待淑珍的病治療好之後，便考慮辦手續，準備移民美國了。美國移民手續很快便辦妥了，淑珍雖極之不捨，也把澳門麗鑽閣的房子出售。

我們於二〇一一年二月初，便移居美國，這又是我人生的一次生活最大的轉變！由澳門又遷移至美國了。

英國雪倫（Shetland）——大女兒之家

雪倫——是英國北冰洋稍南的一個小群島，是大女婿沙佛心儀的「桃花源」，居住環境甚佳，最初本意想作度假之用，後來在孫女兒明明出生後，竟然把英國近倫敦市中心的房屋賣掉，搬往此地長久居住。

雪倫（又稱設得蘭）群島（Shetland Isles），聽說是挪威某一個時代，國皇將女兒嫁給一位英國皇子（或者皇帝），作為嫁妝的一塊土地。有一次，美璐夫婦去探訪居住在那裏做醫生的好朋友，經他介紹，投標一間公開出售的房屋，在偶然機會下投得了一座古老房子。沙佛對當地環境非常喜愛，更是他心中嚮往的居所，有如陶淵明〈桃花源記〉中所敘述的環境。

房屋是一座頗為古老的房子，據說屋的每面牆壁竟然有三呎之厚，狂風吹不倒。這地方經常吹着強風，樹木不生，可說是「風之島」。他們居住的那個小島，人口不多，許多房屋相距甚遠，真有「雞犬不相與聞」的感覺。鄰居雖遠隔，但彼此均甚熟絡，感情亦佳。聽說我和淑珍將到訪，全村的人幾乎都知道，熱誠的招呼。這裏的原居民，除美璐外，是很少見到有中國人會來此地的。

這些島嶼，四面臨海，又是北海與大西洋交界點，經常浪花滔天，構成一幅美麗圖畫。沿海雖是一片汪洋，但有島的內灣，沿路竟長達半小時車程，海水平靜如鏡，可供村人蓄養海產，海產收穫時，他們往往把其中一些大的海產，挑選運送外地販賣，剩下的任人自取。

當地人以前是以牧羊為生，山不高，樹木全無，只見各山坡翠綠青草，綿羊散佈在各山坡上，遠望之，但見點點白色，襯托着岸邊滔滔的浪花，這是城市人難以看到的景觀。牧羊之外，有經營漁業的，這裏所見，並非像中國的大帆船，而是頗現代化的大輪船，需要承受得大海洋風浪。

現階段英國北海石油的開發，該島是中途站，使該島富庶起來，居民有更多工作，工資也很高。說到居民的福利，較諸英國本土好得多了。長者在小島有病，政府會用「的士」接送，全不收費，可說照顧村民，無微不至。

這個小島，只有一間供應日用品的小舖，若需買其他特別用品，或處理其他事項，便要乘船到另外一個大島了。那是該群島中最大的島，亦是最繁盛的地方，是該島政府所在地，也是乘搭巴士到飛機場的地方，內有各類大型的商店、百貨公司，高級物品俱備，超市比其他市區的還要大，各類食物俱全（除中國食品外），還有很多各類英國地道的食肆。

島嶼人口少，學校只辦到高中，島人讀大學只好去英國本土或其他國家了。

沙佛性好靜，不喜多作應酬，離家不遠更租了一個畫室，朝九晚四，如同上班般繪畫不輟。美璐畫室在家居的隔壁，是一間頗為雅致，名叫「墨園」的紅屋。所畫的插圖，可以電郵傳送，可享足不出戶，方便之極。

孫女明明也漸漸長大了，宛如一個鄉村美麗小姑娘，一家人生活得也極為舒適和愉快。我居留此地，雖僅僅一個月，亦深感人情味濃厚，島人樂於助人，誠為人間樂土！

德國菲爾堡（Freiburg）——小女兒之家

菲爾堡在德國南部，鄰近是法國與瑞士的三角地帶，機場便在其中。最奇怪的是德、法兩國，國界處於萊茵河中央。上岸要到法國的關卡，不見守衛，亦不見關卡人員，國界如同虛設。不知昔日德、法戰爭時，如何防守國界？

這是美璇與女婿「耐寒」，結婚後在德國居住的地區，他們住的地方，是一座數層高的政府樓宇，地方雖不很大，四周環境卻幽雅寧靜，鄰近是菲爾堡大學，也是美璇早期來德國讀書的學校。記得張丕介老師留學德國，就是這間大學，想不到我竟可以一睹。

我最喜歡是居所不遠處，沿着屋旁行的一條小河，終年流水淙淙，響聲不絕，河水永遠清澈見底，僅是秋冬與春夏時河水漲幅深淺不同而已。沿着河邊兩岸，一邊是密集的樹林，另一邊是房屋，向前行便可直通市區。

市區中心有一座天主教的教堂，是一座莊嚴宏偉的高聳建築物，也是德國頗著名的古老建築。教堂前面的大片空地，除了早上給當地人做小販擺賣各式日常食物或用品的攤檔外，其他固定檔口（像香港舊式大牌檔）都是賣德國香腸包，這是當地著名街頭美食，熱烘烘的各式香腸放入一長形麵包裏，加入炒香洋蔥碎，再放上自選醬料，非常美味，每次經過，我一定會買來食。

轉出大街，兩邊名牌商店林立，遊人如鯽，路中心也有各類表演者，有表演者全身塗上銀色，或金色的粉末，動作奇異的站立路旁，呆立不動，宛如銅像，面前擺放着一塊小布，冀求路人捐獻，這種奇異的另類謀生方式，其他地方，實不常見。

街上及商場內，大多設有茶餐廳，裝設典雅，豐儉由人，小食品類繁多，咖啡任飲，歎歎下午茶，確是一種生活享受。

德國柏林——旅遊

由美璇菲爾堡區，要乘坐七小時高速火車，才能到達柏林市中心的火車站。柏林是德國首都，早期在柏林中央築起一道圍牆，而分為東柏林和西柏林。我們到訪時，東西德已統一，分隔的圍牆也早拆除，只保留一小部分牆壁，以供遊人憑弔而已。而區內保留着東西相隔的小部分圍牆，有當日逃走被殺人士姓名列在牆壁上，這一點可顯示德國人並不介意自己做過的錯事，而肯當眾認錯，也是令人佩服。

我們乘車經過顯赫一時的波茨坦，當年四強中、英、美、蘇四國巨頭會議簽約所在地，惜不能停車而入內參觀，頗感遺憾！

再到德國的「無憂宮」，那地方甚為寬闊，庭前裝飾華麗，兩旁的大道上，整齊安放着很多形像不一，各類人物或其他動物的潔白精雕大型裸體像，十分美觀。特別是面對着那座外形宏偉，色彩鮮豔美麗的建築物，雖然不能入室內親自參觀，但在外面觀賞，也是頗值得旅客遊覽，及一處提供遊客拍照片時美麗景點的地方。

美國加利福尼亞州聖巴巴拉——度假

內子淑珍常投訴說，我們每次旅行，都是探親居多，很少真正的專心去各處旅遊。我也承認，我真的以探親為重點，無論去台灣、英國、德國、美國，每處去的地方都以探訪師友、兒女為主。而每次旅程經過的景點，也只是飛鴻掠過，正是鴻飛那復計東西！

聖巴巴拉是我在暑假和淑珍第一次去美國的地方，主要目的是探望在美國住不慣的兒子崇尹，他是在美國讀攝影學的，那是一間當地頗為著名的 Brooks 藝術攝影學院（Brooks Institute of Photography）。

聖巴巴拉是加州一個幽美的城市，天氣較三藩市為佳，難怪美國前總統列根，退休後選擇此城市為居住地方。

我們住此城市，極為短暫，因是崇尹就讀的攝影學院所在地，最初的兩星期，是住在崇尹租住的房子。業主是一位小學教師，退休後，身體仍健碩非常，再經營建築行業，自己做老闆，生活也非常愉快。那處地方治安狀況良好，住所也不用常關門，忘帶鎖匙，往往可從後門花園平日從不關門的木門出入。

後來搬去居住在聖巴巴拉的陳啟雲同學家中，他是我早期新亞書院的同學，在加州大學聖巴巴拉分校任教，當時正巧休假，夫婦二人到馬來亞逗留二個月，請我們到他家裏住。所以，我們便在他家中住了個多月。

在聖巴巴拉的海邊，有一條長堤，長長的伸展海面上，稍高地方，商店林立，有各式商品、美食店。靠海邊欄杆的咖啡座，坐在那裏飲香醇濃味的咖啡，欣賞沿岸海邊風景，亦一樂事。周邊經常有海鷗飛近身邊的欄杆覓食，牠們毫不怕人。若走到海邊，一條長長無止境的幼滑沙灘，給浪花捲着一簇簇的海茜，湧上岸邊，或潮退後長長的海茜，便飄浮而停留在沙灘上，我們把它像舞龍似的擺動着，真是別有一種景象。

使我最難忘的，是咖啡座旁，有一間專賣當地物品的手信店，遠遠傳來很好聽的風鈴聲，曾向該店鋪的女店員詢問，價格若干及能否打折扣？那女店員竟然回答我，這裏可不能打折扣，若要買便宜些，可待週末或週日到海邊的露天市場購買，後來我真的在那裏購買了，同是一樣貨品，但價錢果然便宜許多。我想，香港的售貨員絕不會如此做，這店員對我來說是老實，但對該店的老闆來說是否不忠？一時我也弄不清楚了。

另外還有一件難忘的回憶，就是有一次，在一間小型咖啡室飲下午茶，走後差不多有一個小時，才記起在那裏忘了取回掛在椅子邊的手提包，及放在椅下購買的一袋零碎雜物，後來回頭找尋，想不到皮包和一袋雜物，竟原封不動的仍然放在那裏，那時真的喜出望外，像有一種意外收穫的感覺。

崇尹日間上課，我倆每喜中午時分，沿着海岸的草地散步，經常看見一群一群家庭聚餐燒烤的人，遠遠傳來陣陣的肉香味，不自覺的行前一看，竟是一大盤調好味的肉塊，那墨西哥人見我行前觀望，便很友善的夾上一大塊烤好的牛肉片給我，頓時覺得很不好意思的，只好連聲說多謝而拿走了。

從這些事情看來，這裏無論天氣、治安、景觀及人情味，我短期所感受到的，確是年老安居的首選。

美國加利福尼亞州亞卡地亞(Arcadia)——大兒子的家

崇尹一向居於美國西岸，Arcadia 是崇尹結婚後居住的地區，是一層式的平房住宅，面積約三千呎，有四房、一客廳、一飯廳及一個家庭廳，實用面積足，房間相當大，前後有兩個大花園。種植了很多前業主留下的花草樹木。

初入住的時候，前後花園草地很雜亂，第一次我和淑珍假期來到，幫它重新整理，經多天工夫，把後園修理之後，還親手種了幾棵柏樹。前園草地不平，我們把屋前伸展入屋內的粗大樹根剷除，野草拔除後，重新把草地鋪平，又將窗邊小樹旁籬笆逐一修理，前園的欄杆油上白色。花了三星期，全屋外形煥然一新。想不到那時，精力尚能如此充沛耐勞。到孫兒定謙出世的時候，柏樹也長得很高了。

加州的天氣，長年温暖，在夏天日間天氣雖炎熱，到晚上天氣也會轉清涼，日夜氣温相差甚大，且炎熱時間很短。這處整年的氣候，最適宜中國南方人居住。所以，也許這個原因，加州是最多中國人聚集的州份。

這一市鎮，環境頗佳，馬路平坦，沒有山坡，最適合年老長者居住。步行約十五分鐘，便到市中心，有一間「漁村」茶樓，該處的點心，除了週末和週日之外，經年大、中、小的點心都是一律價錢，各式點心並不遜於香港。我和淑珍中午時，喜歡在那處吃午飯，結賬連貼士，十美元已足夠。晚上酒菜，特別是油泡龍蝦及薑蔥炆生蠔，又便宜又美味，二者都是我至愛的食品。雖然住的時間不長，也成了該店的常客。

鄰近的「中華超級市場」，是一間中式超市，中國人的食物齊全。隔壁的麵包店，除了西式麵包外，亦夾雜一些台灣及香港式的食品。附近還有藥房、中式書局各類商店。再前行二、三百步，有一間頗大的商場，出售的卻全是洋貨。

不遠的「稻香」餐廳，平日中午總擠滿客人，但下午二時以後，卻十分寧靜，是時坐在那裏歎歎咖啡，食件多士或西餅，也覺其樂無窮。身處這個環境，留連於這個地區，不似身在異國。這個地區由於台灣人聚居較多，台灣人在此經營的商鋪也不少，所以當地人給予別號「小台北」了。

美國新澤西州勒尼（Nutley）——小兒子的家

崇修在哈佛博士畢業後，便在勒尼（Nutley）羅氏藥廠工作，就工作方便，初時在外面租住了年多時間，後來便用分期供樓付款方式，購買了一座約二千多呎的獨立屋。

全幢分為三層，入門那層是客聽、飯廳、家庭廳，一個開放式的廚房，二樓有三個百多呎的睡房，及一個較大的主人套房。屋內地下一層，原是用作儲放屋內機器和存放雜物的地下室，我把它裝修後，成為遊戲室及書房。最方便的是地下室設有獨立大門，能直接通出後花園草地。後花園草地，是數家相連的後花園，每家花園都不設閘門，所以地方非常廣闊，也十分舒適。

這座屋宇在一個大型屋邨旁邊，屋前街道似一條私家路，極為清靜。路的兩旁整齊地排列着二十多幢像我們這種新建的獨立屋。

由路口轉彎便是銀行，再前行便有一系列商場，內有一間頗大的超市，在冬天時，我們經常在超市內行走，往往除購物外，也把這地方作為晨運地點。其他一系列的有餐廳、咖啡室、文具店、戲院、百貨公司及專門售賣運動器材和衣服的大商舖，以及其他形形色色的商舖均齊備。我們在澳門居住後期，每年都有幾個月在此居住，崇修選購此地居住，也是讓我們生活上感到方便。

每天若是不去超市，便是步行到另一方向的麥當勞吃早餐或午餐，早上遇見的，都是一些每天都到那裏吃早餐的老人，他們有如香港人慣性飲早茶的老茶客一樣，是退休人士相聚聊天的地方。

使我難忘的有一位年老的店員，她很喜歡孩子，每見我推孫兒的嬰兒車來，她一定拿起一個小氣球，給定仁玩，並幫他繫在車柄上。她的年紀，我相信已超過七十歲，走路也有點龍鍾，工作十分遲鈍，但店主仍肯僱用她，也許是美國保護老人就業的一項政策，在香港麥當奴僱用的都是年輕貌美的女員工，難以看到這種現象了。

附近不遠處，有一條小河，沿河邊有一片大草地，聚集了很多野鵝和水鴨，經常有小童前往餵食，看着牠們搶食的樣子而哈哈大笑，這裏亦有兒童遊戲的設備，這是我在早上或中午經常推定仁兒童車到外邊散步的好地方。

距離大超級市場不遠，有一座大書局，書籍全是打開，任由顧客翻看，初時我還以為是圖書館，因書局內擺放着很多舒適椅子，任人隨意坐着拿書看，更有些人拿着書本到書店的咖啡座細閱。現在科技昌明，多不靠書本，縱使購書，亦多在網上購入。我也不明這座偌大的書店，如何管理？經費何來？何以尚能生存？

乘車至稍遠一點的地方 West Orange 是美國偉大發明家愛迪生的故居和他的博物館。我年幼時已非常仰慕他，想不到至暮年終能到他的家鄉，也參觀了他臨終那一天，仍在研究室工作的地方，博物館陳列着他臨終工作那張桌椅，和當時他以工作室為家那張午睡的小床和被褥等物品。他辛勤的工作態度，使我看過後覺得更加值得敬佩，確是偉人的典範。

住在勒尼，我們參觀過美國著名的西點軍校，這軍校出了一位著名的五星上將麥克亞瑟，在軍校門外，遠遠的便見一座豎立着的麥克亞瑟軒昂莊嚴的大銅像。美國第二次大戰出現了兩位大將軍，一位是在歐洲指揮盟軍的統帥艾森豪威爾，打敗德國。一位是指揮亞洲盟軍的麥克亞瑟，打敗日本。同樣是使人敬佩的偉大人物，想不到我除了參觀愛迪生故居外，還可以同時瞻仰麥帥的母校，確實還了幼童時仰慕偉人的願望。使我想到，如果當時沒有愛迪生、麥克亞瑟、艾森豪威爾諸位，我們可否享受到今天繁榮和安定的生活？

最後，在勒尼最使我忘不了的，是紐約市二〇〇一年九月十一日，世貿中心被恐怖份子用飛機撞擊起火的災難事件。我們居所附近，站在較高的地方，遠遠也可望到紐約，那天我們親眼目睹其中一座世貿中心，烈火濃煙的狀況，不久整座大廈也隨着倒塌下來。回家不久，從電視機新聞播來，第二幢也跟着起火，亦焚燒而倒下。是次災難中，喪身火海的人不計其數，也不知多少家庭失去支柱，多少孩子失去父母親，這些都是無辜的受害者，那些自命英雄的恐怖份子，令人齒冷，也令人心寒，他們不畏死的舉動，真的更令人不寒而慄。有了這群瘋子，這個世界，怎樣才能和平？

美國新澤西州尼浪拿（Verona）Westover Road

幼子崇修認為尼浪拿（Verona）是孩子讀書較好的校區，而父母又決定移民美國來同住，極需較寬闊的地方，所以便選擇搬到這座剛建好的大屋，也是我們移民來美國正式居住的房屋。

房屋是一幢三層高的獨立房屋，每層二千多呎，面積甚大，樓下一層是客廳、飯廳、家庭廳，及有一個開放式的大廚房。煮飯的時候，隨時可以與別人傾談，有客人來，也不致冷落人客。二樓有五個房間，是崇修一家四人的書房和睡房。我們住的是一樓的客房，方便去飯廳、客廳、廚房及地下室。

地下室面積也有二千多呎，除了室內分間了一部分地方作電影室及遊戲室外，大部分的地方，裝修成一個曲尺形的大書房，花了近十萬美元的裝修費，按照澳門麗鑽閣原有的家具呎寸佈置。我把澳門搬來的家俬，一邊是擺放用來練習寫字的飯枱，另一邊是擺放閱讀寫文章用的書枱，牆的四周則排列着十多個玻璃書櫃，一個大地櫃，還有向門的一座三件式的祖先神樓，在曲尺中間以一座荷塘屏風相隔，在美國只添置了二張咖啡色單人皮沙發。全室安置擺放後，活像澳門家居一樣，定仁和圓元曾去過澳門的麗鑽閣，難怪他們見我們走落樓下，便說我們去了澳門。我也意想不到，繼麗鑽閣書房之後，竟然還有如此愜意的書室。我更可以每日像上班一樣專心編撰《清史稿全史人名索引》一書了，又或抽閒練習書法。

新居與以前勒尼舊房子，相距車程只需十五分鐘，附近環境也差不多，但鄰近的商店不及勒尼方便，可以步行購物的地方並不多，此地華人甚少，西式食肆則有好幾間。附近只有一間較大的西式超級市場，亦是我和淑珍較常去購物的地方。此處步行不遠有一新開的 Pizza 店和專做半日的咖啡餐室。

另方向有一間新開的日本壽司店，最初光顧的食客，只是寥寥無幾的亞洲人，開張初期，因我們常光顧，有九折優惠。其後食客漸多西洋人了，生意多了，我們的優惠就沒有了。

有一間似是猶太人開的餐廳，是二十四小時營業，座位甚多，且極為舒適，中午時分，都是些年老的男女顧客，他們的穿着和駕駛的車輛都是名牌，可見他們都是一些富有的退休老人，不過食物價錢並不貴，美璐姊弟來探望時，經常也會光顧，我們說：「這是我家的飯堂。」

在這裏居住，想食中餐，在週六或週日，崇修要花三十分鐘車程，到「偉潮」或「秦皇」二間茶樓飲茶，那處的點心，十足香港的模式，飲完中午茶後，就在附近的「天天超市」或「金門超市」買這星期的餸菜。每個星期的日常節目，就是如此的過了。

若肯步行三十分鐘，向另一方向行，經一段長長斜坡路，便可到市中心，那處旺盛得多了，不過這段斜坡對於高齡的我，頗為畏懼，尤其淑珍，腰椎手術後，更對此望而卻步，所以我們平日很少前去。

若要到熱鬧的地方，可乘公共巴士，車程約花廿五分鐘，可到一較大的商場，逛上大半日，那裏有各類形形色色的商舖，我最喜歡光顧的，是美食廣場的一檔水手雞，還有許多不同的食品，坐在那裏無聊，更可以欣賞各種不同膚色的人士動態，顯示出各民族可以和平相處之樂。

見小龜感言

十多年前，媳婦蔚青在美國中部某州，見河邊之馬路中，有一小龜爬行，恐其遭來往車輛輾斃，惻隱之心油然而起，把牠拾起，帶回家中，購買一小金魚缸飼養，放在窗前，缸中安裝了一座小浮台，給其活動。

小龜在魚缸中不斷浮游，頗為活躍。冬天來臨，見其全無食慾，終日俯伏浮台上，行動遲緩，有避寒象徵。後來再裝上陽光暖燈照射，日夜照向小缸，給其取暖，小龜終安度嚴冬。二年之後，小龜日漸長大，媳婦欲將其放置於鄰近河邊，但又考慮其已習慣於家中飼養，失去自行覓食之本能，因而中止，至今又過了十餘年。

我每日進食時，面對缸中小龜，見其日益長大，爬上浮台，易如反掌。今年初某日，細心觀察小龜，見其身體笨鈍，要爬上浮台，四腳無力，倘前腳踏上浮台，後腳卻無力再上，待休息二、三分鐘，再試攀爬，亦屢屢失敗，經多次始能成功。爬上之後，伏在浮台上，半小時不動，似在喘氣。

龜之壽命幾何？不甚清楚，只知世人以龜作為長壽象徵。今缸中小龜經十餘年後，對食物興趣已銳減，上落浮台，覺其體力日衰，確有垂老跡象。

蓄養小龜或任何動物，原意未嘗不善，或有起於一片善意，或喜愛動物，作為寵物，甚者亦有視之如子女，待之無微不至，如缸中之小龜，得安居，有美食，無憂安全與維生之計。惟其終年困在缸中，既無同類相隨，更無伴侶相伴，長年歲月，獨屈居一狹窄小缸中，孤苦伶仃，抬頭仰望，僅是周邊固定景物，食雖甘美，但亦賴主人之記憶如何。若偶有疏忽，則「望穿秋水」而不可得，如此生活，是否龜之所願？是否幸福？

偶思古人莊子所說，物應各適其性，各適其適。如鳥類應放之山林；獸類則縱之原野，以適其性。若將之拘禁於籠牢之中，反受其苦，猶如犯人，終身監禁在獄牢中。莊子觀物之微，不失為古今之智者。

今觀時人，動輒喜蓄「寵物」，以為使其得安居，有美食，愛之、護之、養之，無微不至，自以為已予該寵物之無窮幸福，殊不覺如此足以逆其本性，害之而不自知耳。竊意以為，若好養寵物者，宜首當深思之！

第十章

師友篇

——懷念尊敬的師友

在中小學時期，雖然有許多印象深刻的老師，但始終是接觸不多，一旦離校，又各散西東，相見的機會更少。但其中的許多老師，我心中仍然尊敬他們，懷念他們。

在這裏所憶述的，大都是在大學、研究所的師友。也許他們有些是與我日後的工作有密切關係，平日接觸多了，相敘亦較頻密，特別在新亞書院前期的師友關係更為密切。

這裏所記的師友，他們各有專長，各有治學豐富的經驗，和學術上眾所周知的成就。老師們的著述和成就，都有許多學者用專篇研究和推介，我在這短短的篇幅，只着筆於與我在生活關係上的點滴留痕而已。

而其他老師，未能記錄，我還是同樣敬重。至於與我在新亞書院就讀的胡詠超同學和中學同窗楊廣田同學都是我一生中最友好，最懷念，最欣賞的知己！

何格恩老師

在中學後期，任教中國歷史科的，是何格恩老師。我自小最喜歡的科目是中國史，到了何老師任教中史課，更加強我對中史的濃厚興趣。

抗日戰爭前，何老師在廣州嶺南大學畢業後，隨之在母校任教。抗戰結束，曾在湖南師範學院任教史地。國內國共烽煙四起，他便避地香港，執教中學，我所以入讀新亞書院，受何老師的影響至大。

何老師上課，不苟言笑，寫黑板的文字，總是一筆一劃的寫，和寫在學生習作簿和自己寫作的文稿上，是一模一樣，一絲不苟。何老師個子矮小，沉默寡言，看來態度有點嚴肅，但與同學談話，卻又和藹可親而帶温情。

由於我與楊廣田同學中史科的成績較好，當學期結束時，何老師要我倆到他家裏（住的是學校的一間小房子）幫助他計算和登記績分工作。記得一次，他有事外出，臨行前吩咐我倆，在績分未到最後校核清楚，不要讓其他同學知悉。果然對考試績分甚為緊張的兩位顧、鄧女同學，前來查詢自己的中史績分，要求我倆告訴她們。為了承諾老師績分暫不可宣佈，拒絕她們的要求。現今想起，可見何老師對學生的成績如何認真和謹慎。

香港教育司署，在中學實行會考制度。學生為了應付會考，許多考生極需一些補充材料以備應試，何老師便着手編寫《中國歷史會考參考資料》一書，於是邀約廣田和我一同參加編寫工作。這是我第一本編寫的書本在書局出售；同時，也是香港出版這一類書籍的開創者。

其後，我入讀新亞，何老師和余景山先生合編著一套《中國國文》教科書，這也是香港任教國文老師編著出版的中學國文課本。記得初中的國文課本，其中柳宗元的〈永州八記〉題解、注釋的初稿是由我撰寫的，再經何老師訂正。到了任職新亞研究所助理研究員時，何老師又要我和胡詠超同學合作，在工餘時間，編寫一套上下兩冊的《中國史提綱》，何老師校訂，由一間書局出版。何老師是史學大師陳寅恪的學生，他繼承陳先生的方法，指導我倆編寫。文稿交給何老師後，他亦毫不苟且仔細審訂。這是我第二部編寫中國歷史教材的作品。

不久，錢院長聘請何老師到新亞書院兼任斷代史課程，他擔任過的有隋唐五代史、宋遼金元史、明清史等課程，我亦修讀他所任教的科目，再經過多年的接觸，彼此的了解更為深刻。

我在研究所任職助理員，經費是由美國哈佛燕京社資助的，所以每年一聘。何老師在一九六七年，和嶺南大學在香港的校友，籌辦嶺南學院（那時廣州嶺南大學已經不存在，可用「嶺南」校名），他覺得我在研究所一年一聘，生活極不安定，希望我到嶺南兼任一些史學課程。剛巧那一年，新亞書院也聘我兼任中國通史。我只好婉謝何老師的好意，轉而推薦胡詠超去任教。詠超兄後來卻轉為中文系的教授。

香港嶺南學院籌辦時，正是大陸「文化大革命」最高峰階段，紅衞兵在大陸橫行無忌，香港也受到波及，發生了香港有史以來最激烈的「暴動」，港英政府岌岌可危。在不穩定的時局下，何老師兒子港粲和女兒平芳，在加拿大申請他舉家移民加國。何老師在離別香港時對我說：「我大半生，都是過着流離不定的生活，自己又患上胃病多年，希望藉此轉換環境，到加拿大後，可安定地做些自己尚未完成的工作。」隨後又說：「我有一位頗有魄力的同學阮康成，會到嶺南任院長。」何老師到了加國，經常寫信給我，還附上全家福的相片，家庭樂也融融。他還告訴我，運來加國的書箱正準備開箱工作。

不久，李俊雄同學，又是何老師的女婿寄來一封信，竟然是噩耗，說他岳父前往美國，在美、加交界歸途中，發生了車禍，駕車的是羅香林教授的兒子。坐在後座的岳父母，傷重即時去世。俊雄在信末還附上幾個字，託我通知他岳父在港的友好。我知道這一消息，像晴天霹靂，伏在案上禁不住痛哭起來，驚動了辦公室趙潛兄，以為發生甚麼事，獲悉何老師的不幸，亦感哀痛，並出言安慰。

受了俊雄學友的囑託，我親往嶺南學院拜見阮康成院長。以前和阮院長未曾見過面，我便先自我介紹，是何格恩老師的學生蘇慶彬。阮院長乍聞此一噩耗為之愕然，感到非常難過。其後進入院長室坐下，阮院長便說：「你的名字，我早已經知道，何先生有好幾封信都提到你，並託我如果你有需要時，要我幫助你。」何老師要阮康成院長幫忙我，從沒有聽何老師說過，給我的來信也隻字不提。後來我想起，何師在臨別前說過他的同學阮康成接任嶺南院長職務那句話，那時何老師忽然的提起，可能是給我一點暗示。世上有些人說幫助人，說了不做；有些人幫了人而不說，何老師就是這一類人。阮院長又徵詢我，新學期開始，可否替嶺南兼任一些中史課程，我即時婉謝他的好意。後來我到嶺南兼課，就是有這一段因緣。

昔日在嶺南大學的謝扶雅先生與何老師是老同學，他在何師的追悼會上的悼文說，「何先生是地道的中國讀書人」，說得一點也不錯。

錢賓四老師

我第一次知道錢穆先生的名字，是何格恩老師介紹我們讀錢先生那本《國史大綱》。第二次是在桂林街新亞書院所舉辦的「文化講座」，聆聽他的講演。第三次是聽他在講台上講授中國通史課程。錢老師講話，是出乎意料之外難聽懂。整個文化講座中，只能聽懂他讀出寫在黑板上的幾個字。坐了一個多鐘頭，只能欣賞錢先生在講台上，面帶微笑，口中滔滔不絕，發出抑揚頓挫的聲音和風采。上中國通史課，第一學期結束時，有一位姓羅的湖南籍女同學問我：「你能聽懂錢先生所說的話有多少？」我說至今大概有四成吧。她說：「你比我好，我還不到四成呢！」試想想連一位會說普通話的，亦不能聽懂四成，難怪我們那些廣東籍的同學了。記得多年後，錢師有一次在禮堂上講演，一位哲學系姓陳的同學，聽講完畢，問他聽懂多少？他說只聽懂了兩句，他所說聽懂的兩句話，還有一句是聽錯的，實在只能聽懂一句而已。可見錢師與廣東籍同學的語言障礙的程度了。幸好我修讀中國通史的前一學期，只靠閱讀《國史大綱》。那時候若不是深愛中史和敬仰錢師，又沒有堅毅的忍耐能力，不是退學便是轉系了。

不到一年，錢師所講的話，除了較難懂的一些外，幾乎都能聽懂了。錢師講課時那種從容不迫的風度，和抑揚頓挫的聲調，更能領略所講內容的精闢之處。

錢師在課堂上講歷史，固然對歷史人物有批評，甚至對當今的政壇人物、學者都有評價，這些都是我喜歡聽的。記得一次，他說：「讀到梁任公先生說的一句話『中國不會亡』，更激發我加強對中國歷史的研究。」錢師更憤慨地說：「許多人都批評，看梁任公的文章，每三行中就能找出一個錯處！試想想，你們寫文章是躲在圖書館寫的，不要忘記梁任公卻在茶室中，或坐在車廂、輪船上寫的。」說時顯出他認為別人對梁任公批評的不公平。我在課堂上聽錢師評論近代的學者中，他給梁任公先生極高的評價。

有一次和錢師見面，談起中國古史研究中掀起一陣疑古風氣，顧頡剛先生是一位疑古的健將。我問錢師：「為甚麼顧頡剛先生重刊《崔東壁遺書》中能容許錢先生所撰寫的一篇跋文。這篇文章，是持反對意見的，都會放在一起？」錢師沒有作出正面回答。停了一會，錢師說顧頡剛先生曾經對他說過幾句話：「當今有些年輕學生，所表現的成績比我好。我有一點成就，只是一時風會而已。」錢師說出這幾句話，是要透露顧先生為學的謙虛及有容人之量。難怪顧先生可以推薦錢師從一位中學的教師，到北京的一些著名大學任教，更可說是錢師持反對疑古的文章，能放在重印的《崔東壁遺書》中的間接答覆了。

錢師亦經常談到在北京大學的學生，很多都是著名教授的子弟，在課堂上所聽到教師的言論，會與家長討論。在他的班中就有疑古派極為激烈錢玄同教授的兒子在內。所以在這環境中，教學的人要非常謹慎小心，絕不能隨便和馬虎！這正好是教學上的一種推動力。

在課堂上，錢師經常談起，抗戰期間在大後方上課，為了防備日軍空襲，許多時候躲在深林中，而今天你們雖是過着流亡的日子，還有安定環境讀書，比起抗戰時期幸福得多了。這番話不外是激勵同學，也暗示在座的同學不要以為今日是讀書最艱辛的時刻。

我記得錢師最喜歡對學生說：「夾竹桃開的花是美麗的，松柏則是受得起風雪，你們想做夾竹桃還是松柏？」以兩種植物作為譬喻，是敦促我們要在艱苦中奮發。曾經有位姓黃的同學畢業後，急於找尋自己的出路，顯出緊張與惶恐。錢師見他如此急進，又作了一個譬喻說：「找職業與走上巴士（公共汽車）一樣，不必急於東張西望忙去找座位，只要安靜地站着，耐心的等候，遇着在你身旁的人站起走開，你便可安然坐下，何必急躁？」這個譬喻是訓示同學，也正好說明錢師個人的處世之道。

香港中文大學成立後，第一任校長李卓敏，由於錢師與他的高等教育理念有分歧，毅然辭去新亞職務。當時對錢師辭退有兩種選擇，以退休之名，則有可觀的退休金；若以辭職，則待遇不同。而錢師寧以辭職之名，以示對教育理念不滿而辭職。可見錢師並不斤斤計較，以自己的利益為考慮。錢師隱退後在台灣定居，生活並不充裕，曾經有一次，我把香港人人書局出版中史教科書的校訂稿費轉交錢師，他卻說而今也靠些稿費生活了。由此可了解錢師的生活情況了。有一天我經過亞皆老街一間書局，門前擺放一大堆《中國歷代政治得失》一書的翻印本。那時候，中學會考中國歷史科，政治制度史是頗為重要的範圍，這本書是考生喜歡作參考而極暢銷的。我告訴錢師，此書已被書局翻印，以平價兩元一本出售。錢師即時回答：「有人翻版，有人愛讀此書，是一件好事，收不到版權費，也就算了。」這足以顯示錢師對自己著作的版權受損，處之泰然，只要有利學子，版稅喪失亦不以為意。

曾經讀過余英時教授撰寫過錢師的治史精神，最能刻劃出錢師治學用心所在。我們都有同感，在講台上，聽過錢師評論當代學者，認為魯迅撰寫《阿Q正傳》，傳誦一時，而他所塑造出阿Q這位人物，好像代表了中國人的性格，刻劃中國人既好勝，又無知。說中國人都是如此，中國還有甚麼前途，有甚麼希望？有人說錢師講中國歷史，都是說中國歷史完美的多，不講中國史上不光明、不合理的事而多加隱瞞，是不符合歷史事實，也不客觀。其實錢師並非不曉得魯迅的用心所在，是創作一種反面教材，使國人反省。他認為有些人不悟魯迅的用心所在，導致國人對自己民族，以為就是阿Q的性格，影響便適得其反了。錢師生於中國清末，中國正處於危亡之際，目睹國人意志的低沉、頹喪與悲觀，認為必須強調中國歷史有光明和美好的一面，重新建立國人的信心。我們讀《國史大綱》的引言，就得領悟錢師在抗日期間撰寫該書的用心所在了。

錢師認為要治理好中國，不要盲目的去模仿外國。歐美諸國，都有他們自己文化傳統，中國亦有自己的歷史文化，一定要從自己歷史文化中去探索，適應本身的國情，採取適宜的政策。現今國內提出要建設有中國特色的社會主義為口號，「有中國特色」這句話，是國內經過數十年無數次鬥爭的結果，是今天國內當權的主政者從多年血淚的洗禮體悟出來。這也是錢師數十年講學始終如一的信念，他經常提及「温情」（我到江蘇無錫旅遊看到刻在一塊石上有「温情如水」四個字，便聯想起錢師是無錫人，是否受到影響？），在五十年代大陸中共批判錢穆的一個罪狀，就是「温情主義」，而今大陸當局又回轉頭來，提倡温情了。

錢師流亡在港，雖僅有十餘年，在教育方面培育不少人才，而更重要的，是他為推動香港高等教育所作出的貢獻。未來撰寫香港教育的發展史，決不能忽略錢師在這方面的貢獻。

在台灣，錢師以九十六高齡謝世，出殯當天，高至總統、政府各部門首長，以及大批學者、教師，均群集前往公祭。而我在當天目送蓋着青天白日旗的靈柩，目送推入另一殯房，不禁淚水滴滴掉下，與尊敬的錢師訣別。

錢師早年常患胃病，晚年又得眼疾，今得享高齡，實有賴師母之悉心照顧。某日到台灣，與李廣健同往拜候師母，聆聽師母講述如何費心整理錢師有待重印舊作的繁重工作，更深感敬佩。

唐君毅老師

當我投考新亞時，入學試那一天上午，進入試場，見到一位老師頭髮蓬鬆，樣子溫厚文雅，年約四十餘歲，拿着試題交給教務員，把試題和試卷一併分發給考生，停留片刻便離去了。後來才知道那一位就是常在雜誌上看到他名字的唐君毅。

上唐老師的課，是一年級必修科「理則學」。他上課所說的普通話，帶有四川話口音（後來唐師說，自己原籍是廣東五華縣人，前幾代才移居四川，所以算是四川人）。他說的話我還聽得懂，可是寫的黑板字，不僅字體較為潦草，而且是興之所至，東寫幾個字，西邊幾個字，黑板寫滿了，把中間擦了幾下，便寫在那裏。如果看不見他寫在甚麼地方，就像尋寶似的。我修讀他的課，連研究所在內，就有六年之久。唐師講課時，大都是講授課程內容，極少講題外話，滔滔不絕地講，有說不盡的內容，只怕時間不夠。在天氣炎熱的夏天，沒有風扇，更不用說冷氣，他總是汗流浹背，汗水濕透上衣。一般人抹汗是用薄薄的手帕，而唐老師卻拿出一條厚厚的小毛巾，一面抹汗，一邊在講，心情顯得十分沉重。唐師講課，不似錢師和張丕介師那樣從容不迫，輕鬆瀟灑。

唐師講中國哲學，精要的地方很多，聽他的課，覺得他對中國的傳統文化帶有深厚感情。特別是目睹中國大陸宣揚馬、列主義，破壞中國傳統文化，他有無限的傷感！所以他慨嘆「中國文化花果飄零」，這確是他在早期新亞每次講演時，都流露出來的心聲。

唐老師每天的生活，都是浸淫在思考之中，無論走路、作息都是在沉思。有一次，他告訴我說：「一個人在理髮時，坐在椅子上，閉着眼睛，是思考問題最好的時刻。」可見他不會浪費一分一秒時間。曾經有一天中午，我下課後，經過唐師、師母吃飯的地方。他叫我一同吃飯，我也不客氣坐下（那時候同學在他家裏吃飯是慣常的事）。不久，唐師碗裏的飯吃完了，他問師母：「我吃了多少？」師母說吃了兩碗。唐師便說：「那我飽了。」唐師真的連吃飯的時候，仍然不輕易放棄思考問題。如果他不是在思考，那有連吃了多少，是否吃飽也不自覺？

早期新亞許多學生，都是隻身流亡在港，唐師每逢年節，都請他們到家裏團敘，以免那些沒有家的同學，孤獨伶仃易引起思鄉、懷念家人的情緒。我雖然有家在港，有時也應約和他們一同相敘。

唐老師是研究哲學的，照理是較偏重理性的，但他特別重視儒家思想，總帶有濃厚的温情。許多人批評中國人重感情多於重理性，做事常常是情理不分。換句不好聽的話，是情理糾纏不清，不像西方「情」與「理」比較清晰。唐師用人確實受儒家影響，偏重於情。舉例來說，當唐師任哲學系主任時，一位姓黃的同學受聘為系室文員，但他甚少幹文員工作，多坐在一邊讀《莊子》，唐師認為他好讀書是一件好事，數年如一日。其後，牟宗三先生繼為系主任，認為黃同學總是躲在室裏看書，不到兩個月，便把他調走了。唐師和牟師，一是「重情」，一是「重理」，處事各不相同，可見一斑了。還有一位姓麥的，是研究哲學的畢業生，人是頗用功的，但精神方面有些問題，病情時好時壞。唐師把他安排在所裏工作，至唐師辭世，仍留在所裏。麥同學的遭遇，的確值得同情，唐師也是基於這一點，聽說麥同學至今尚留在研究所，也許還受到唐師的餘蔭。上述兩事足以顯示出唐師秉性的仁厚。

唐師退休後，久病不癒，有一天忽然接到趙潛兄通知，唐師在浸會醫院病逝。我與嚴耕望老師即時前往醫院，到達時遺體已送到冷房。孫國棟與趙潛兄陪同進入冷房，把冷藏箱拉開，見唐師安祥地合着眼睛像安睡一樣，這是見唐師的最後一面。

唐師遺體在港辭靈後，安排好日期，運往台灣安葬。在台灣的追悼會上，許多學者和政要都前往悼念。我們從香港去的幾位同學，坐的地方前後左右，忽然來了幾位大漢，跟着在台灣定居的錢賓四老師和師母，與國民政府蔣經國總統到來參加追悼會。大概那些大漢是蔣總統的護衛，注視我們幾位由港來台的陌生人。唐師只是一位學者，畢生致力教育和宣揚中國傳統文化。身為總統亦親臨致祭，可見當年政府對學者的尊敬。

唐師靈柩送到台灣一個翠綠的山坡下，適逢天雨過後，路途濕滑，護送的人幾經辛苦，才走上山坡。一代儒宗，長眠在國土上，唐老師一生辛勞致力學術，維護中國傳統文化而不懈，而今當可安息了。

張丕介老師

在中學時喜歡閱讀評論時事的報章、雜誌，經常在《民主評論》雜誌看到張丕介先生的文章。但閱讀過後，沒有深刻印象，只記得作者的名字而已。

其後在新亞，才知道有三位主要的創辦人，張丕介老師是其中之一。張老師任教的是一年級修讀的「經濟學」。我也修讀了這一門課程。許多老師的普通話，都帶有很濃厚的鄉音，而張老師講的，我雖然是廣東人，幾乎能完全聽懂。尤其是他寫的黑板字，字體清楚，寫黑板時先從右起，由右至左，寫滿了再擦去右邊的一半，再由右至左從頭到尾，井井有條。這是我修讀的課程中，最易抄寫黑板字和做筆記的一門功課。張老師寫黑板的方法，到我教學時，希望模仿他，但始終學不到，而我仍然喜歡把張老師的方法，告訴將來要從事教學的學生。

不久，院方宣佈學生可以申請工讀生。獲准工讀的同學，有哲教系的，因為哲學系系主任兼教務長，是唐君毅老師，便派到教務處；經濟系的，由於經濟系系主任兼總務長，是張丕介老師，就分派到會計處；而我是文史系的，當時沒有圖書館，但我是廣東人，會講本地話，有些事情都用得着，於是被派到總務處。由於我修讀張老師的課程成績還不錯，他對我印象頗佳，接受我到總務處。

那時候，我住在宿舍，張老師和師母時常晚上到外邊吃飯或者看電影，總是把書房的門匙交給我，對我說：「你在宿舍，有幾位同學在一起，會較嘈雜些，你可到我的書房讀書，比較清靜。」有一次，他還在書架上拿了一本自己的著作，叫我閱讀，似乎是鼓勵我多增加一些經濟學知識。當時我心裏曾猜想過，是否他希望我轉讀經濟系？張老師雖然對我不錯，但從沒有暗示過要我轉系。其實，我如果不是對歷史有興趣，跟隨錢師讀歷史，就有可能轉修讀經濟系，畢業後張老師也可能協助送我到德國，那就不是今日的我了。

張老師在經濟學的成就，許多人都知道，但很少人提及他還有卓越的幹才。他處事精明且具條理，對現實生活與外界環境，都有充分的了解，處事與待人，也通情達理。我跟隨他，也學得一點做事的經驗。正如王陽明所說「從事上磨練」的學問，確實是有道理的。到今日為止，我所認識辦事能力強的，除從事教育出版事業的余鑑明先生之外，就是我衷心敬佩的張老師了。

在桂林街初期，新亞書院校舍租金，有企業家王岳峰先生資助。不久王先生因工程失誤而破產，頓時昂貴的租金得不到支撐，只有落在錢、唐、張諸位老師去籌措。張老師是主管總務的，擔子更加沉重了。每月支付租金，尚未籌足時，他就得四處張羅。難怪潘重規教授在《新亞生活雙周刊》第十三期，悼念張丕介先生的一首詩，有「鬻釗艱危際」之句，這是對張老師最佳的寫照。

我與張老師相處多年，彼此接觸談話的機會頗多，他在學生面前，縱使本身具有剛烈性格，但極少批評其他同事。僅有一次，談起他在抗戰時參軍的往事，他說：「抗日戰爭時期，許多知識份子都投身抗日戰爭行列。而牟潤孫先生，卻躲在北平讀書。」張老師認為，國家危亡旦夕之際，仍「躲在北平讀書」，似乎帶有些微詞。但他跟着又說：「牟先生寫的文章，當今的人來說，已經甚少見了。」可見他對牟師的文章是極為欣賞的。張師辭世後，牟師卻替張老師寫了一篇「墓表」，又是一樁頗巧合的事。還有一次，張老師談起徐復觀先生（那時徐先生是在台灣或者在港我不甚清楚），他說：「徐復觀先生在年輕時和我做過同事。當年徐先生正是年壯氣盛，而且頗為激進，有些問題與我經常激烈辯論，彼此鬧得臉紅耳赤，互不相讓。到流寓香港，彼此合作辦《民主評論》，大家又志同道合了。」徐復觀先生思想，也許前後有所轉變，而張老師的思想和剛烈的性格則始終如一。

張老師幼年是在山東故鄉武訓義校讀書，這所義校，是武訓行乞討來的錢積蓄起來所興辦的。他憶述：「武訓辦義學，非常尊敬讀書人，到處訪求老師。先父所以到義學教書，就是武訓親自走到家裏，向先父下跪叩頭，懇請而去的。」想起唐君毅老師曾說過：「而今學校聘請教師，是登報招請，任教師的，要去申請應徵，和以前大不相同了。」唐師這樣說，並不是批評現有招聘老師的做法是「當」與「不當」問題，而是慨嘆今日的「師道」日益淡薄了，也許他亦知道山東的武訓聘請老師是下跪叩頭，更有天淵之別，是有感而發。這並非唐師不明現今時代轉變了，非變不可。張師在學校主理財政，資源短絀，對流亡貧困學生交不出學費，卻非常同情，盡量給予援助，我想這與張師幼年受武訓精神的感染不無關係。

張師夫婦在港並無子女，身後只有一批學生替他料理喪事。在遺體出殯前那一刻，想到從此即與張師訣別，我的淚水不禁奪眶而出，傷心地隨車送他到墓地。

曾克耑老師

曾克耑是我大一國文的老師，他除了教授國文外，還有「唐宋文選」、「詩選」等課程。曾老師上課時，間中也喜歡說些掌故和笑話，頗為風趣。他上大一國文，並不帶課本，而是把課本裏要講解的一課，從課本撕下來，放在口袋裏，講授時便從袋中掏出來。真有點名士派的作風。

年少時曾老師已跟祖父、父親學習書法，日後成為書法家。當代畫家張大千先生，對曾老師的書法推崇備至，讚賞他的書法是「五百年來第一人」。記得有位姓蕭的同學家裏開了一間新舖，去請曾老師替他寫幾個字。他寫了之後，交給蕭同學，卻久久沒有消息。

曾老師便寫了一張字條，還附上一張潤金單。字條上寫的其中一句：「白寫則不可也。」而潤例，每個大字一百元，小字若干元。那位同學收到後，大吃一驚，照例要一千多元（在一九五三年不是一個小數目）。蕭同學不知如何是好，請胡詠超和我商量，結果我們建議那位同學親自送他二斤最好的茶葉。曾老師雖然經濟情況並不好，但不是要求索取那筆金錢，主要表示不願同學請他書寫招牌字。附上潤例要多少錢，是向那位同學開玩笑而已。

畢業那一年，有幾位同學請曾老師寫字留念。他說：「寫字贈送給畢業同學，沒有問題，也很樂意，不過你們一定要到我住所替我磨墨。」結果我和徐子貞同學一同到他的住所（記得在同濟中學）磨了半天（是用瓦煲蓋磨）墨汁，足夠他要寫字之用才離開。隔了兩個星期，他寫好拿給我兩幅字。曾跟他學過書法的胡栻昶兄說：「我看過曾老師寫過許多字，很少寫這樣大的字。」我聽了，對這兩幅字更為珍惜。

曾老師是福建閩候人，是書香世家，先祖都是有名的詩家，曾師幼年已從父祖習書法，亦以詩見稱。他臨退休前把所積蓄的，用來將先祖的詩文刊印成書，書名《曾氏十二世詩略》，以宣揚先德。我曾詢問：「曾先生為甚麼把印好的書，都贈送給校友和友人，更郵寄贈給世界各國圖書館？」他說：「如果將來發生第三次世界大戰，只要有一處沒有受核彈轟炸過的地方，就有我先祖的著作存在。」我聽後，覺得這樣想法並非現今許多人所能理解的。

新亞從農圃道遷往沙田，同事們整理文件以備搬運。在走廊上棄置了許多曾老師贈送給他們的書詩文集，當作垃圾般拋棄。我看了心裏非常難過、心酸。把一本本簇新的拾起，轉送給有興趣古詩文的學生。我暗自想，曾老師在泉下有知，會有甚麼感想？

余協中老師

修讀大一課程，文史系同學除了修讀中國通史外，西洋通史也是必修科目。擔任西洋通史授課的是余協中老師。

余老師個子高大而健碩，講課時聲音非常宏亮。他所講的普通話，除曾克耑、張丕介老師之外，也是較易聽的一位了。所以廣東籍同學聽課都沒有大問題。可惜他任教一年後，便應聘到南洋大學去了。

不久，余老師再回到新亞，他說了兩件事情，是我印象最深刻的。他談到南洋大學的學生，有許多是左傾的，膽子也很大，對新到任的老師，開宗明義直接的問老師：「你對共產黨的觀感如何？」其實當時的左派勢力，在新加坡、印尼等地方十分活躍，許多華僑都嚮往祖國而返回大陸。而香港政府是採取嚴厲抗拒政策，所以大都是暗中活動；學生思想縱使是左傾的，還未像南洋大學學生表現得如此直接了當。所以兩地環境不同，便有所分別。

另一件事，余老師說：「凡是修讀西洋通史的學生，每人必須讀一部《西洋通史》，而且要細心閱讀，讀時每句都用紅筆圈上，以示讀過一遍。」有一次他行經校門，看見有些工友很勤力地讀書，連看門的工友，都伏在桌上埋首閱讀，覺得不僅大學的讀書風氣很盛，連看門口的工友，都如此用功，非常高興。他好奇地走前一看，原來工友手持的是一部《西洋通史》，還拿着紅原子筆，一句一句的圈上。他恍然大悟，要學生認真的去讀一部書，最後的結果，竟是如此。學生不好好去讀，只請校工代為圈點，真是「道高一尺，魔高一丈」了。以前聽趙冰老師說過，他們當年的大學生，有四個階段，是「蟲」、「靈」、「精」、「怪」。就是說學生一年級是蟲，二年級是靈，三年級是精，四年級是怪。而今這個時代，只是一年級，便達到了「精」的境界，可說這個時代比趙師時代進步多了。

趙冰（恩德）老師

新亞文史學系英文作文課程，是由趙冰老師擔任。只有第一天上課時見過他一面。其他時間由教務員拿出作文題寫在黑板上，學生作文寫好後，教務員再來收集作文簿子。隔一星期後，將簿子派回。

趙老師所改的作文，非常仔細、認真，但評語和評分都很特別。從你修讀時開始，全班都是給你「F」級，文章寫得怎樣好與不好都是如此。過了一段時期，就加一級「E」。有一位高年級而又是讀外文組的雷一松同學都是這樣。趙老師的批語是用中文寫的，而且又是用廣東話的句子。有一次，我們拿了雷同學的作文簿子看看，評語寫的是：「不要以為你的英文很好，但唔埋得鼻。」大家看了哈哈大笑起來，雷同學本來都被人嘲笑他像女孩子，看見大家捧腹大笑，臉也紅起來。其實不是笑他的作文分數一樣低，而是覺得趙老師的評語寫得如此詼諧，又是用廣東話的俚語寫的，確是少見。

趙老師沒有到校上課原因，不僅是年老，而且是常患病。但教學工作熱心，作文親自仔細批改，一字一句從不苟且。他平日說話都用「地道」的廣東話，說來幽默詼諧。我任《新亞校刊》編輯時，為了要籌措印刷經費，親到他家裏向他籌款，他的家居雖然是在頗高尚地區，但家裏卻非常簡樸。

趙老師在香港出生，他曾撰寫過一篇文章，憶述在幼童時十分頑皮及戲弄消防員的事。又記述在美國讀書時，與宋子文同住宿舍二樓，用繩子吊下籃子，偷取住在樓下一位老太太所養的雞隻來作宵夜的荒唐故事。趙老師在美國哈佛大學畢業後，再前往英國牛津大學攻讀法律。國民政府時代，曾任湖北省高等法院院長、國府外交部次長，以及廣西、中央等學校的法學、英文教授。大陸變色時回香港做執業大律師，並兼任新亞書院董事長。

無論學歷、職務，加上在香港有大律師的地位，在英國人管治香港的時代，應該是「天之驕子」，但他在香港生活卻非一般人所能想像。他個性剛正耿直，任職大律師，歪理的官司不接，難怪他的律師樓門可羅雀了，加上老弱之身，卒告關門。

趙老師剛正不阿，安貧樂道，處事極具原則的性格，使人欽佩。晚年他的女兒趙思寧從台灣師範大學畢業歸來，在新亞書院只任二級文員，以趙老師身任董事長，趙小姐又有高學歷，理應獲得較高職位，而她不沾父蔭，做文員工作，卻處之泰然，不愧為趙老師的傳人。

牟潤孫老師

某天，因事要前往太子道新亞研究所（暫時租用的），見錢所長的辦公室來了一位客人，個子高大而帶肥胖，坐在錢師前面交談。錢師見我到來，介紹說：「這位是你們新的系主任牟潤孫先生，是從台灣來的。」我和他握握手，沒有說甚麼話，因為錢師和他正在交談中，把事辦了，便回九龍嘉林邊道校舍。

原來牟老師是錢師專誠從台灣大學延聘來港，擔任文史系的系主任；並任教「秦漢史」、「魏晉南北朝史」和「古籍導讀」等課程。牟師上的第一堂是秦漢史，他一走進課室，把抱着一大堆線裝書放下，站在講台上，開始便說：「我們研讀歷史，必須讀原始材料，要看第一手資料……」於是把所講授課題寫在黑板上，更抄下一大段材料，注明出處。寫完後，隨手將餘下的粉筆用力掉到台下（後來才知道這是他的一種習慣），這是我見牟師的第二次印象。牟師認為研讀歷史，要讀原始資料和知道材料出處，是入門首要工夫，所以他講授「秦漢史」時，要我們做的功課「資治通鑑尋源」，認為是訓練學生的一種最佳方法。

當我在文史系畢業時，新亞研究所亦遷往農圃道。有一天，我經過唐君毅老師辦公室，唐師招手叫我進去，跟着說：「你畢業了，我可安排你到訓導處工作……」當時我只有支吾以對，不置可否。離開後，又行經鄰近牟師辦公室，牟師站在門口，我不知道他有沒有聽聞唐師和我的談話，就叫我進去。他對我說：「你應該繼續讀書深造，可在研究所做研究工作。」其實投考研究所是我的第一選擇，已經和胡詠超在桂林街書院搬出後空出來的課室，共同準備投考。但要經考試放榜後是否取錄，才能夠作決定。而兩位老師對我的出路問題，都極表關注，我是衷心感謝的，不過兩人對我要走的路向有不同意見。

考入研究所後，在研究所修讀碩士課程；第一學期所裏列出一系列的典籍，要研究生仔細閱讀；第二學期才選定研究題目。我在本科曾修讀史科課程，從秦漢到近代的斷代史已經修讀過，覺得魏晉南北朝時期，最為複雜，最為動亂，特別是民族問題更為混亂。我自小長期在香港殖民地長大，對於英國人、印度人和中國人，在種族的歧視和待遇差別，感受至深。所以選題時便考慮民族的範圍。牟老師的恩師陳援庵，曾撰寫過《元西域人華化考》一書，史學界極為重視。我於是選了民族關係作為論文題目，經過研究所會議通過，導師由牟師擔任。

牟師講課，極重視史料的來源，特別是研究史學。他勸喻研究生撰寫論文必須列出史料的出處，更不可引用別人文章所徵引的材料，貪圖一時方便而不去檢閱原書。除非此一資料是作者所獨有，但引用時仍得注明。牟師指導學生，選擇論文題目，應選擇小題目，訓練做些考史的入門工夫，不要選擇一些空洞的大題目。當時錢師講學，早已經歷過做精密的考證工作，罕談考證，堂上多發揮議論，進入史學另一階段更深層的探討。錢、牟兩位老師，正好對學生研究歷史在不同階段的互補。牟師認為治史，在考據、義理必須兼顧之外，詞章亦不可忽略。他常舉例指出，當時記錄後漢的史書流傳甚多，自范曄《後漢書》出，能留存至今，最大的原因，就是范曄文章的優越所致。所以牟師常勉勵學生，要撰寫歷史，考據、義理與詞章，三者都不可缺，才能達到至高境界。

陳援庵是牟師的恩師，牟師避地香港，經常提及恩師的治學經驗，亦關懷恩師在北京的狀況。他談到在抗日戰爭期間，北平陷落，陳師仍潛心治史，所撰《通鑑胡注表微》一書，是有感胡三省於異族統治下，所注《資治通鑑》，以隱晦之言，以示民族之氣節，故著《通鑑胡注表微》亦身同感受。牟師此時亦留居北平，從陳師問學。我在香港側聞對牟師當年在北平時有不利的風言，但我想牟師至為尊敬其恩師，氣節凜然，應絕不會有違背師道，此說當不可信。

牟師從台灣來香港，已三十餘年，在新亞與中大歷史系任教多年，又在新亞研究所任導師，交遊甚廣，但據我所知，能保持久遠關係的學者不多；與眾多學生中能維持不變的亦甚少，或牟師的為人率直，個性所使然，或時勢所致。晚年退休隱居美孚新邨，所患血糖日益加深，昔日友朋相聚歡樂情況已罕見，起居生活頗有孤寂之感。

牟師病逝時，由香港新華社籌組「治喪委員會」，師母特意叮囑要我加入「治喪委員」

名單，我不敢高攀，沒有答應，但深感師母對我的關愛。老師辭世後，長年多病的師母，卻堅強起來，都能自己照顧日常生活，比以前健康得多，深感欣慰！

梁寒操（均默）老師

梁老師個子不很高，他講課時，普通話雖然流利有餘，但還帶有廣東話的口音。聽說他在大陸時，在國民政府做過高官。其後我在報章上看到一則特稿，記述梁老師在年輕時任記者，孫科極為賞識，此後便進入仕途，不知是否與此有關？當時卻有人稱他為「高要才子」。

梁老師教授「公民」科，還教「各體文習作」。他除了講授課程外，常說些題外話。其中有兩則是我印象至為深刻的。一則是他談到宗教。他說：「一個宗教徒，相信人類有主宰，是很自然的事，但卻有人不相信而已。」他舉例說：「如果一隻螞蟻爬上我的手錶，螞蟻絕對不相信這個手錶是有人造出來的，但事實上，那手錶確是有人製造出來。換言之，這宇宙確是有造物的主宰，我們就像螞蟻一般，自己不知道、不明白而已。」當時我聽了，覺得頗有道理，即時想起有一次在街上，一位傳播福音的人，遞給我一張宣傳單張，內文寫了幾句話：「如果有兩滴眼淚，一滴是悲哀時哭泣流下的；一滴是在高興樂極時流出來的，我們是分別不出來的（現在我不知可否用科學方法分辨出來），但只有神可以分辨。」這段話和梁老師所舉的例頗為相似，這問題是值得深思的。

另一則，也是梁老師在課堂上講的。他說在抗戰時，他到了韶關，有關當局邀請他在農村向一群農人講「三民主義」，想出了一個巧妙的方法，使文化水平較低的農人都聽得明白。他就用炒米餅印有「丁、財、貴」三字去解說。的確佩服梁老師的聰明，識變通，因時制宜，難怪他後來能擔任宣傳部的工作了。

當梁老師要辭職前往台灣，接任中央廣播公司董事長的時候，修讀他課程的同學舉行一個送別會。大家都知道，他是一位書法家，有些同學買了宣紙，送到他家中，請他寫字留念，他一一答應。給我寫的一幅，我把它裱好之後，一直掛在廳中，計算起來至今已有五十多年了。

梁老師寓港期間，也有些詩文在雜誌上刊登，其中一首，題有贈：

此日當何適，前途恐大難，世方淪浩劫，船正渡危灘，
世苦貞元際，必安義利間。真知期入室，大德莫踰閒。

足見梁師心繫國家安危與災難。

梁師到台灣後，有一年我弟弟考入台灣師範學院（過了兩年改為國立師範大學），港人要入台境，需要保證人。那時候，我們怎能找到台灣的保證人？於是，我想起上公民課程中途被台灣中央廣播公司邀請作董事長的梁老師。我立即寫信給他，說明我是在新亞修讀過他課程的學生。因為弟弟考入台灣師範學院，要一位在台灣的保證人，可否請老師替他作在台灣的保證人。那時候，台灣與大陸正處於內戰階段，對大陸、香港、澳門人士，防諜的工作非常嚴密。而梁老師在台灣又處於頗高職位，做保證人或許是不大可能做到的事。但出乎意料，他竟然很快速的給我覆信，令人感到非常高與。以我僅修過他一年半課程的學生，他毫不猶疑地允諾，替我解決了一個難題，確是難得肯幫助學生的老師。

陳伯莊老師

新亞書院當年的教授，是由大陸來港避難的學者，其中有不少是在大陸擔任過高官的，梁寒操和陳伯莊是其中的人物。

陳伯莊老師是繼梁師中途赴台，還未上完的「公民」課程。陳老師個子健碩，聲音響亮。走上講台，首先說明兩人的思想理念不同之處。這也使我想到早年新亞所延聘的教授，都有各類型的學者，只要有共同的理想和目標，都被羅致，亦可說明創辦人有容人之量。

陳老師不僅在課堂上言詞率直，態度豪爽，與學生言談亦復如此。一日中午，在嘉林邊道下課後，我尾隨他步行到巴士站。在途中他問：「蘇慶彬你是讀甚麼系的？」我說：「是讀歷史。」他像有感而發，唏的一聲說：「在今天還讀甚麼歷史！」跟着便不說話了。雖然陳老師沒有說下去，但我忖測他是鑑於國家當前的急務，讀歷史是遠水不能救近火的，需要讀些實用的科目，才能救國。他說這一句「在今天還讀甚麼歷史」，我忖測他下句會說些甚麼，也許會猜錯，但很肯定的是一句貶辭。這正可印證他有豪邁、坦率的真性情。

聽人說過，陳老師年少時便留學美國，是與胡適之同船赴美的，也是同期留學生中最年輕的一位。今天許多人不論在言辭或在發表的文章中，都喜歡說「我的朋友胡適之」，這句話被人視為是一種浮誇的諷詞。而陳老師與胡適之既有如此關係，從我認識他以來，不管是課堂上還是閒談間，從來沒有聽過他提過胡適之的名字。

陳老師過往的經歷，只聽說他在國府撤出大陸退守台灣前，當滬杭鐵路局長。有人說這個職位是個「肥缺」，但他來到香港所居住的地方，卻是當年難民聚居的鑽石山，是一間簡陋的石屋，說明他生活並不寬裕。修讀他課程的同學不很多，彼此容易認識，大家喜歡相約到他家裏探訪，在暑熱天氣，穿着泳衣褲，師生圍着毛巾一同前往離他家居不遠的一條溪水中浸水（水淺而狹小不適宜游水），這又是陳老師性格豪放不羈，與同學打成一片的說明。

像陳老師以前在大陸時的地位，有些人都可以作寓公，可以過着富裕生活，但陳老師在香港，卻住在難民聚居地方，或者是靠寫點文章（當時發表的都是有關民主自由的一類文字），過着簡單而樸素的生活。許多人都批評國民政府時代有許多貪官污吏，也許陳老師是例外的一位。

不久，陳老師的噩耗傳來，我走進殯儀館時，看到除了一些人是他的友好外，其他許多人都是他的學生。在瞻仰遺容時，由於天熱炎熱，殮房冷藏做得不好，遺體臉部，都面目全非了，看見感到非常難過。

我修讀他的科目不多，但和他相處時所見的許多事情，都使我留下極深刻的印象，他是一位值得尊敬的老師。

張葆恆老師

張葆恆老師原是英文系系主任，後來又兼研究所教務長。教務長雖然是兼任，但他在研究所辦公室的時間頗多，並且對研究生的督促甚嚴。記得有位姓柯的研究生離開研究室外出時，在椅背上經常架着一件外衣，好像人在所裏作研究的模樣，可見他對張老師存有畏懼之心。

張老師是廣東東莞人，有人說當代極有前途而早逝的史學家張蔭麟先生是他的堂兄弟（未曾徵詢張老師是否屬實）。聽說張老師早年在廣州國立中山大學，是當年最年輕的系主任。其後他在聯合國任過職。大陸政權改變，再到香港重執教鞭。張老師在研究所執行職務時，樣子非常嚴肅，毫不苟且，研究生繳交論文的期限，雖然是他最喜愛的學生，亦絕不通融多延期幾天，要準時繳交，不得拖延！有位研究生差一點點尚未完稿，被迫數晚通宵才得完成。

人有嚴肅的一面，亦有詼諧的一方，張老師就是這樣的人。研究生中午休息，有時相聚奕棋。張老師不時興緻勃勃地走過來，指點一方應走那一步，如何「將軍」，怎樣可以殺棋等等，說得開懷大笑。他見我們喜歡下棋，還說了一個故事：「有兩個朋友相聚，一位棋藝頗高的，邀請另一位下棋消遣。那位友人在他盛情邀請下，難於推辭。雙方下棋時，棋藝高的讓對方先行。那位友人開始第一步，便把『帥』升起，使棋藝高的，百思不解，以為是甚麼高着，久久不敢走第二着。後來旁觀者問他，為甚麼有此一着？他說，『我的棋藝甚差，怎樣走都是輸的，乾脆早點結束便是了』。」

有一年，有位姓黃的研究生，到他家裏拜年。在農曆新年，廣東人大都喜歡買些臘肉、臘腸之類過年。那位姓黃的是安徽人，只聽別人說「東莞臘腸」是最好吃的。他知道張師是東莞人，不知怎麼會聯想起來，問張先生：「東莞臘腸是怎樣的？」張老師微微笑地回答：「東莞臘腸就是像我一樣。」他自謔自己身材（個子短小而帶肥）。大家都大笑起來。又一次在一位同學結婚的婚宴上，張老師和同學坐在一桌，餘下一個空位。曾克耑老師經過有意坐下之際，張師見狀，立即打趣地說：「這裏不歡迎你，請你到別一枱去。」曾老師亦毫不介意微笑地離去。後來我問張老師為甚麼說不歡迎他，是甚麼道理？張師說：「曾先生吃生果時有一怪相，他吃時只把一件件的橙，啜了兩口橙汁便丟到枱上，吃得又快速，一會兒便一大堆渣滓，難看得很。」他又補充說：「曾先生與畫家張大千共膳亦是如此，曾先生確實是不拘小節的文人。」從幾件事看，張老師說話時還像「老頑童」似的。

每逢聖誕節，張老師習慣總是很早便送我們聖誕咭。所以畢業後的研究生都到他家中拜年。每當我一進門，張老師第一句便數第一個到的是羅球慶，第二個是孫國棟……把去拜年的都排列次序。多年都是這樣。我們在談話時，他總是講些詼諧的話題。一次他說：

「不知怎的，逢過新年，人與人相逢，都愛說『恭喜發財』，真是老套又俗氣！」張師母聽了恐怕他得罪別人，前來補充一句：「我都是這樣老套俗氣的。」

張老師在英文系開的課，有莎士比亞一科。聽說學生有些微詞，不知是否真的。但我曾聽他自己說過：「我研究紅樓夢，比俞平伯還要好。」他對文學的造詣是相當自豪的。研究紅樓夢是否超過俞平伯，我不知道，但他的英文造詣，曾聽過董事長趙冰老師稱讚：「張葆恆教授是在校中英文最好的一位。」

嚴耕望（歸田）老師

牟潤孫老師講授秦漢史，提到當今研究秦漢史的學者。他說：「台灣中央研究院史語所，有一位嚴耕望，他研究秦漢史、魏晉南北朝史，是極有成績的學者。」牟師對嚴耕望的著作推崇備至，於是引起我對嚴先生史學著作的注意。

過了一段頗長時間，新亞書院研究所聘了一位導師，就是嚴耕望先生。我第一次和他見面，是在歷史系湯定宇先生的辦公室。他倆在一起，看來像一個老頭子和年輕人在談話。湯先生頭髮都白了，而且又留着一把雪白的長鬍子；而嚴先生還是黑黑的短髮。湯先生給我介紹時，嚴先生卻補充一句說：「我與湯先生是同年。」這才知道嚴耕望先生與湯先生年紀並沒有差別，但驟眼一望，卻有天淵之別。

嚴師來到一個陌生的香港，港人聽普通話已經難懂，而嚴師講的話，又有濃厚的鄉音，經常要人作翻譯。為了找房子，趙潛兄便請我幫助他。記得他所租第一所房子，是在巴富街，業主就是邵氏公司在港紅極一時的明星凌波，她與朋友何冠昌一同前來商議簽租約的事。那時候凌波唱黃梅調在港風靡一時，嚴師家人都是從台灣來的，又喜愛聽她唱黃梅調和演戲。所以見面時，嚴師母非常高興，可以用普通話交談，又可以談戲曲，彼此談得非常投契，租約很順利完成，用不着我來作翻譯了。

新亞研究所分文學、歷史、哲學三組，文學組導師有潘重規，哲學組有唐君毅、牟宗三、謝幼偉，歷史組有錢穆、牟潤孫、全漢昇，再增加嚴耕望，中研院院士就有三位，以導師的陣容來說，是鼎盛時期。

嚴先生的教職在編制上是屬研究所，但授課科目，許多是在大學本部。嚴師的普通話，雖然比錢師稍為易懂一點，但許多本部生都聽不很明白，連點自己的名字也聽不到，後來索性不點名了。幸好他在上課前把講義印好，語言的障礙得以彌補。

嚴師研究的主要範圍是中古史，政制史和歷史地理是主要範圍，特別是歷史地理，更是中國現代的權威學者。有一次，在談話中談起幼年的事。我問他父母名字，說起母親的名字，他微笑地說：「我不知道母親的名字。」但說到他的哥哥，卻喜形於色。他說：「在年幼時，成績最好的是算術科，但哥哥送我一本地圖書，則愛不釋手，經常細心研讀。」言下之意，這奠下了他日後研究歷史地理的基礎。嚴師所著《唐代交通圖考》，是學術界所公認的不朽之作，他在研究所的時候，我聽研究所長謝幼偉說：「有些人（意指嚴耕望）現在還去研究唐代的地理，有甚麼意義？現在坐着直升機去拍攝，便可一目了然，何必如此費力去研究！」謝先生是研究哲學的，也許是道不同，但他這樣說卻有點不甚得體了。

和嚴師談話的時候，他常說：一個人做學問，應該分階段，年輕的時候，應選擇一些大題目、大計劃，趁年輕力壯，精力充沛，可做些深入繁雜的考證，做些有系統的研究；到了年紀大了，學力深了，經驗閱歷也豐富，才多寫些議論性的文章。的確嚴師就是如此，他早年的研究多精深的考據。我和嚴師交談時，談到做研究工作應分階段，我說：「嚴先生剛才說過，年輕時研究學問，要做些大題目、大計劃，你是做到了，成績也有了，而今已有了治學的經驗，何不趁這機會，寫出你的治學經驗，可使初入門的學子，能夠知道如何研究歷史。這是我多年教學，學生都需要知道的課題。」嚴師聽了，默默不作聲。我不知道嚴師是否早有此想法，還是和他的想法脗合，後來他兩本小書相繼出版了：一是《治史經驗談》，二是《治史答問》，他簽了名送給我。這兩本小冊子，正好給治史的學生作為最好的指導著作。這正是他說年紀大的人，可多寫議論性的文章的話兌現了。

許多人都知道嚴師在中研院，全心作研究工作，生活縱使艱苦，也不做兼課工作。錢師評論他「澹泊自甘，寂寞自守」，是一語道出他的性格，甚至在研究所多年，唐君毅老師再三的敦請他擔任所長一職，他都斷然婉拒。到了全漢昇所長以年老辭去所長職，一時難覓繼任人選，我與酈健行同到他的住所霞明閣，懇請他可否再作短期所長，以便有時間物色適當人選，同樣遭受他的婉拒，亦失望而回。嚴先生多次的堅拒擔任行政工作，固然有利他專心致力研究工作，他經常自稱：「不善於應酬交際，於人事之間又拙於言詞。」又說：「我有自知之明，主管一個機構，只會有損害發展，沒有好處，這不全是一種自私，而是為着大局。」這句話我覺得頗有一點道理。

嚴師既然澹泊自甘，何以他又會接受新亞研究所導師的聘約？他曾經對我說，一方面是受錢師的力薦，錢師是他恩師，情誼難卻；二是他的子女快將中學畢業，攻讀大學要有經濟上的支持。他思量甚久，為了子女教育，才應允到研究所任導師職位。

嚴師一向以來都有生活的規律，有做人的原則，他自述為人是「以道家自處，以儒家待人，以法家治事。」嚴師的確對己不計較名利，待人通情達理，治學則嚴守法度與進取精神。總言之，嚴耕望老師真正能綜合融會中國儒、道、法三家的精髓作為自己一生做人的準繩。

懷念相聚數十年的同學——胡詠超

我與胡詠超是同年入新亞書院的，又同是入讀文史系，在系中選課差不多是相同，所以很容易稔熟。

詠超個子不甚高且偏瘦，經濟系同學奚會璋給他取上一個明星的名字「新馬仔」，以他瘦如新馬仔來嘲笑他，此名字甚為流行。同學許多以新馬仔作為他的代號。

當年新亞書院以文史系學生最多，我與詠超便聯絡楊遠和董良民，建議組織文史系會。這是新亞同學組成的第一個系會，其後各系紛紛宣佈成立系會，更進一步設立各種不同類別的組織和活動。由於詠超寫得一手好字，歷屆均被推選為系會的秘書，系會舉行學術活動，先創辦壁報，刊登的文章，全由詠超一手抄寫，張貼在壁報版上，甚為齊整美觀，可見他對於公事如何熱愛。

在校四年中的課餘活動，無論踢足球、打乒乓波、下棋，都有我倆的影子，甚至準備應考新亞研究所，亦一同温習，一起住在桂林街舊址宿舍，每天兩餐還有列航飛同學供應的免費救濟白米，日夜準備以待考試。

我二人考研究所，同時被取錄，在研究所又同處一研究室。每日早上九時規定到研究室上課。我倆得尚重濂同學介紹，到杜學魁、葉錫恩的慕光中學兼早上最早的兩節課，下課後亦可以在九點之前，趕回研究所。

記得在慕光中學，詠超任教會考班的中文科，而我則任教中史科，其後中文與中史兩科，卻成為該校中學會考成績最優異的科目，難怪我們倆人獲得杜、葉二人的禮遇。

研究所畢業後，我倆同被選任為「研究助理員」，當時何格恩教授擬編一本用圖解說明的中史書，何老師便約我倆共同編寫，何老師只作校訂。這是我倆撰寫文章的開始。此書是何老師承繼他老師陳寅恪而製作的，我們費了不少功夫完成，但由於是賣版權的，所以沒有印上撰寫者的名字。

其後不久，又共同在人人書局編寫香港中學會考中史科的教科書，由錢師賓四校訂。此書一時成為香港中學大部分學校採用的教科書。我總覺得編寫這一類書本，對香港的中學教學有頗大的影響，可能比較撰寫一篇論文，也許影響更為深遠。

在研究所任研究助理員時，錢師一度囑咐我倆合編撰《清史稿人名索引》一書，其後研究所經費不足，書未果，而詠超離任。離開研究所後，轉而中學任教，不知怎的，轉換了多間學校，浪費了不少時間，殊為可惜。

一九六六年是香港在英國人侵佔統治下最危急的一段時間，暴動的市民幾乎把港英政府推翻，其間不少香港市民移民歐美，而何格恩老師的子女，適逢要父母移居加拿大。但何老師當時與嶺南校友，籌辦的嶺南學院剛成立，何老師邀請我到嶺南任教，當時我以一方面仍留任研究所為研究員，另一方面亦同時在中大新亞書院兼課婉拒，之後，轉介何老師邀請詠超，自此他便在嶺南學院任教，一直至榮休。

詠超在嶺南期間，我一度前往嶺南兼課，又再成為同事。在此之前，詠超擔任中文課程，而我擔任中史課程，本相安無事。後來不知怎的，有人造謠中傷，離間我倆，詠超從未對我如此冷淡，我卻不知因何如此。後來謠言終冰釋，友好如故。這是我們二人交情以來僅有的一次小波折。

嶺南大學由於政府承認可為大學，政府調整了薪金，詠超的後期時間，生活便較為舒適。但此後經常患病，也入醫院做過手術，痛苦異常。其中一次，我到醫院探視，那時他精神尚好，我們暢談了好幾個鐘頭，天南地北一番，這是我跟他談得最高興的一次。此後再度在醫院見面時，他已經不能說話，只有兩眼凝視着我。這一次想不到是與他最後的訣別！

詠超為人，不拘小節，本身極具才能，由於任性，未能充分利用其長處，力爭上游，以致蹉跎不少時日，不然他的成就尚不止於此。其為人外表言論剛烈，別人視之為一位剛強硬漢子，我與他相處數十年，覺其外剛烈而內心深處，亦具一片柔情。我與他能相處數十年，與此有極大關係，任何事情，彼此均能忍讓，遂可成為難得的好朋友。

摯友逯耀東兄嫂夫人李戎子噩耗

今晨忽接台北廣健來電，告知逯師母昨晚辭世，聞之不禁悃然，惟堪告慰者，嫂夫人卒脫離苦海而已！

回憶認識逯耀東兄嫂在上世紀六十年代，是在新亞研究所時，他最初給我的印象是一位彪形大漢，談話時議論滔滔，談笑風生，煙不離手，善於交際的一類人物。

他來香港時，已在台灣結婚。結婚後，獨自來港入新亞研究所攻讀歷史，問學於牟潤孫師。嫂夫人李戎子卻一直留在國防醫學院任職護士。其後，我與耀東兄相處日久，彼此了解漸深，他樂於助人，一時甚獲友好歡迎。

俟研究所畢業後，他旋即回台灣大學攻讀博士學位。畢業後曾參加蔣經國組織未來政要之培訓，同時在台大任教。香港中文大學招聘教職，遂申請加入新亞書院歷史系。當時有識者，認為他在台灣，有如此背景，加上天賦口才，善於交際，若在政壇上活動，必有一番作為。而他卻自認非從政的材料，毅然投入教育行列。

耀東在中大時沉潛教研，著作甚豐，深知中大升級，偏重著作，常向我示意，宜放棄太多繁瑣系務工作，應多重寫作，固不知他與我之處境不同，環境亦異。我倆頗為深交，其懇惻深至之情相勸，我亦深感之！

耀東兄在中大十多年，夫婦形影不離，感情深厚，與我家妻兒，時有往來，且是崇尹兄弟及美璇誼父母。而在學校頗受學生歡迎，亦培植不少學生。雖在台灣身故多年，學生們至今仍念念不忘，如陳榮開、黎明釗、范家偉等在港得悉逯師母辭世，即匆匆趕往台灣參與喪禮，可見一斑。

耀東兄與人相處，譽之者多，而毀之者亦不少，故與其相處者，多有中途而去。我與他性格不同，處事亦異，而能相處數十年不變，並可交心，可說「和而不同，其說各異」而已，堪稱難得。

回想故人辭世未久，所遺留產業原足供嫂夫人安享晚年之用，但喪夫之後，嫂夫人感情偏弱，致理財不當，匆匆數年便一無所有，家財頓失，且疾病叢生，不良於行，僅依靠其胞妹供應及學生照顧，住於台灣老人院而逝世，良可痛惘，思之不禁悲從中來！

悼念摯友孫國棟先生生平事跡

二〇一三年六月二十六日清晨，在美國接黎明釗同學傳來孫國棟先生噩耗。雖知其近年臥病不起，但每次探訪，與之握手勁力有如往昔，深感其具有強韌生命力，定能久活多時。然終藥石無靈，遽然辭世，不勝悲痛！

我與孫先生相識於一九五五年新亞研究所就讀時，既為同學，繼而同事。退休之後，雖遠隔重洋，彼此音訊不絕，至今迄五十八年。相知之深，交情之厚，可謂至矣！為悼念故友，以己所知，憶述其生平行事。

孫國棟先生，字慕稼，廣東番禺人，生於一九二二年。父雅如，母程衍池，妻何冰姿，長女經文，次子經武，三子緯武，幼女允文，均已成材，各有事業，至今亦兒孫滿堂。

回憶多年前，孫雅如世伯在港，某日下午，我與淑珍到其九龍窩打老道山寓所拜訪，與之閒談，暢述其在戰前廣州市政府興建珠江大橋巨大工程之舊事，我即憶及有一同鄉世伯鄒卓立，先父稱其戰前在廣州市「教忠中學」任教，旋轉職任某市長之秘書。其時，亦值興建珠江大橋。孫世伯即指出，所說「教忠中學」，是國棟少時就讀之中學，某市長為程天固，是國棟之舅父，而鄒世伯卓立卻是先父深交好友。聞之心感世事巧合如此！

先生少時，就讀於廣州。一九三七年，七七盧溝橋事變，日寇侵略我國，旋陷廣州，遂避難澳門，寄讀粵華中學。其後，舉家遷往廣西桂林，而他獨前往四川重慶，入讀國立中央政治大學。

一九四四年，在重慶國立政治大學肄業期間，目睹我國半壁山河，淪於日寇，日軍姦淫擄掠，殘殺百姓，無所不為，國人無不痛憤！斯時，日寇垂死掙扎，更計劃大舉進攻重慶，陪都處危急之際，國府與中央政治大學，倡議知識青年從軍運動。先生是時自念：「身處今日，當如何自處？」深思數日夜，只有二途，一則留在抗日大後方，繼續求學；二則投筆從戎，捍衛國土。經深思熟慮，國家正面臨生死存亡關頭，今受國家培育，更應以救國抗敵為急務，遂毅然棄學從戎，置生死於度外，加入政府倡導「一寸山河一寸血，十萬青年十萬軍」之號召，即時簽名入伍，參與艱苦抗日行列。

初編入知識青年軍，二〇一師炮四連，先接受如何使用武器，繼而受嚴格軍事訓練，生活艱苦與在學校迥異。思念在校時，師生可在課室內外互相爭辯，自是始體悟軍人必須以服從命令為第一要義。其後，奉調加入孫立人將軍之新一軍。孫將軍治軍採取更嚴厲訓練，為我國譽滿中外之軍隊，在緬甸參與英、美三軍聯合抗日。輾轉沙場，迄抗戰勝利為止。

勝利復員，返回南京在國立中央政治大學，繼續未竟學業。畢業不久，大陸政權變色，又從廣州流亡香港，在報館任主筆、雜誌編輯，從事報業生涯。時錢賓四師亦從大陸流亡香港，創辦新亞書院；一九五五年，又增設研究所，冀以教學及研究中國人文學術，以保存及發揚中國文化為宗旨。先生於是報考，轉從錢師攻讀中國歷史。由是放棄報業工作，其時已有家室，頓時生活陷於極度困苦中。在研究所修讀期間，錢師常與我提及其家庭苦況，而對其刻苦奮進精神，甚為嘉許。

研究所畢業後，遂投身教育、學術研究工作。初在新亞書院歷史系任講師。一九六三年，新亞、崇基、聯合三書院，組合命名為「香港中文大學」。牟潤孫師晉升為歷史系講座教授，錢院長即委任先生，繼牟師之職為新亞書院歷史系系主任。此時三院歷史系尚未合併，先生在任期間，籌劃系務，不遺餘力，整編課程，敦聘著名學者，使系中教授陣容，鼎盛一時，學生選讀益眾，系務蒸蒸日上，先生功不可沒。

一九七三年，新亞書院遷入沙田，留下農圃道校舍，新亞董事長唐炳源先生，旋即向香港政府申請，將校舍再歸入新亞教育文化會使用，作為興辦新亞中學。創辦中文中學，為錢師與新亞同人一直以來之願望，惟此事經多年籌劃，均未能實踐，今得此合適地點，及現成校舍之機緣，獲政府批准後，繼任董事長李祖法先生與唐君毅師，即任命先生主持改建為中學校舍，添置各項設施。是時籌辦新亞中學，經費短絀，先生苦心策劃經營，新亞有中學、大學、研究所，卒完成錢師一系列學府之夙願，先生亦被任為中學校監。同時新亞書院遷入沙田，新亞研究所亦隸屬新亞教育文化會，仍得設於農圃道校舍。當時研究所是由唐君毅師擔任所長。及後唐師辭世，先生遂繼唐師之職兼任所長。

香港中文大學成立之初，先生先後出任新亞書院文學院院長及輔導長等職務。其後，大學實施改制，三院歷史系合併，改稱為香港中文大學歷史學系。不久，先生亦被調為中文大學歷史系系主任。在位期間，悉心檢討歷史系課程，既要保存歷史系應有基本科目，又得適應時代發展之需求，使課程更臻完善。先生任歷史系主任多年，直至一九八三年榮休。

榮休後，雖移居美國，仍心繫祖國，在研讀之餘，常撰文評論時政以促進國家民主、自由為己任，文章多刊載於各雜誌、報章。二〇〇五年，先生夫人何冰姿逝世後，再回歸香港，寓居於中文大學新亞書院宿舍，寫作不輟。近年臥病不便行動，終以九十一高齡辭世，噩耗傳來，友好、同事、門生咸表哀痛！

先生專治隋唐五代史，以政制史為研究重心，史學論著為學界所重。及其對中國傳統歷史文化之傳揚，與當前國運之興衰，尤為關注，所撰時文，針貶時弊，均深得時人所稱道。

先生生於官宦之家，卻無官宦子弟驕逸之習，為人敦厚淳樸，勤奮過人，好學不倦。於一九七四年，取得香港大學博士學位。先生不僅為長輩師長之賞識、朋友之敬重、更為學生所尊崇，其畢生為國為民，激勵後進，培植英才，為中國傳統歷史文化之傳承而努力，建樹良多，揆諸平生無辜負於家、國，且享高壽，殆無憾矣！

憶念中學舊同學——楊廣田

最近翻開書櫃，檢視舊信，有近百封廣田給我的信，這些信件是他多年在輪船上寫的，每一封我仍然保留着，可惜經過多年，有少量給蟲咬壞了。廣田身罹肝癌，不幸中年辭世，屈指一算，已過三十年了，但他的影子，至今我仍然沒有淡忘，他是我中學時要好的同學。

廣田父親是一位荷蘭客輪管事（是客輪的侍應員的經理），香港淪陷時輪船到了外國，不能返港，滯留在歐洲。所以母子一家在港，度過艱苦的淪陷生活。他童年的情況，與我雖兩地不同，而苦難的程度卻沒有分別，因此彼此之間的感受往往相同，談話特別投契。

記得還是讀書時，新年廣田到我家中拜年，我和他傾談了幾個小時，彼此有說不完的話題。這次相敘後，也種下深厚的感情。廣田身體較為高瘦，而且較為斯文，一些同學嘲笑他像個女子，他又姓楊，所以給他綽號「楊貴妃」。其實，他是班中的活躍份子，非常好動，校中凡有活動他必然參加，我的班中組織一隊足球隊，他是隊中幾位主將之一。在課外，他雖然異常活躍，但在班中的成績總是一、二名之內，可說是動靜皆宜，品學兼優的學生。

可惜尚未畢業，便退了學，原因是他的父親染病，希望提早退休，自己身居的優厚職位，希望兒子接任，於是他便隨從父親在船上先練習。首先第一份工作，是洗刀叉、杯碟，其後很快被提拔，一年多之後，便順利接掌客輪的管事。他說能夠如此快晉升，是父親有意的提拔，所以他的同僚，初時認為他只是一個小伙子，有點不服氣。但當他任職後，他的表現卻使他們甚為佩服。這是他出道時所感受到的一種極大壓力，幸而終能過關。

他接管的職位，行內人都認為是一個「可撈油水」的職位，而他卻與他人不同。有一天，我有一姓嚴的同鄉，是他的同事，對我說：「你的同學楊廣田，浪費了這個職位，人家總是喜歡與屬下在工餘時賭博，藉此抽水，但他卻叫人不要打牌賭博。」這明明是一條財路，他竟然不要，其他可知。

廣田曾經對我說：「在客輪上工作，有很多誘惑，如果定力不夠，很容易沉淪於酒色。在船上許多遊客，男女皆有，他們多借遊埠為名，實質去尋歡，其間經常有女客人向他挑逗。」也許廣田正年輕、英俊，又是處於高位，故吸引那些女遊客。此外他在職位上，又經常要與其他客人周旋，或與船上高層人士應酬，因此飲酒多了，損害了肝臟，種下了病源。

廣田在船上工作多年，希望結婚組織家庭，結果認識了在船上做護士的黃秀娟女士，為過正常家庭生活，便一齊辭職，脫離船上的工作。但結婚後，在港要找一份如以前船上優厚工資的工作，並不容易，後來在國民收銀機公司找到一份經紀工作，這份工作薪金多少，全賴工作的佣金而定，以廣田的情況來說，必然經過一段掙扎後才決定。

他在收銀機公司工作不久，便不斷晉升，足見他的智慧與勤勞，獲得上級的重視，後來竟然晉升為董事局的董事。以前在客輪上升級之順利，尚可說有父親在後的撐腰。現在國民收銀機公司，由基層做起，全無人士憑藉，可說全憑他自身智慧與艱辛得來，亦由於過度辛勞，後期更有許多年輕而具有高學歷的人加入公司，對他工作上造成了壓力。加上昔日在船上飲酒過度，由肝炎漸轉為肝癌，中年而逝世了。記得，我最後一次在醫院見他，是在臨終前幾小時，對我說的最後一句夢話「秀娟在家中被賊人打劫」，可見他最後仍是非常關心家中妻子，而他太太正在來醫院途中。

廣田為人忠厚，樂於助人，謙謙君子。我經常思考，他中途退學，並非家庭經濟所需，只是父親想他繼承父業，亦可算少年得志。其實他還有繪畫技能，若走藝術之途，也不難成為一位出色畫家。又如果他與我一同進入新亞，在研究所遴選到美國進修，必被選無疑，也許成為出色的學者。亦或許中年不致早患此惡疾而辭世？可是世事無「假如」這回事，睹物思人，不禁惘然！

第十一章

終結篇

——鴻飛那復計東西

人生在世歷盡不少時光，遍走過不少道路，也做過不少事情，正如蘇東坡所說的「鴻飛那復計東西！」而人生亦總有閉幕的一天。

我的一生，開始由中國的廣東省惠陽縣，一直走到美國的新澤西州；最後在新澤西州那裏相好了一幅地段，離市區不遠，有一個平坦的小山坡，遠眺大西洋，名為「春暉園」墓地。這一墓園名稱，極適合中國人的意味，我便選擇了這地方，準備為一生落幕的地方，在這次回香港與眾親友告別後，我想！應是最後一次，它將作為我最終的歸宿，期望能安逸地在此長眠。

二〇一六年六月二十七日

遺言

二〇一四年六月，檢查身體，始知身罹惡疾，醫生預測，大限為期不遠。若病情突然惡化，遽然而去，則此為最後之遺言。

每念及寄居塵世，經日寇之災難，幾成餓殍，今得享此高齡，可謂慶幸！

回顧幼年在家，上有嚴父、慈母撫育成長，俟婚後有賢妻主持家務，管教孩童，下有堪稱賢孝子女及聰穎兒孫，家庭可謂美滿。雖有若干子姪，不滿於我，蓋因其不悟我之訓育子弟，猶如教育兒女，彼等不悟而生怨恨，奈何！

在校求學，屢有名師關愛，指引一生走向教研之途，同窗中亦有不少知心好友，尤以任教時畢業後之同學，多對我關懷備至，殊為難得！揆諸一生，上仰青天，下俯大地，面對世人，自問所作，亦無愧於心。人生如此，尚有何求？唯一憾事而心感不安者，未能陪伴淑珍至於終老而已！

至於他日倘有財物，在早前立平安書中，已有說明，盡歸淑珍處理。惟淑珍常言，冀百年歸老臨終前，若有餘財，可捐予新亞歷史系，作學生獎、助學金之用。我亦覺得，自己子女能受高等教育及留學外國，得任教中文大學之助，回饋捐獻，亦是飲水思源之舉，因而甚表贊同。

至於身後之事，憶數月前，電視台所見，在美國新澤西州近崇修家附近，有一華人墓地出售，為一平坦青綠草地，遠眺大西洋，環境甚幽雅，倘使他日淑珍願意同葬該地，是為第一選擇。若為他日易於搬遷，亦可考慮火葬，將骨灰存放於如莊嚴寺之類寺院（切勿灑在汪洋大海中），我至今尚保持傳統思想，固尚有後代子孫以供拜祭，他日子孫恐怕麻煩，則由他們自行決定。

尚有臨終最不放心者，淑珍常言，若我辭世後，有意回港居住，蓋一人獨居，治安固然有問題，兒孫遠隔重洋，往返不易，若有病痛，親朋難顧。若她仍願留居崇修家中，有兒媳照顧，可謂「合則雙美」，「分則兩傷」，千言萬語，此為我臨終前最大擔憂，亦唯一最不放心者，盼淑珍及子女切實思之！深思之！

二〇一四年十月二十日

致四子女書（璐、尹、璇、修）

余生於亂世，今得逾八十高齡，與汝母亦度過五十金禧周年，是可慶幸之事。

新年過後，每夜夢醒，不能入寐，回顧往事，俯視今日，遺憾與可喜諸事交集，欲吐之而後快耳。

憶念日寇侵港時，避難返鄉，為余至今畢生最痛苦時刻。汝祖母茹苦含辛，獨力支撐全家衣食，余之所以能生存於禍難之中，全賴汝祖母之力也。昔日在苦難之際，誓言必侍奉慈母，使之歡顏。惜天不假以時日，未能使余盡子之道而母辭世。有古人所云「子欲養而親不在」之痛；又云「祭之豐不如養之薄也」，此誠為千古名言，為余終生之一大憾事。

讀書時，屢得名師指導，畢業後生活雖稍為清苦，不久亦獲一安定教職，固平日辛勤致之，亦得風雲際會之助。此可喜者一也。

教學多年，所見畢業諸生，多有成就，家庭幸福，與余仍互通信息與關懷，甚感欣慰。可喜者二也。

結婚以後，汝等年幼，余忙於生計，終日在外，汝等日常生活之照顧，童年教育之責任，均賴汝母親終日辛勞，照顧無微不至，使余在內，無後顧之憂，此皆汝母之助也；又吾家所設供奉祖先之神枱，使之一塵不染，每天奉香擺設生果、鮮花，汝母親必親自為之，全年供奉不斷，此亦為吾家先祖之福。此可喜者三世，汝等當知之，亦當記之！

俟汝等長大，成家立室，事業亦稍有成，夫妻相愛，可喜者四也。

又孫兒八人，人皆聰明，好學不倦，聰慧活潑，望他日各學有所成，則有待汝等如何教導耳，有兒孫如此，此可喜者五也。

惟獨最幼孫兒定衡，天真可愛，甫出世即失母愛，使余再添一憾事耳。

期望重返香港要辦的幾件事

記得在二〇一四年六月，知身罹絕症，且近末期，尤幸知《清史稿全史人名索引》一書付梓有期，承中華書局承印，心稍寬慰。是次回港二星期，得媳婦蔚青跟隨左右，除處理出版簽約之事外，亦存有與親友作一告別之意。也不知能否目睹成書？只能隨緣了！有幸，一年過去了，今再次得重返香港，首先答允崇尹兄弟在香港不要過於繁勞，影響健康，後更得美璐從英國回港陪伴，他們始放心我成行。

此次返港要辦的事有：

一、《清史稿全史人名索引》經已出版，此書歷五十六年始得付梓，歷經長年心力，更得多位同學之助，始能完竣。今之出版，並非為名與圖利，僅為錢師囑咐整理《清史稿》之宏願，前因受經費中斷而未成，今此《索引》得以出版，以圓錢師期望之萬一而已。

二、想我在新亞數十年，殊無建樹，惟緬懷先師錢、唐、張等之教誨，今已臻垂老多病之時，無以為報，謹具微薄之資，捐贈新亞歷史系獎學金，以勵後進。

三、牟師母年近百歲，若尚健在，即約美芳陪同前往拜訪，冀望美芳日後代為照顧，也可略盡一點心意。

四、適逢新亞六十六周年記念，又是我在新亞畢業六十年，晚上參與舉行千人宴，亦冀望能與昔年諸校友相聚。

五、自移居美國後，在香港諸親友，頗多關懷我之病況，今幸得能再返港，冀能相聚暢談，除感謝其關懷之情外，並寓告別之意！

此次回美國之後，休養多病的殘年，尚望生命在臨終時能安祥而閉幕足矣！

二〇一五年七月

酒肉臭有感

古詩有「朱門酒肉臭，路有凍死骨」之句，以往讀之，只有輕微的感受而已。想不到在患病後期，才有酒肉臭感覺，如此感受真不像一向的我！

我自患病以來，而今不僅食慾不振，加上味覺衰退。因此，對各類食物均不甚感興趣，特別是肉類，如豬、雞、牛、羊等，雖食在口中，嚼之無味，亦難下嚥，率吐出而後快。以往此種吃肉感覺，從來只有吃得美味，吃得高興愉快，一向以嗜吃為樂，從沒有想到而今對食肉卻有厭惡的感受，因而想起古語所謂「朱門酒肉臭」這句話。

我雖不是生於「朱門」，有豪華的享受，但對肉類，現今卻視之如無物。「酒肉臭」這種感受，我如今可說親身體會到。難怪昔日豪門之士，吃之厭倦，諒有此感覺！

人生之變化無常，變幻竟如此，有如此感受，可謂並非有「酒肉臭」而是「病時無肉味」，前後不同，令人不勝慨嘆！

論生與死

世上最公平之事，莫過於人之「生」與「死」。出生之際，均光着身呱呱墮入繽紛的人世間。俟死閉目之時，只賺來一身衣服，與一副不同價值之棺木而去，整個繽紛世界從此落幕。每個人的生死經歷大抵如此，而出生之日有何足貴可言？

而今一般人大都重視自己出生那一天，貧者也總會吃一頓豐盛晚餐，以示慶祝，富者則大擺筵席，廣邀親朋戚友，熱鬧慶祝一番。其實值得記念者，並非個人誕生之日，而應要懷念者，是懷胎十月及孩兒誕生苦痛時之母親！在慶祝生日時，只知慶賀自己生辰，少有懷念自己母親者，誠可嘆也！

人既生於世，有認為自己不過匆匆數十年光景，為不枉此生，胸懷大志，擬創一番事業，一生勤奮，不辭勞苦，為國、為家、為民，為人類而努力，終身不懈，以無枉生於世間為目標，冀留芳萬世。有另一類則以為既在世間，不過僅有短暫時日，當趁時作樂，生活奢華享受，醉生夢死，方不枉此生。而亦有一類，則處處順從環境之轉移，既無所求，亦無所慾，得一温飽，平淡度過一生，安逸而去。故人所作之事不同，作業亦異。因其作業不同，其死各異，則更具不同意義。

蓋人之誕生雖只有一途，而死則各別，有死重於泰山，亦有死遺臭萬年。重於泰山者，如一些偉大之政治家、科學家、教育家、農業家、工業家，商業家各界，勤儉自持，不畏艱苦，各顯示其貢獻。甚至正義之戰士，拋頭顱，灑熱血，雖死戰場荒野之中，寂寂無名，但其為國衞民，彼等均以救世為懷，萬民得其福蔭，亦使人敬佩。

死而遺臭萬年者，小則謀財害命之徒，致人死於非命。重者有發動戰爭之罪魁禍首之野心，欲滅人之國，欲掠奪人之土地、物資，使人欲生不得，求死不能，千萬人生靈塗炭，而一死固應遺臭萬年。

觀乎，生之途徑則一，而死則各異，或有死於不測者，如天災之火山爆發，颱風之吹襲，洪水之氾濫。人為之災禍，如空難、海難，與陸上車禍。而更有死於鴻毛者，彼不愛惜生命而自殺，為情為利，或因病魔糾纏而輕生者。亦有畏刑罰，而投海跳樓、服毒割脈、吊頸者，方式雖不同，而此類例子，觸目皆是，不勝枚舉。

由上觀之，死之種種方式既不同，其價值之輕重各異。然而，人生應作如何結局，頗多可從其情性，全由自己作主。但其一生之作業，則永留存於人間。惟可貴得以紀念者，當在蓋棺論定之日，予人可憑其終生作業所展示之善或惡，其價值，供後人鑑定評論而已。

觀舊信件——偶感

自移民美國後，花一段時間整頓書室，及編撰《清史稿全史人名索引》一書。完竣後，生活平靜下來，靜心地整理由香港搬來的一批舊信件。

在這批舊信件中，保存的信有來自父母、兄弟、妻子、兒女、老師、朋友、同學、學生，甚至也有我自己寄給家人的。

重讀那些信件，不期然地回憶當年的情境，當時片段，歷歷如在眼前，給我重現一份親切的感情。這一段的歷程，就是我那一段生命的記錄，也包括我全部周邊的人物。這是何等珍貴的材料、珍貴的回憶！

近年和各人的通信，都是採用電郵，方便是方便了，郵費也節省了，時間也快速了，確實使工作迅速得多，是時代的進步，也是人類的慶幸。但想到留在電腦的文字，並非一張張信紙，可以留下文字的真跡，而只存在空氣中，拾不到，也摸不着，沒有真實感，真恐怕電腦一朝壞了，或沒有電腦，那時便一無所有了（或許我多慮了）。

至今，我總覺得人與人的書信來往，仍存着很大價值，仍然有必要的，偶然書信往來，也是值得保持的。

閱讀最新出版錢賓四師書信墨寶有感

最近收到新亞書院為慶祝六十五周年紀念特別舉辦「錢穆先生書信集」墨寶刊出展覽會的消息，深感欣喜。近月病中休息，整理久存舊物，始撿出仍存有錢師信件，及由師母代筆在內幾二十封信，和錢師十餘封墨寶，未能趕及付印，頗感婉惜，院方以展覽室空間有限，只能將若干封置於展覽室而已。

回憶三年前，黃浩潮同學傳來電郵，向余索取錢師之書信墨寶，當時身在德國菲爾堡，且知在新亞研究所之信件大部分喪失，一時未能從命。回美後亦未知此事進行如何？又時隔已久，遂無跟進。

憶念當年沙田中文大學新亞書院任教時，研究所念余做研究生十餘年，尚保留有一研究室，予余放置昔年所抄錄之「清史稿全史人名索引」卡片，放於書桌抽屜中，並有錢師及友好書信雜物，俟有暇時仍可到此作研究。

其後，研究所為調動研究室之使用，總幹事趙潛兄，處事頗為粗心，既無預先通知，又無將室內放置各物品轉存放他處，竟把近百萬張卡片及書信雜物盡廢棄（幸卡片已抄錄於原稿紙中，約近萬張，合共三十冊，移放家中得以保存），誠為余在研究所以來，最遺憾之往事！

回憶多年前，牟潤孫師之恩師陳援庵之孫陳智超（即陳樂素之子）亦搜羅其先祖父之書信墨寶，知其不辭勞苦，四處奔走，查訪收集，其從事之認真，工作之辛勞，深感欽佩！而「錢穆先生書信集」編者黃浩潮及陸國燊君，撰寫說明及作解，顯見周詳，亦見功力，增添墨寶之價值，但似未能擴展作全面訪查錢師其他友好，或前期弟子所存信件，頗感遺憾。若能全面訪查收集，誠可作為錢師傳記更為寶貴之資料。

環睹目前，書信往返，均用電郵，當是既方便且又快捷，是時代之進步，惟墨寶之保存甚難，除有寫信者，先用筆書寫信件，然後影印傳送，自己預留信件保存，但又有多少人會如此做作？有感今後之書信墨寶，能保存者更為稀少，若干時候，墨寶恐將成為陳跡矣！

與同學談讀書

許多同學從小學到中學階段，特別在應付各種會考時，多讀有關參考書之外，甚少閱讀其他書籍。進入大學之後，讀書環境變了，十多年來的壓力消除，可以自由地讀些自己要讀的書，但目睹圖書館陳列着無數的書籍時，又感到「不知如何選擇」。於是又引起「究竟要讀甚麼書」?「讀書有甚麼方法」？等等問題來。

要讀什麽書與讀書方法，前人說過不少，有些是專題討論，也有些在片言隻字中透露。例如《論語》中第一句「學而時習之」的時字，古今學者都有不同的解釋，但可以肯定的是孔子的一種讀書方法。《論語》又說「學而不思則罔，思而不學則殆」，是孔子要「思」、「學」兼顧而不可偏廢。又如孟子說「盡信書不如無書」，這句話是教人讀書不要盲目信書，要懷疑真實，亦是許多學者強調的讀書方法之一。

唐人韓愈在〈進學解〉一文中說：「記事者必提其要，纂言者必鉤其玄。」〈答李翊書〉

說：「非三代兩漢之書不敢觀，非聖人之志不敢存。」這些話都是強調讀書的方法，和說明自己要選擇甚麼書。及至近代張之洞、梁啟超、胡適之及錢師賓四等，都有教人讀書的方法，上面只是舉些例子而已。倘使我們讀書時稍為留心，便會發現許多精闢文字，用不着我逐一說明。

讀書要有方法，是無可爭辯的事實，但方法卻沒有一定的，因為時有古今，古代書籍較少，時代愈近，書籍愈多，讀者愈難，加上古今學者偏重不同，故治學者的方法和方向自有分別，而且個人才性不同，天賦亦異，因而運用方法亦不盡同。故此，不容易找到一個「放諸四海而皆準」的讀書方法。我覺得尋求一個讀書方法，最重要的，除參考別人的經驗外，必須了解主觀的條件去配合客觀的環境，才尋求出適合自己的讀書方法。

我認為對初讀歷史的同學，除上述因人而異外，有兩點要注意：

一、要讀當代人的著作，尤其那些重大意義與具有代表性的論著，一方面可以從這裏了解近人研究的趨勢；另方面可以汲取別人的治學方法。所謂趨勢，就是要知道當今史家注意些甚麼問題。他們對這些問題所採取的態度，或如何解決這個問題。所謂方法，是從他們的著作中，體會作者如何運用資料，和如何處理這些資料的方法。從這兩點可以擴展我們的視野，加以了解我們將來要走的道路與應走的方向。

二、要讀一些基本的書籍。所謂基本的書籍，是那些經過時代的淘汰，至今尚能留存下來的書籍，而且在這學科中，具有極高評價的典籍。我們在這類典籍中，倘能選擇一些適合自己志趣的，一本一本，一卷一卷，一頁一頁，平心靜氣的細心去讀，自然有所體會有所發現，這是一種讀書的基本訓練功夫。

有感於現在有些初學同學往往缺乏耐性，不願從基本上下功夫，加上往往追求時人解決方法，以為有了方法，一切都可解決，於是只務求襲取時人的意見，自以為如此既易顯示成績，又可以炫耀學識淵博，這種態度無疑是孟子所說的「義襲」而已。倘若要做到真正有所建樹，必須要做到如韓愈所說：「無望其速成，無誘於勢利，養其根而俟其實。」那番耐力和功夫，期望同學能深思之。

政治與文藝孰重——以南唐李後主為例

昔年讀南唐李後主詞，僅作欣賞，未及進一步再加以思考。

今午偶在書架中檢得李後主詞，重讀一遍。揆其一生，早期享盡帝王豪華的聲色歌舞，閨房樂趣的生活；後期又受盡俘虜慘痛的過程。雖然歷史上此類經歷的人不知多少，其中寂寂無名者多。若有名列歷史上的卻被稱為「荒淫之君主」，獨李後主李煜，不僅未受史家的批判，且被譽為中國文壇鉅子，他何以能享此盛名？

李後主繼位之後，不僅無勵精圖強之想，亦無整固國防之備，終日沉醉於歌舞行樂之中，其撰〈玉樓春〉：

晚妝初了明肌雪，春殿嬪娥魚貫列。笙簫吹斷水雲間，重按霓裳歌遍徹。臨風誰更飄香屑，醉拍闌干情味切。歸時休放燭花紅，待踏馬蹄清夜月。

這段描繪春殿宮中，一群宮娥晚裝上，袒露出雪白肌膚，魚貫出場，爭妍鬥麗場景的歌舞盛況。除此之外，〈一斛珠〉：

晚妝初過，沉檀輕注些兒個。向人微露丁香顆，一曲清歌，暫引櫻桃破。羅袖裛殘殷色可，杯深旋被香醪涴。繡床斜憑嬌無那，爛嚼紅茸，笑向檀郎唾。

此詞是描寫與大周后在閨房的樂趣，形容柔情細膩，嬌麗動人。〈菩薩蠻〉：

花明月黯飛輕霧，今宵好向郎邊去。剗襪步香階，手提金縷鞋。畫堂南畔見，一向偎人顫。奴為出來難，教君恣意憐。

又是描繪前去與小周后偷情的神態，維肖維妙。這些都是他早期的生活寫照。

好景不常，大宋揮軍南下。〈破陣子〉：

四十年來家國，三千里地山河。鳳閣龍樓連霄漢，玉樹瓊枝作煙蘿，幾曾識干戈。
一旦歸為臣虜，沈腰潘鬢銷磨。最是倉皇辭廟日，教坊猶奏別離歌，揮淚對宮娥。

在倉皇辭廟之日，雖一時驚醒，仍不忘「揮淚對宮娥」。難怪有人批評後主，其時，不慟哭於九廟之外，謝其民而行，還有心情向宮娥揮淚？

後主在北擄途上舟雨中，回首企望故國家鄉，滿眶熱淚，遂作詩〈渡中江望石城泣下〉：

江南江北舊家鄉，三十年來夢一場……雲籠遠岫愁千片，雨打歸舟淚萬行。兄弟四人三百口，不堪閒坐細商量。

被俘之後，在幽囚中寫下不少幽愁思念故國之作。如〈清平樂〉：

別來春半，觸目愁腸斷。……雁來音信無憑，路遙歸夢難成。離恨恰如春草……。

如〈烏夜啼〉：

……胭脂淚，相時醉，幾時重，自是人生長恨水長東。

〈浪淘沙〉中：

……獨自莫憑欄，無限江山，別時容易見時難。流水落花春去也，天上人間。

尤其是這首傳誦千古的《虞美人》：

春花秋月何時了，往事知多少？小樓昨夜又東風，故國不堪回首月明中。雕欄玉砌應猶在，只是朱顏改。問君能有幾多愁？恰似一江春水向東流。

後主後期在幽禁苦難期間，寫出內心所表露的幽怨與思念故國之情，作品更為精練，更獲詩詞家之推崇。

有感於後主天賦文學修養，不諳政治之途，觀其不欲見戰事連綿，生靈塗炭，禍及國民，而甘願歸為臣虜，屈為人質，力保國人安寧，生活平靜，亦可算一代「仁君」。回顧後主倘若繼位之後，即勵精圖治，或可獲得一時之治，國人可得暫時安居，但久之亦未必能抗拒大勢所趨，若以歷史記載，不外乎為一小國之「明君」而已。

而今以其所具之天賦，加上其豐富的文學修養，在幽禁苦難後期，進而創出詞體發展的高峰。倘後主復生，未知何所取捨？若以後人觀之，當時之國民，僅有一時之惠耳，未若其在文藝之崇高地位，得流傳萬世，政治與文藝孰重，亦可稍略窺見矣。

中國兩個不同政權的表述——從抗戰勝利七十周年紀念說起

今年中國國家主席習近平宣佈：九月三日舉行抗戰勝利七十周年紀念大閱兵。這是中華人民共和國建立以來，首次獨立宣佈抗戰勝利紀念日的一件大事。中國對八年抗戰勝利的主導，在毛澤東、周恩來時代，官方的傳媒大都認為中共是抗戰的「中流砥柱」。直至十年前，曾將抗戰分為兩方面，正面戰場是國軍，而後方戰場仍強調是中共的貢獻。今年習近平主席，卻在抗戰勝利七十周年紀念大閱兵的宣言中，提出「抗戰勝利是中國人民的勝利」。「中國人民」一詞當是包括國共在內，是再進一步顯露對抗戰主導問題的不再強調，對未來和談顯露的一點曙光。

中華人民共和國主席習近平，不提及抗戰勝利誰是主導，而特別要顯示的是國家軍事力量的強大，暗示中國雖然主張世界和諧共處，但亦有強大的軍事力量，不懼鄰國一些野心家在叫囂，有足夠力量防衛。

中華民國總統馬英九在台灣，亦在九月二日在抗戰七十周年紀念的講話中，強調八年抗戰勝利的成果是中華民國軍民的力量，中共是輔助的。更指出在抗戰時期二十二次的大會戰中，中共只參加一次，並說國軍將領在抗戰期間，陣亡的二百六十八人中，中共則只有一人，又再指出戰後日軍投降，仍是由國軍主持。他強調有責任宣示這一史實，「不容青史盡成灰」。

馬英九既然有很明確的證據，當詳細列舉公諸國人。習近平亦應平實坦誠公正回應，不要在這問題上爭論不休，把這一段「八年抗戰」史實澄清，立以最高的利益屬於國家，而非各為黨派所有，彼此破除各自的偏見，莫愧對昔日壯烈為國犧牲的英魂！互相誠懇取得真正的史實。經過七十年的今天，兩黨應該取得共識，彼此和談才能鋪出新路。兩黨真誠合作，相信是中華炎黃子孫的殷切期望，中國不再內戰，毋使生靈塗炭，中華民族始能在和平環境中，有高度的發展，這樣才是國家、人民的福祉所在。

抗戰史的撰寫問題

論及抗戰歷史，國共雙方的爭議未能解決，對和平統一必然產生巨大阻力。二〇一五年十一月七日，習近平和馬英九兩位兩岸高層領導人在新加坡相敘會談，又出現新的發展。

習近平建議，有關抗戰史由國共雙方歷史學家共同撰寫，是可行的辦法，不僅讓雙方所載歷史，互相核對，作出平實的論述，並且取得國共的認同，是日後和談的基石。

中國人近百多年來，最大最嚴重的生死存亡危機是抗日戰爭。它不但傷害了我國千萬人的生命與財產，更是國家存亡的關頭。確然中共的發展，有賴抗日戰爭時期的有利條件（毛主席在接見日相時亦曾表示過），事實已經是事實，無可改變，只能憑藉今天的現實環境來計劃將來。

國共雙方要協商的，在外是要綜觀今天世界的趨勢。在內細察今日雙方的民情，不要堅持黨見，摒棄共產主義及資本主義的框框。雙方首要的工作，是共同坦誠合作，重新規劃出一套國人適合的生活方式，亦可順應世界潮流，在大一統下讓人民共享，是最佳的方法。

今天國共的領導人，分裂了六十六年來，首次在公開場合緊密握手接觸，在會議前的五分鐘致辭中，彼此均珍惜近七年來兩岸獲得和平發展而感到高興，亦表現出其後的良好發展。這種表態，不僅獲得各地傳媒高度評價，亦是中國各民族最大的喜訊！最大的期望是更進一步的發展！

後記

飛鴻踏雪泥——歲月留痕

何淑珍

外子蘇慶彬，我跟他在一九五五年秋天，在新亞夜校相識。那時他是我的國文老師，而我只是一個五年級的小學生。跟他相遇、相戀、直到結婚，可說是我倆的一種緣份。我們在一九六三年一月中結婚，至今已五十多年了。認識了接近一個甲子的歲月，也不短了，一起生活了那麼多年，相信我對他的認知和了解是最深厚的；正如我在前言所說，他一貫以來，處事態度嚴謹而作風低調，做事重信諾而堅持，與人相處坦誠而樂於助人，是一個孝順父母、尊敬師長；對親友熱忱，對學生愛護的人。他愛他的母校，愛他身邊的每一個人，更熱愛他的工作，至死方休。

外子對父母，往往愧於未能盡子之道而自責，其實父母年事已高，實不用深責而覺遺憾，生、老、病、死是人生必經過程，為人子者又能怎樣？盡心而已。

他常言道他的一生從讀書到做事，直至退休，從未踏出母校之門，單純的在母校裏生活，所以他對母校——新亞書院懷有極深厚感情，視之為第二個家。他對所有老師都很尊重與敬佩，也很感謝老師們的教導和栽培；老師的話，他都銘記於心，不敢遺忘。他知道錢賓四先生雖辭任院長之職，而仍心繫研究員，故於數十年後，仍孜孜不倦，不忘錢師當年在研究所之囑咐，完成《清史稿全史人名索引》一書的編撰，正如他在該書序中所言，修編該書：「非為名，亦非為利，只是冀望能圓錢先生囑咐之萬一而已」，由此可見他對老師之深情。

外子半生為人師表，對學生們愛護有加，除了用心教導外，能幫助的他都幫助，從不偏私，是一個稱職的好老師，這點我想同學們都會感受到，所以在他退休後，我們無論遷居澳門或移民至美國，他們都會遠道來探望。需要他們幫助時，他們亦都會毫不猶豫的出手相助，這種迴響，師生感情之深厚可見一斑。學生關懷備至的心意，亦讓丈夫感到很開心，自言是「人生一大樂事」；我就說這是他修來的「福氣」。

對朋友，他向來都是誠意以待，絕不存虛假之心，朋友有困難，能幫忙的總希望能代為解決，自己有好的得着，也想一齊與朋友分享。

不過，他的性格很是執着，只要他認定是對的事，或許諾了別人的事，他一定會遵守承諾而不變；而對一些他覺得是錯的人和事，則總會嚴厲批評，也不管別人反應如何。或許這正是他修讀歷史，事事追求明辨是非的職業病吧。

在家中，他是一個盡責的丈夫，也是一個非常愛護兒女的好父親，孩子們的家居瑣事自有我照料，他不需要理會；但對兒女的學業，他就十分關心，全力栽培他們，希望他們都能多讀點書。家中書室命名「繼圃齋」，就是秉承他祖父蘇芳圃要子孫多注重讀書之意。

二〇一四年中，外子得悉身罹惡疾，且近末期，據醫生診斷約只有半年時間，他卻從容處之，一方面專心接受醫生的治療，而另一方面全心貫注編撰他尚未完成的《清史稿全史人名索引》一書。有幸天假以年，給他多活兩年，讓他諸事都能一一悉心安排妥當、處理，更幸運能給他目睹書籍出版，圓其心願！

在編撰完《清史稿全史人名索引》之後，外子重新練習書法。書寫後，便抽取一部分，裝裱好，送予有心人，聊以作記念。病中後期，外子除了練寫書法外，每日還筆耕不斷，把許多人的事跡一一寫下來。他常覺幸運，在這暮景残年，仍能手持筆桿書寫。

我想，若能再給他多活些年，很多親友都會給他寫在筆下了。

二〇一六年八月，由我撰文、大女兒美璐插圖的《珍收百味集》出版，我相信他是最高興的，這也許是他臨終前最開心的一件事情。因此書除了是妻子和女兒難得的合作外，更可以說是他後半生的生活寫照。書寫期間，每日女兒從 IPad 傳來插圖的畫稿時，他總要先睹為快，這更成為他最後大半年生活習慣的一部分。

二〇一六年八月回港時，他的病情已趨惡化，他自知應是最後一次了，故千辛萬苦也堅持要回來，跟各親友及同學們見面，作最後的道別（他深感在港的親朋好友及同學來美國不易）；其次則是想親身參與妻子與女兒合作的書畫展，作為一種精神上的支持，並冀望在畫展開幕儀式中，能再多見各親友一面。

畫展完成後，他一度要求提前回美國，我想他可能自覺體力已快支撐不住，卻因崇尹及美璇二人千里迢迢分別由美國及德國趕來香港與他會面，因而打消這念頭，仍依原定日子回美國，並在毫不打擾別人下，於回到家中兩日後，毫無遺憾的安然在家中辭世。

我真的佩服丈夫，他對生活充滿熱忱，對生命消逝卻處之泰然，在病中垂危時，仍能靠意志支撐，冷靜完成所要做的事，實非常人所能做到，由此更可見他做事的堅持，是何等驚人。

外子的一生，可從他在《七十雜憶——從香港淪陷到新亞書院的歲月》一書中所寫的點點滴滴窺見，他毫不掩飾的把他心中的所思、所想、所見、所聞、所感都表達出來。字裏行間，可見他對父母的敬愛、對老師的尊敬、對親友的熱誠、對學生愛護、對家庭兒女盡責……，能做到如此，上不愧於天，下不怍於地，他此生可以說問心無愧，而走亦無憾矣！

跋

如是我感

陳萬雄博士（聯合出版集團總裁）

我畢業於新亞書院歷史系，蘇慶彬先生是我老師。出版社或許知道這層淵源，送來蘇先生自傳式新作的樣稿，讓我拜閱並寫一序云爾。蘇先生是我老師，寫序則不敢當，只略申讀後如是所感，以為跋。

新亞書院於我，是文化生命的搖籃，母校情懷濃郁深厚，蘇先生又是老師，他寫新亞書院舊事，當然要先睹為快了。新亞書院的創辦，自有當時政治社會變動的外緣因素，已成歷史。但新亞書院之立足香港，獨樹一幟，傳播中華文化，融合中外思想，弘揚人文精神，承先啟後，流風不絕，其影響之深遠，在中國文化史上的地位，確大有可述可傳的。蘇先生是書院最早期學生，又任教其間幾十年，他所述的每一故事，所發的每一感言，從多方面去認識理解新亞書院，自有不可多得的價值。

上世紀六七十年代之間就讀新亞書院，除創辦人錢賓四先生已辭職赴台、張丕介先生已離世外，人文學科一批著名學者仍是教研主力，歷史系系主任孫國棟師和蘇慶彬師算是較年輕的了。蘇師於我有兩重師生關係：一在嶺南中學，一在新亞書院。在新亞，蘇師主授古代史，我自大二開始，肆意研修中國近代史，所以修讀蘇師課不多，親炙閒聊卻不少。在學期間，多承關注關愛；蘇師溫文敦厚，樸實不華，認真負責，呵護學生，是我所敬重的師長。

近雖雜務事多，但幾天的工餘假期，一有空就捧讀蘇師回憶錄樣稿，讀之興趣盎然，不忍釋卷。蘇師回憶錄內容，由其擬目可概其貌。時間雖跨越孩童以迄退休後，凡七十年，空間雖遍涉粵港澳外國，但主體故事仍在香港，以抗戰和新亞生活，着墨尤多，且多闕聞。此回憶錄，融紀事、述人、感慨於一爐，各自成篇，類筆記也近紀傳體，眉目清晰可讀。雖無嚴謹結構和體系，但卻捨棄虛張聲勢的架構，汰盡浮辭。回憶錄整體印象，文如蘇師其人，樸實無華，事雖小而彰時代，情雖纖細而現精神，廣視野地回顧歷史，論事懷人，心胸開闊，平心靜氣，真史家筆墨。

蘇慶彬教授著作目錄

專著

《兩漢迄五代入居中國之蕃人氏族研究——兩漢至五代蕃姓錄》，香港：新亞研究所，一九六七。收入《姓氏新書兩種》，台北：鼎文書局，一九七八。

《清史稿列傳本證：諸王列傳之部》，香港：香港中文大學碩士論文，一九六七。

《七十雜憶——從香港淪陷到新亞書院的歲月》，香港：中華書局，二〇一一。

《清史稿全史人名索引》，上下冊，香港：中華書局，二〇一五。

主編

《跨世紀學科教育——中國語文、歷史與地理教學研討會論文集》，澳門：澳門大學教育學院、澳門教育暨青年局、澳門大學澳門研究中心，二〇〇〇。

《廣東惠陽高涌鄉：蘇氏族譜》，無出版資料，二〇〇六。

教科書

《中國歷史》，上下冊，香港：人人書局，一九六九。與胡詠超合撰。

《香港中學適用中國歷史》，三冊，香港：人人書局，一九七五。錢穆校訂，與胡詠超合撰。

《澳門歷史實驗教材》，澳門：華輝出版社，一九九八。與霍啟昌、鄭德華合編。

論文

〈閻若璩、胡渭、崔述三家辨偽方法之研究〉，《新亞書院學術年刊》，第三期，一九六一，頁一——六四。

〈元魏北齊北周政權下漢人勢力之推移〉，《新亞學報》，六卷二期，一九六四，頁六三－一六一。

〈章實齋史學溯源〉，《新亞學報》，八卷二期，一九六八，頁三七五－四一二。

〈清史稿人名索引——大學士（上）〉，《中國學人》，第一期，一九七〇，頁一——二六。

〈清史稿人名索引——大學士（中）〉，《中國學人》，第二期，一九七〇，頁九——四〇。

〈清史稿人名索引——大學士（下）〉，《中國學人》，第三期，一九七一，頁五三—九四。

〈讀清史稿舒爾哈齊傳〉，《錢穆先生八十歲紀念論文集》，香港：新亞研究所，一九七四，頁一六一—一七〇。

〈清史稿列傳本證〉，《新亞學報》，第一三卷，一九八〇，頁四三九—四九四。

〈北魏之統治政策兼論州郡守宰之貪殘〉，《新亞學報》，第一六卷下，一九九三，頁三三—八〇。

待定稿

《宋遼金元入居中國之蕃人氏族研究》

《魏晉南北朝史》（台灣三民書局特約）

〈魏晉南北朝北方諸胡政權之民族政策〉

〈從曾國藩家書略論其為人〉

編後語

本書乃先夫慶彬繼《七十雜憶——從香港淪陷到新亞書院的歲月》後，其中加入陸續補添寫就之部分文稿而成。

今得以成書，有賴范家偉、黎明釗、李廣健及袁美芳等之協助，尤其全書修編重整之工作，全賴范家偉擔任，得以連貫完成，特此一併致謝。另外，本書得香港出版學會會長陳萬雄博士力向香港中華書局引薦出版，並為本書撰寫序言。又得國際插畫家蘇美璐女士為本書作封面和封底插畫，特表謝忱。感謝香港中華書局玉成出版，編輯組之加以協助，特表謝意。

最後，本人蘇何淑珍謹代先夫再向上述諸位致以衷心感謝！